울프 8

The Rise of Wolf 8 © Rick McIntyre, 2019
First Published by Greystone Books Ltd.
343 Railway Street, Suite 302, Vancouver, B.C. V6A 1A4, Canada
All rights reserved.
No part of this book may be reproduced or transmitted in any form or by any means, electronic or mechanical, including photocopying, recording or by any information storage and retrieval system, without permission in writing from the Publisher.

Korean translation copyright ⓒ by SAKYEJUL PUBLISHING LTD.
Korean translation rights arranged with Greystone Books Ltd.
through EYA Co.,Ltd.

이 책의 한국어판 저작권은 EYA Co.,Ltd.를 통해
Greystone Books Ltd.와 독점 계약한 ㈜사계절출판사에 있습니다.
저작권법에 의해 한국 내에서 보호를 받는 저작물이므로 무단전재와 복제를 금합니다.

울프 8

늑대의 마음에서
함께 사는 질서를 배우다

릭 매킨타이어 지음   노만수 옮김

사□계절

"인간과 다른 고등 포유류의 심적 능력은 차이가 없다. 인간과 마찬가지로 동물도 기쁨과 고통, 행복과 비참을 느끼는 게 분명하다. 특히 강아지 같은 어린 동물들이 함께 놀 때 행복이 가장 잘 표현된다. 마치 인간의 아이들이 함께 놀 때처럼."
— 찰스 다윈, 『인간의 유래』, 1871년.

"당신의 침팬지 연구 덕분에 우리는 침팬지를 개별적 존재로 인정하고 그들에게 공감할 수 있게 되었습니다."
— 스티븐 콜베어가 제인 구달에게, 2014년.

추천의 말

미국의 야생은 늘 우리 영혼을 풍요롭게 하고 꿈에 영감을 불어넣었다. 그중에서도 늑대는 자연과 자립, 그리고 자유의 상징이다. 그러나 한편으론 늑대를 가축과 가족, 그리고 미래를 위협하는 존재로 여기는 사람도 있다.

생물학자이자 작가인 릭 매킨타이어가 들려주는 늑대 이야기에는 독자를 매료시키는 힘이 있다. 이야기는 1926년 옐로스톤국립공원의 레인저들이 이곳에서 마지막 최상위 포식자를 사살한 일에서 비롯된다. 그 당시에 늑대가 사라지는 상황을 슬퍼한 사람은 거의 없었다. 이후 미국 전역에서 늑대 개체 수가 급격히 감소(결국 '멸종위기종' 지정)하자 늑대 보호운동이 일어나고, 1990년대 중반에 옐로스톤국립공원에 늑대 서른한 마리가 돌아왔다. 그로부터 수십 년이 지난 뒤 이 과감한 시도는 역사상 가장 성공적인 야생 복원 활동으로 기록되었다.

바로 이 늑대 재도입 프로젝트를 복기하는 이 책은 오랫동안 늑대 무리를 관찰한 매킨타이어의 열정과 헌신, 모험과 끈기의 여정을 생생하게 전달한다. 재도입 이후 수십 년 동안 지은이는 오지 깊숙이 들어가서 늑대를 눈으로 직접 관찰하며 수천 쪽에 달하는 기록을 작성했고, 전 세계에서 몰려 온 방문자들에게도 늑대의 모습을 생생하게 보여주었다.

수많은 늑대들 사이에서 그의 마음을 사로잡은 이 책의 주인공은 최초로 방사된 늑대 중 한 마리인 '8번'이다.

매킨타이어를 통해서 우리는 늑대 한 마리 한 마리의 강인한 개성을 배운다. 그리고 늑대들의 예리한 지능과 강렬한 생존의지, 집단 안에 형성된 충성심 등에 경외심을 갖게 된다.

옐로스톤 늑대들의 역사와 습성을 자세하게 기록한 이 책을 읽고 난 뒤 뉴스를 틀었더니 늑대를 둘러싼 논란이 여전히 계속되고 있었다. 이제 우리는 늑대들이 생태계에서 담당하는 역할과 그들이 공원 밖으로 나와서 인간의 일상에 피해를 입힌 사건 사이에서 어떻게 이익의 균형을 맞출지에 관심을 갖게 되었다.

정답을 찾는 일이 쉽지 않다. 하지만 나는 진심으로 인류가 이 문제를 해결할 것이라고 믿는다. 이 문제를 해결하기 위해서는 정보와 데이터가 물론 중요하다. 동시에 사람들이 늑대와 공감하는 데 도움이 되는 이야기도 똑같이 중요하다. 둘 다 미래를 위한 결정에 영감을 주고 힘을 줄 수 있기 때문이다. 이 책은 양쪽을 동시에 제시하고 우리에게 스스로 답을 찾을 기회를 준다. 이것이야말로 미국이 가진 신성한 자유의 힘이다.

미국 유타주 선댄스에서
로버트 레드퍼드

감사의 말

가장 먼저 이 책의 담당 편집자인 제인 빌링허스트에게 감사를 전하고 싶다. 그가 나에게 베풀어준 성의와 열정 덕분에 나의 원래 원고는 더 세련되게 다듬어지고 읽기 쉬워졌다. 그의 도움 없이는 불가능했을 것이다. 이 책과 다른 두 권의 옐로스톤 늑대 시리즈 출간을 수락해준 그레이스톤북스의 롭 샌더스에게도 감사드린다. 그레이스톤북스의 다른 모든 관계자에게도 격려와 지지를 받았다. 그들 모두에게 고맙다는 말을 전한다.

    나의 좋은 친구인 롤리 라이먼과 웬디 부시는 이 책의 초고를 읽고 어디를 개선해야 할지에 대해 매우 유익한 의견과 제안을 주었다.

    또한 국립공원관리청의 직원들과 야생생물 연구자, 그리고 옐로스톤에서 다큐멘터리 영화를 제작하고 있는 분들로부터 늑대와 관련된 무수한 조언을 받았다. 많은 사람이 원고를 읽고 자신의 연구 분야와 관련된 부분에 대해 충고해주었다. 그중에서도 놈 비숍, 리지 카토, 셰이니 에반스, 앤 포스터, 짐 하프페니, 마크 존슨, 밥 랜디스, 데비 라인웨버, 켈리 머피, 카터 니마이어, 레이 파우노비치, 짐 피코, 롤프 피터슨, 잭 레비, 토니 루스, 댄 스탈러, 에린 스탈러, 제러미 선더레지, 린다 서스턴, 크리스 윌머스, 제이슨 윌슨에게

특히 신세를 졌다. 이 책을 위해 옐로스톤국립공원 지도 삽화를
그려준 키라 캐시디에게 특별한 감사를 전하고 싶다. 옐로스톤 늑대
복원 프로젝트를 위해 오랫동안 자원봉사자로 땀 흘린 많은 분이
나에게 큰 도움을 주었다. 그리고 국립공원관리청의 세 리더가
없었다면 늑대 재도입은 결코 실현되지 못했을 것이다. 윌리엄 펜
모트 국립공원관리청장, 옐로스톤국립공원 원장을 역임한 밥 바비와
마이크 핀리에게 깊은 감사를 전한다.

    옐로스톤국립공원의 수석 생물학자인 더그 스미스에게는
한없이 감사하고 있다. 더그는 늑대와 자연계에 관한 자신의 연구를
대중에 전파하여 사람들에게 영감을 불러일으켰다. 매일 엄청난
양의 업무를 처리하고 가족과 함께하면서도 짬을 내어 나의 원고를
읽고 바꿔야 할 점과 덧붙여야 할 사항을 알려주었다. 나는 그의
조언을 모두 받아들였고 그리하여 이 책은 더 좋은 책이 되었다. 또
그가 써준 배려심 가득한 이 책의 후기에도 특별한 감사를 전하고
싶다.

    셀 수 없이 많은 늑대 관찰자들에게 오랫동안 큰 도움을
받았다. 내가 늑대를 찾으려 애쓸 때마다 그들이 먼저 늑대가 어디에
있는지 친절하게 알려주었다. 옐로스톤국립공원에서 만난 모든
방문객에게도 깊은 감사를 전하고 싶다. 옐로스톤은 이곳을 찾는
사람에게 긍정적인 마음을 갖게 하고 사람들과 무언가를 나눌 수
있게 하는 힘을 준다. 여러분이 없었다면 이 책은 결코 완성되지
않았을 것이다. 모두와 협력하고 노력한 덕분에 이 책이 세상의 빛을
보았다.

추천의 말		6
감사의 말		8
프롤로그		12
1장	새 출발	15
2장	옐로스톤국립공원	29
3장	첫 번째 만남	37
4장	영웅의 자질	49
5장	자연의 연쇄 변화	61
6장	새로운 결합	71
7장	경쟁자	83
8장	또 다른 무리의 탄생	95
9장	8번의 새 가족	107
10장	슬로샛강 전투	119
11장	늑대들의 놀이	129
12장	골칫거리	141
13장	늑대들의 육아법	157
14장	로미오와 줄리엣	169
15장	만남	181

16장	드루이드의 새 시대	191
17장	늑대의 성격	205
18장	치프조지프 무리	219
19장	가족 공동체	227
20장	친족 살해사건	241
21장	일상생활	257
22장	지정 집결지	275
23장	고집불통 새끼 늑대	289
24장	출가	299
25장	1999년 겨울	309
26장	옐로스톤의 크리스마스	317
27장	전투 종료	327

에필로그	337
후기	340
옮긴이의 말	343
참고문헌과 관련 자료	348

프롤로그

이 책은 가족을 지키기 위해 필사적으로 생존투쟁한 영웅들의 서사시이다. 여기에는 위대한 영웅담의 필수 요소가 모두 들어 있다. 전투, 배신, 살해, 용기, 동정, 공감, 충성, 그리고 영웅의 출현. 아마도 셰익스피어나 호메로스, 혹은 디킨스 같은 위대한 작가만이 이런 이야기를 만들어낼 수 있을 것이다. 하지만 그들은 여기 없다.

만약 셰익스피어가 옐로스톤 늑대들에 대한 희곡을 쓴다면, 그 이야기는 숲속 깊은 곳에 있는 늑대 굴에서 시작될 것이다. 아마도 이런 풍경이리라.

"온 몸이 칠흑 같은 털로 덮인 수컷 새끼 늑대 세 마리가 굴에서 나와 풀밭에서 뛰어놀기 시작했다. 세 마리 모두 씩씩하고 강해 보인다. 그때 네 번째 새끼 늑대가 굴 밖으로 나온다. 그는 같은 어미에게서 태어난 형제들보다 몸집이 작고 형제들과 달리 털이 칙칙한 회색이다. 늑대라기보다는 코요테처럼 보인다.

그때 칠흑 같은 검정 털을 가진 커다란 늑대 한 마리가 풀밭으로 성큼성큼 걸어왔다. 그는 이 무리의 알파(우두머리) 수컷이자 새끼 늑대들의 아비이다. 까만 털 새끼 늑대 세 마리는 앞으로 아비와 똑같은 모습으로 성장할 것이다. 언젠가 그들이 덩치에서도, 힘에서도 아비를 능가하게 될지도 모른다. 한편 회색 털 새끼 늑대는 아비를 닮거나 아비처럼 강력한 늑대로 자라지 못할 것이다."

셰익스피어라면 이 대목에서 내레이터를 통해 다음과 같은 예언을 들려줄 것이다.

"어린 새끼들 가운데 세 마리는 강력한 알파 수컷으로 자라 광활한 영역을 지배하고 많은 아들과 딸을 이 땅에 퍼트릴 것이다."

세 마리의 검은 털과 다부진 몸을 보면 누구라도 이렇게 상상할 수 있다. 그래서 내레이터는 이렇게 불행한 미래를 덧붙인다.

"하지만 한 마리는 다 자라기 전에 불명예를 안고 죽을 것이다."

그때 몸집이 작은 회색 새끼 늑대가 자기 다리에 걸려 얼굴부터 땅으로 푹 꼬꾸라진다. 그러자 내레이터는 수수께끼 같은 이야기를 남긴다.

"이 형제들 가운데 하나는 역사상 가장 위대한 늑대보다 더 위대한 늑대가 될 운명을 타고났다."

지금부터 늑대 이야기를 시작해보자. 역사상 가장 위대한 늑대와 그보다 더 위대한 늑대의 이야기를.

1장　새 출발

1994년 봄 캐나다 앨버타주에 소재한 재스퍼국립공원 동쪽 지역에서 늑대 네 마리가 태어났다. 이 가족은 '퍼티트레이크' 무리로 알려졌다. 그들이 태어날 무렵 나는 미국 최남단에 있었다. 알래스카와 하와이를 제외한 미국 본토 48개 주에서 가장 외딴 국립공원인 텍사스주 서부의 빅벤드국립공원에서 계절직 박물학자로 일하고 있었다. 나는 공원 방문객을 태운 차를 몰고 리오그란데강 근처에 버려진 대공황 시대의 목장으로 가면서 내 인생을 가로막고 있는 문제를 해결하는 데 골몰했다.

　어젯밤 옐로스톤국립공원의 차석 박물학자 톰 탱커슬리의 전화를 받았다. 나는 오는 봄에 옐로스톤국립공원 늑대 해설사로 부임해서 늑대 재도입 프로젝트 설명을 담당하기로 되어 있었다. 다시 말해 세계 최초로 정부 공인 늑대 해설사가 될 참이었다. 그런데 정부 예산이 내려오지 않아서 그 계획이 취소된 것이다. 톰은 미안하다고 사과했지만, 그로서도 어쩔 수 없는 일이었다.

　황량한 풍경 속을 운전하며 일을 되찾을 방법을 궁리했다. 나는 옐로스톤 늑대 복원 프로젝트를 열정적으로 지지했고, 과거에 알래스카 늑대를 관찰한 경험이 옐로스톤국립공원 채용에 도움이 되리라 생각했다. 무엇보다 나의 직감이 옐로스톤에 가야만 한다고

말하고 있었다. 그런데 그 문이 닫혀버린 것이다. 이제 다른 돌파구를 찾아야 했다.

그때 어떤 생각이 불현듯 떠올랐다. 그날 업무가 끝나자마자 톰에게 전화를 걸고 이렇게 제안했다. "늑대 해설사 급여를 민간 기부로 충당하면 어떨까요?" 잠시 침묵이 흐른 뒤 톰은 한번 알아보겠다고 했다. 그는 다음 날 민간자금을 금지하는 규정이 없는 듯하니 내 계획이 통할지도 모른다고 말했다. 톰은 4개월분의 보수액과 공원 기부금 관리 비영리단체인 옐로스톤협회로 비용을 보내야 하는 기한을 알려줬다.

톰에게 감사 인사를 전하고 전화를 끊고 나니 매서운 현실이 뼛속으로 파고드는 것 같았다. '도대체 저 큰돈을 어떻게 모으지?' 내 기준에서 그것은 큰돈이었다. 그러나 다행스럽게도 출판한 지 얼마 안 된 나의 저서 『늑대사회』 홍보를 위해 강연 여행을 시작할 참이었다. 캘리포니아에서 열릴 몇 번의 강연은 모금을 위한 절호의 기회였다.

결과적으로 나는 내가 상황을 설명하는 데 서투르다는 점을 깨달았다. 옐로스톤국립공원에 늑대 해설사를 배치하기 위한 자금이 왜 필요한지를 사람들에게 명확히 전달하기가 어려웠다. 캘리포니아주 남부에서 진행한 첫 번째 강연은 옐로스톤국립공원에 늑대를 데려오는 계획에 시민들이 참여하는 방안에 대해 겨우 몇 마디를 웅얼대고 끝났다. 이 일을 함께하고 싶은 사람은 강연이 끝나고 나에게 말해달라고 덧붙였으나 아무도 오지 않았다. 그런 다음 캘리포니아 과학아카데미 강연을 위해 차를 북쪽의 샌프란시스코로 몰았다. 어느새 톰이 말한 입금 기한까지 며칠밖에 남지 않았다. 이번 강연에 가장 많은 청중이 모이기로 되어 있었고, 내 계획의 성공 여부도 여기에 달려 있었다. 옐로스톤으로 갈 수 있을지 없을지가 결정될 절체절명의 순간, 행사장에는 450명이 모여 있었다. 나는 최선을 다해서 옐로스톤국립공원에 늑대 재도입이 왜 필요한지, 그리고 일반인이 이 프로젝트에 참여하는 방법을 조금 더 알기 쉽게 설명했다. 강연 뒤 내 주위로 인파가 몰렸고, 기부금에 관한 질문도 하나둘 나왔다. 몇몇은 소액을 꺼내기도 했다. 한 사람 한 사람이 전부 다 고마웠지만, 이번에도 모금액은 목표에 한참 모자랐다.

그때 나의 이야기를 잠자코 듣고 있는 젊은 남녀가 눈에 들어왔다. 그들은 서두르는 눈치였다. 남자가 먼저 다가와 명함을 내밀고, 늑대 복원 프로젝트를 지원하고 싶다고 말했다. 그는 넌지시 명함의 뒷면을 보라고 말했다. 거기에는 12달러 50센트를 기부한다고 적혀 있었다. 나는 그에게 감사를 표하고 목표액에 도달하면 연락하겠다고 대답했다. 그때 다른 사람이 늑대에 관한 질문을 던졌고, 그들과 대화하는 사이에 커플은 자리를 떠났다. 문득 명함의 뒷면을 다시 보니, 아뿔싸! 그들이 낸 돈은 12달러 50센트가 아니라 무려 1250달러였다. 톰이 알려준 금액이 거의 다 모인 것이다.

나는 사람들에게 양해를 구하고 그 커플을 찾으러 갔다. 다행히 그들은 가까이에 있었다. 나는 조금 쭈뼛거리며 명함 뒤에 적은 금액이 1250달러가 맞느냐고 확인했다. 게리라는 이름의 그 남자는 "네, 맞아요."라고 상냥하게 대답했다. 그는 곁에 있던 동반자 트리시를 소개했다. 우리는 잠시 동안 옐로스톤국립공원과 늑대에 대해 이야기를 나누었고, 헤어지기 전에 나는 그들의 아량에 감사를 전했다. 다음 날 톰에게 전화해서 기부금을 다 모았다고 전했다. 우리는 업무를 시작할 날을 정하고 앞으로 해야 할 일을 논의했다.

    5월 첫째 주에 차에 짐을 잔뜩 싣고 빅벤드국립공원을 떠나 옐로스톤으로 출발했다. 약 2400킬로미터의 여정으로, 사흘은 족히 걸릴 터였다. 텍사스주 서부의 황량한 경치를 통과해 뉴멕시코주까지 수백 킬로미터를 운전하면서 나는 내 인생이 어떻게 늑대 해설사로 이어졌는지를 곰곰이 돌아봤다.

    매사추세츠주 로웰에서 태어난 나는 근처의 빌레리카라는 작은 시골 마을에서 생애 첫 10년을 보냈다. 우리 가족은 콩코드대로에 있는 초등학교 교사를 개조한 집에서 살았다. 거리 건너편에는 농장이 자리하고 주위에는 숲, 연못, 시내, 들판이 가득 펼쳐져 있었다. 그곳은 나 같은 어린이에게 완벽한 '야생의 나라'였다. 나는 그곳에서 목가적인 유년을 보낸 듯하다.

    당시는 1950년대로, 요즘 식으로 표현하면 우리는 방목돼 구김살 없이 자랐다. 초등학교에 입학해서는 여름날과 주말에는 야외로 놀러 나갔다. 혼자일 때도 있고, 이웃 친구들과 함께할 때도 있었다. 어느 날은 연못에서 낚시를 했고, 다른 날은 숲속을 탐험했다. 자전거를 타고 시골길 끝까지 달린 적도 있다. 공통점은 전부 야외 놀이였다는 것이고, 자연에서 보내는 시간이 늘어날수록 나는 점점 더 야생생물에 매료되었다. 나는 집 뒤를 흐르는 시내의 작은 물고기에게 끌렸고, 가끔은 잡아서 작은 수조에서 기르기도 했다. 물고기보다 더욱 흥미를 가진 것은 거북이였다. 포획 방법을 궁리하고 이리저리 시도한 끝에 결국 거북이를 붙잡아서 잘 관찰한 뒤 풀어주었다.

　최근 천체물리학자 닐 디그래스 타이슨이 "모든 어린이는 과학자다"라고 한 말을 들었다. 그걸 계기로 어떤 기억이 떠올랐다. 길 건너편 농장에 개 두 마리가 있었다. 이름은 렉스와 쉐피. 다른 농장의 개들처럼 두 녀석도 묶여 있지 않고 항상 원하는 곳 어디든 돌아다녔다. 나는 쉐피가 거의 매일 아침 숲으로 들어갔다가 오후 늦게야 돌아온다는 사실을 알아차렸다. 마치 나처럼. 쉐피는 숲에서 도대체 무엇을 하는 것인지 궁금해 어느 날 아침 쉐피를 뒤따라갔다. 그 녀석은 숲과 초원을 어슬렁거리며 여러 동물이 남긴 냄새의 흔적을 조사하고 있었다. 마치 나처럼 야생의 나라를 탐험하고 있던 것이다. 우리의 영혼은 동종이었다. 이제 나는 그날의 일이 내가 수십 년 뒤 알래스카와 옐로스톤에서 늑대를 연구하는 방법을 미리 보여주는 시연이었다고 생각한다.

　매사추세츠대 임업학과를 졸업한 뒤 나는 알래스카의 매킨리산국립공원에 일자리를 구했고, 공원 입구로부터 106킬로미터 떨어진 아일슨 방문자센터에 배치되었다. 나중에 매킨리산은 아메리카 선주민들이 부르던 이름인 데날리산으로 개칭됐고 그에 따라 공원 이름도 바뀌었지만, 내가 도착했을 때는 산도 공원도 매킨리였다. 극지 툰드라에 건설한 아일슨 방문자센터에서는 북아메리카 대륙의 최고봉인 매킨리산(해발 6194미터)을 한눈에 볼 수 있다. 센터 내부에 등산, 지질, 야생생물, 툰드라 식물을 전시했지만, 가장 큰 매력은 바깥 풍경이었다. 나는 툰드라 지역 안내나 하이킹 인솔, 또한 원더호수 야영지에서 열리는 캠프파이어의 사회자 역할 등을 담당했다. 그 캠프장에서 보이는 매킨리산은 미국의 모든 국립공원을 통틀어 손에 꼽히는 절경이었다.

매킨리산국립공원 방문객들은 공원에 서식하는 회색곰을 특히 좋아했는데, 나도 마찬가지였다. 첫해 여름에는 회색곰을 발견하면 모습이 보이지 않을 때까지 계속 지켜봤다. 공원에는 그 밖에도 매력적인 동물이 많았다. 카리부(Caribou, 북미에 서식하는 삼림 순록—옮긴이), 무스(Moose, 북미에 서식하는 큰사슴—옮긴이), 돌산양(Dall sheep, 북미 북서부 산악지대에 사는 크고 털이 하얀 야생 양—옮긴이), 그리고 툰드라에 둥지를 트는 엄청난 수의 철새들. 그중에서도 알래스카에 도착한 첫날부터 나의 목표는 늑대를 두 눈으로 직접 보는 것이었다. 당시 매킨리산국립공원에서는 늑대를 거의 볼 수 없었기 때문이다.

그러던 어느 날 아일슨 방문자센터에서 누군가가 새끼 두 마리를 데리고 다니는 어미 무스를 추적하다 늑대 두 마리를 봤다는 이야기를 들었다. 나는 퇴근하기 무섭게 차를 그곳으로 몰고 가서 어미 무스와 새끼들을 찾았다. 그리고 바로 옆 버드나무 그늘에서 회색늑대 두 마리를 발견했다. 여태껏 본 적 없는 야생 늑대였다. 늑대 두 마리는 수풀을 왔다 갔다 하면서 무스 새끼들이 어미와 떨어지는 순간을 엿보고 있었다. 얼마 후 늑대는 사냥을 포기하고 사라졌고 나는 고양감에 휩싸인 채 아일슨 방문센터로 돌아왔다.

나는 그해부터 15년간 여름을 알래스카에서 지냈다. 1975년에는 알래스카 주의회가 연방정부에 공원 명칭을 데날리로 변경해달라고 공식적으로 요청했고, 1980년 무렵에는 이름이 정식으로 바뀌지 않았음에도 알래스카에서는 데날리로 부르는 경우가 더 많아졌다.

데날리공원에서 늑대가 목격되는 횟수가 점차 늘어났고, 나 역시 늑대 생태 관찰에 많은 시간을 쏟게 되었다. 이후 아돌프 뮤리가 1944년에 쓴 획기적 늑대 연구서 『매킨리산의 늑대들』을 읽고, 결국 뮤리가 1930년대 후반부터 1940년대에 걸쳐 연구했던 이스트포크 늑대 무리의 굴을 찾아냈다. 이 무리의 수컷 리더는 다리를 절뚝였다. 알파 쌍이 무리의 서열 하위 늑대들과 협력해 굴 주변에서 새끼를 돌보는 모습도 관찰했고, 그들이 카리부를 사냥하고 회색곰을 쫓아내는 광경을 지켜봤다. 새끼 늑대들이 잠든 아비에게 몰래 다가가 마치 사냥하듯 달려드는 것도 목격했다. 아비 늑대는 다정한 몸짓으로 등에 올라탄 새끼들을 털어내고는 자리를 옮겨 다시 낮잠을 청했다.

이 무렵의 나는, 요컨대 이주하는 계절노동자였다. 15년 동안 여름에는 데날리국립공원에서 일하고 겨울에는 캘리포니아주 사막지대에 있는 데스밸리국립공원과 조슈아트리국립공원에서 일했다. 1991년부터는 몬태나주 북부 글레이셔국립공원에서 세 번의 여름을 보냈다. 마지막 여름은 공원 내 폴브리지 구역에서 일했다. 그곳은 늑대를 볼 수 있는 최적의 장소였다. 몬태나주를 비롯한 미국 서부에서는 오래전에 늑대가 멸종했다. 그러다 1970년대 후반에 늑대 몇 마리가 캐나다 앨버타주에서 국경을 넘어와 글레이셔 북서쪽에 정착했다. 이는 미국 서부에서 늑대의 재정착이 최초로 확인된 사례이다. 울창한 삼림에 사는 늑대를 발견하기란 매우 힘들지만, 그해 여름 나는 초원에서 놀고 있는 가족을 포함해 여러 마리의 늑대를 볼 수 있었다.

그때 마침 늑대에 관한 책을 쓰지 않겠느냐는 권유를 받았다.

나는 데날리와 글레이셔에서 여러 마리의 늑대를 관찰했고, 늑대와 관련된 책과 과학 논문을 손에 잡히는 대로 읽었다. 현재 최대의 쟁점은 옐로스톤 늑대 재도입 프로젝트 시행 여부라는 것도 알고 있었다. 옐로스톤이 세계 최초의 국립공원으로 지정된 1872년에 늑대는 이 지역의 토착종이었는데, 공원 레인저들은 미국 전역의 거의 모든 사람이 그랬듯이 늑대는 해로운 동물이라고 생각했다. 1926년까지 그들은 공원에 있던 늑대를 모조리 사냥했다.

    책을 집필하기 위해서 나는 옐로스톤에 늑대를 재도입할 계획을 세운 국립공원관리청 책임자와 생물학자들을 몇 차례나 인터뷰했다. 옐로스톤자원센터 소장인 존 발리와 오랫동안 공원 인근 주민들에게 늑대 보호를 설득해온 해설사 놈 비숍 등이다. 그 밖에도 늑대 재도입에 찬성하는 많은 사람, 가령 야생동물보호협회의 행크 피셔, 울프 펀드의 르네 앳킨스 등과 대화를 나누었다. 또한 몬태나주 헬레나로 가서 로키산맥 북부에서 늑대 복원을 주도한 어류·야생동물관리국 소속의 생물학자 에드 뱅스를 취재했다. 나는 그곳에 머무르는 동안 늑대 재도입 심의회에 참석해 찬성 의사를 밝혔다.

    1993년 가을에 나의 저서 『늑대사회』가 간행될 무렵에 나는 옐로스톤 늑대 재도입 프로젝트에 깊이 관여한 상태였다. 게다가 16년 동안 알래스카와 몬태나에서 야생 늑대를 관찰한 경험도 있었다. 그 모든 정황이 나를 1994년 봄 옐로스톤으로 가서 늑대 해설사 일을 시작하도록 이끌었다.

    5월 초 옐로스톤공원에 도착한 나는 먼저 톰 탱커슬리와 면담하고, 그가 짜놓은 업무 매뉴얼을 검토했다. 그리고 타워정션에 있는 국립공원관리청 소유의 트레일러에 살면서, 방문자를 상대로 늑대 설명회를 열기로 했다. 업무 범위는 200만 에이커(약 8094제곱킬로미터로, 대한민국 전라북도와 거의 같은 크기이다. 1에이커는 약 4047제곱미터—옮긴이)에 달하는 이 공원 전체였다. 늑대 생태와 늑대 재도입 계획에 대한 슬라이드는 이미 준비돼 있었다. 설명회는 매디슨 캠프장과 브리지베이 캠프장에서 매주 한 차례씩 실시하고, 가끔 매머드 캠프장이나 피싱브리지 캠프장에서도 열 참이었다. 이 프로그램들은 9월 초 관광 시즌이 끝날 때까지 계속된다.

나는 공원에 산재한 방문자센터에서도 주간 설명회를 실시하기로 되어 있었다. 이 설명회에서는 데날리국립공원에서 함께 일한 나의 친구이자 영상작가인 밥 랜디스가 촬영한 늑대 비디오 영상을 보여주기로 했다. 밥은 내셔널지오그래픽 텔레비전 채널과 PBS 프로그램 〈네이처〉 등에서 다수의 야생동물 다큐멘터리를 촬영했는데, 여기에는 옐로스톤 늑대를 다룬 작품도 포함된다. 그해 여름 나는 밥이 촬영한 비디오를 틀고 늑대 생태와 옐로스톤 늑대 재도입 계획을 이야기하기로 되어 있었다.

나의 근무시간 대부분은 국립공원관리청이 "이동 설명회"라고 부르는 데 할애되었다. 사람들이 북적이는 장소에서 최대한 많은 사람에게 늑대 이야기를 전달한다는 취지였다. 공원을 방문하는 관광객들 가운데 미리 설명회 참여를 예약한 사람은 극소수이기 때문이다. 말하자면 교회에서 설교하는 목사가 아니라 길거리 전도사 역할과 비슷했다.

나는 늑대 모피를 빌리고, 어떻게 하면 방문자의 관심을 끌 수 있을까를 궁리했다. 맨 처음 타워폴 주차장에 선 날을 기억한다.

나는 공원 레인저 모자를 쓰고 옷차림을 정돈한 뒤 늑대 모피를 들고 군중을 향해 걷기 시작했다. 곧 늑대 모피에 관해 질문하는 방문객들에게 둘러싸였다.

나는 불과 몇 분 만에 과거에 옐로스톤에 서식하던 늑대들이 공원 레인저들에 의해 절멸되었다는 이야기를 전할 수 있었다. 국립공원관리청은 이제 과거의 실수를 깨닫고 캐나다에서 늑대를 데려오길 희망하고 있다는 말로 이야기를 마치고, 다음 장소로 이동했다. 그런 식으로 한 시간 동안 무려 300여 명에게 상황을 설명할 수 있었다. 더 많은 사람을 만나기 위해서 기념품 가게에 늑대 모피를 들고 들어가기도 했다. 그러면 사람들은 내가 들고 있는 물건에 관심을 가졌다.

그해 여름의 한가운데에서 클린턴 행정부 내무장관인 브루스 배빗이 옐로스톤 늑대 재도입 프로젝트를 승인했다는 소식이 전해졌다. 그 시점부터 나는 오는 겨울에 옐로스톤에 늑대가 돌아올 것이라고 사람들에게 일러주었다. 그해 여름 시즌이 끝날 때까지 2만 5000명 이상의 방문객에게 늑대의 생태와 재도입 계획을 설명할 수 있었다.

그 무렵 나는 늑대에 대한 두 번째 저서인 『늑대와의 싸움: 미국은 어떻게 늑대를 절멸시켰는가』를 탈고했다. 미국 독립 이전까지 거슬러 올라가 다양한 사료를 검증하고, 미국 사회에 만연한 늑대 혐오가 어떻게 생겨났으며 미국은 왜 국립공원 내에서조차 기를 쓰고 늑대를 사멸시키려 했는지를 밝히는 내용이다. 또 이 책에서는 어니스트 톰프슨 시튼의 『늑대왕 로보』처럼 늑대를 긍정적으로 묘사한 작품도 소개했다. 결론에는 현재 미국 로키산맥 북부와 남서부에서 실시되고 있는 늑대 재도입 계획도 소개했다. 늑대 연구자와 늑대 재도입 지지자에게 이 책에 실을 새 원고를 의뢰하고, 나도 옐로스톤 늑대 재도입 계획에 대한 에세이 몇 편을 써서 덧붙였다. 이 책은 1995년 봄에 간행되었다.

첫 늑대 해설사 업무는 그해 9월에 종료됐다. 9월이 되면 공원 방문객이 눈에 띄게 줄어든다. 나는 아일랜드와 영국에 강연하러 가기 위해 옐로스톤국립공원을 떠났다. 가을과 겨울 내내 벨파스트(북아일랜드 수도)와 런던 등 여러 도시를 돌아다니며 늑대와 옐로스톤 재도입 계획을 이야기했다. 왕립동물학회에서 강연하기도 했다. BBC 방송과 라디오 인터뷰도 몇 번 했다. 그러면서 옐로스톤 늑대 재도입 계획이 세계적인 주목을 받게 되었다.

그해 가을 나는 옐로스톤에서 보낸 여름을 수없이 회상했다. 내가 소년 시절을 보낸 매사추세츠주 마을에서 불과 몇 마일 떨어진 곳에서 자란 헨리 데이비드 소로의 말이 떠올랐다. 소로가 태어난 해는 1817년으로, 그 무렵에는 뉴잉글랜드 지역에서 늑대를 만나는 일은 과거로 사라져버린 상태였다. 그는 1856년에 쓴 작가 일기에서 주변 자연에 살던 늑대와 토착종들이 멸종위기에 처한 상황을 슬프게 표현했다. 소로는 자신이 거세되어 길들여진 나라에 살고 있는 듯하다고 느꼈다. 소로는 근처 숲에서 생태계가 연주하는 갖가지 자연의 소리가 들리지 않게 됐다고 토로하며 불완전한 땅에서 살게 된 현실을 개탄했다. 그는 이렇게 덧붙였다. "나는 중요한 연주자가 많이 빠진 오케스트라 연주를 듣고 있다." 그중에서도 가장 희미해진 소리가 늑대의 하울링(울부짖음)이다. 1994년 옐로스톤은 소로의 고향 마을과 같은 상태였다. 공원 안에는

부자연스러운 고요가, 늑대 울음이 지워진 침묵이 흐르고 있었다. 그러나 이 침묵도 곧 깨질 참이다. 늑대가 돌아오고 있으니까.

2장　　옐로스톤국립공원

영국 강연을 끝내고 돌아온 나는 빅벤드국립공원에서 두 번째
겨울을 보낼 준비를 하고 있었다. 그해 가을 옐로스톤국립공원은
늑대 재도입 프로젝트를 관리하고 방사 후 행동 관찰과 조사를
담당할 늑대 연구 전문 생물학자 마이크 필립스와 더그 스미스를
고용했다. 미국에서 유일하게 늑대 재도입을 진행해본 마이크가
프로젝트 리더로 임명됐다. 마이크는 미국 어류·야생동물관리국이
시행한 붉은늑대 야생 복귀 프로그램의 책임자로서
노스캐롤라이나주에서 붉은늑대 재도입을 총괄 감독한 경험이
있다.

더그는 슈피리어호수에 떠 있는 섬 아일로열국립공원에서
미시간공과대학의 롤프 피터슨 교수가 지휘하는 늑대 연구에
참여했다. 나중에 그는 미국 어류·야생동물관리국의 의뢰를 받아
미네소타대학 데이브 메크 교수가 미네소타주 북부에서 실시한
늑대 연구에도 참여하게 된다. 데이브 교수는 퍼듀대학의 듀워드
앨런이 1958년 아일로열국립공원에서 늑대 연구를 시작했을
때부터 그곳에 있었다. 이 연구는 지금까지 가장 오랫동안 진행된
늑대 연구 프로젝트로서, 롤프 교수가 1974년에 이 연구의 총괄
책임을 이어받았다. 이는 곧 더그가 세계 최고의 늑대 생물학자

두 명으로부터 가르침을 받았다는 의미다. 또한 마이크와 더그는 아일로열 연구팀에서 함께 일한 사이였다.

    1995년 1월에 나는 오하이오주에서 강연을 하고 있었는데, 바로 이때 늑대가 옐로스톤에 도착했다. 그 얼마 전 세 무리와 외톨이 수컷 한 마리로 이루어진 총 열네 마리의 야생 늑대가 옐로스톤에서 북쪽으로 804킬로미터 떨어진 캐나다 앨버타주에서 포획됐다. 이들이 1월 12일 운송 트레일러를 타고 옐로스톤국립공원에 도착했고, 나는 오하이오에서 CNN 뉴스로 그 장면을 시청했다.

    빅벤드국립공원으로 돌아와 옐로스톤에 있던 친구들에게 좀 더 자세한 소식을 들었다. 세 무리의 늑대는 내가 묵던 타워정션 근처에 설치된 1에이커 넓이의 환경 적응 울타리에 각각 수용되었다. 이 지역은 엘크(Elk, 와피티사슴—옮긴이)의 고밀도 번식지로, 엘크는 과거 옐로스톤에서 자생하던 늑대에게도, 앨버타주에서 새로 온 무리에게도 중요한 먹잇감이다.

    열네 마리 가운데 가장 먼저 포획된 두 마리는 '매클라우드 무리'의 어미 늑대와 암컷 새끼 늑대였다. 이 가족의 또 다른 암컷 새끼는 얼마 전 사살됐고, 알파 수컷 늑대를 비롯한 다른 구성원들도 사냥꾼과 모피를 노린 덫 수렵꾼에게 죽임을 당한 듯했다. 어미 늑대(늑대 9번으로 지정)와 새끼(늑대 7번)만이 살아남았다고 알려졌다. 두 마리는 라마계곡의 옐로스톤연구소 뒤편에 설치된 울타리로 갔다. 이 무리에는 짝을 이룰 수컷이 없었기에, 캐나다에서 포획된 외톨이 수컷 한 마리를 함께 넣었다. 이 수컷에게는 번호 10이 주어졌다. 이후 그들은 울타리 주위를 흐르던 개울 이름을 따서 '로즈크리크 무리'로 명명되었다.

프롤로그에서 본 새끼 네 마리의 무리는 타워정션에서 동쪽으로 10킬로미터 떨어진 곳에 설치한 울타리에 수용돼 '크리스털크리크 무리'라고 불리게 되었다. 레인저들과 다른 공원 직원들이 이 무리의 알파 쌍(암컷 5번과 수컷 4번)과 수컷 새끼 네 마리를 실은 철제 우리를 트럭에서 내리고 노새가 끄는 썰매에 태워 운반하는 모습이 텔레비전에서 방영되었다. 새끼 늑대 가운데 8번으로 명명된 녀석이 앞서 운명에 대한 계시를 받은 작은 회색 늑대다. 몸무게가 3킬로그램밖에 안 되는 늑대 8번은 네 형제 중에서, 또 캐나다에서 데려온 열네 마리 가운데에서 가장 작았다. 너무 작아서 하마터면 찾지 못하고 내버려둘 뻔했다고 했다.

한편 캐나다에서는 '벌랜드 무리'로 불린 '소다뷰트 무리' 다섯 마리가 라마계곡의 옐로스톤연구소 동쪽에 자리한 울타리에 자리 잡았다.

법 집행권을 가진 레인저들이 울타리 주변을 24시간 내내 지키며 혹시 모를 사냥꾼의 습격을 경계했다. 기온이 영하로 떨어지는 와이오밍주의 긴 겨울밤, 깊은 눈밭을 터벅터벅 걸으면서 순찰하는 무장 레인저들이 앞으로 이어질 이야기의 숨은 영웅들이다. 그들의 헌신과 노고 덕분에 늑대들은 울타리 안에서 안전하게 새 환경에 적응할 수 있었다.

이후 10주 동안, 국립공원관리청 직원들은 일주일에 두 번씩 엘크, 사슴, 그리고 들소(Bison, 아메리카들소—옮긴이) 사체를 울타리에 넣어주었다. 대개 인근 간선도로에서 자동차 충돌사고로 죽은 동물들이다. 야생 늑대는 겨울철에는 하루 평균 4킬로그램의 고기를 섭취해야 한다. 여섯 마리 늑대로 형성된 크리스털크리크 무리를

먹이려면 일주일에 160킬로그램이 필요하다는 뜻이다.

    3월 21일 오후 4시 15분, 미국 어류·야생동물관리국의 마이크 필립스와 스티브 프리츠가 크리스털크리크 울타리의 문을 열고 빠른 걸음으로 차도로 되돌아갔다. 문이 열리면 늑대가 뛰쳐나올 터라고 모두가 예상했다. 그런데 늑대들은 울타리 안에 머물러 있었다. 문은 하나뿐이고, 인간이 늘 그 문으로 들어왔기 때문에 늑대들은 문 가까이 가기를 두려워한 것이다.

    3월 23일 두 생물학자는 계획을 바꿔서 문에서 꽤 멀리 떨어진 울타리에 구멍을 뚫고 그 바깥에 사슴 사체를 놓았다. 다음 날 녹화 영상을 확인하니 늑대들은 구멍을 빠져나와 사슴 고기를 먹고 다시 울타리 안으로 돌아갔다. 아직 자신들이 울타리를 떠날 수 있다는 사실을 모르는 것 같았다. 하지만 3월 30일에는 여섯 마리 가운데 다섯 마리가 구멍 밖으로 나간 뒤 돌아오지 않았고, 나머지 한 마리도 다음 날 울타리를 떠났다.

    국립공원관리청 직원과 관광객, 그리고 현지인도 늑대가 울타리 주변을 어슬렁거리는 광경을 자주 보게 됐다. 69년 만에 옐로스톤공원에 늑대가 정착한 것이다. 가족이 무리지어 다니는 모습도 목격되었는데, 이것은 새로운 서식지에 익숙해졌다는 신호다. 늑대 일가는 이후 4주간 울타리 주변에 머물렀는데, 처음에는 동사한 엘크 사체를 먹다가 곧 엘크를 사냥하기 시작했다.

    로즈크리크 울타리에 수용된 늑대 세 마리의 적응 과정은 또 달랐다. 몸무게가 55킬로그램이나 나가는 거대한 수컷 늑대 10번은 3월 22일에 울타리의 문이 열리자마자 곧장 밖으로 나왔다. 즉

10번이 캐나다에서 온 늑대 중 가장 먼저 울타리를 떠난 것이다. 반면 암컷 두 마리는 크리스털크리크 늑대들처럼 행동을 망설였다. 어미 늑대 9번은 문에 가까이 가는 것조차 싫어했다. 그때는 아무도 눈치채지 못했지만, 9번은 외톨이 수컷 10번과 울타리 안에서 교배해 임신 중이었다.

    수컷은 멀리 가지 않고 울타리 주변을 맴돌았다. 그로서는 매우 위험한 일이었을 것이다. 그 근처는 인간이 가장 빈번하게 출현하는 장소였기 때문이다. 그런데도 그는 새 가족이 울타리 밖으로 나올 때까지 충성스럽게 기다렸다.

    3월 23일, 생물학자들은 로즈크리크 울타리에 구멍을 낼 요량이었다. 그런데 눈보라가 몰아쳐서 아무것도 보이지 않았다. 그 순간 근처에서 늑대 울음소리가 들렸다. 수컷 늑대 10번이 불과 50미터 떨어진 곳에서 그들을 노려보고 있었다. 늑대를 놀라게 하고 싶지 않았던 일행은 그대로 발길을 돌렸다. 수컷 늑대는 인간을 따라오며 그들이 그의 새 가족에게 접근하지 못하게 했다. 인간들이 사라지자 늑대 10번은 울타리 옆으로 돌아갔다. 그로부터 하루이틀 뒤 어미 늑대는 딸과 함께 울타리 밖으로 나와 수컷과 함께 주변을 마음껏 돌아다니기 시작했다.

    세 번째 울타리에 구멍을 뚫은 날은 3월 27일이다. 다섯 마리로 형성된 소다뷰트 무리는 그날 늦게 사슴 사체에 이끌려 밖으로 나왔다. 크리스털크리크 무리 때와 마찬가지로 그들도 첫날에는 울타리 안으로 돌아갔지만, 이틀째부터 돌아가지 않았다.

    캐나다 앨버타주에서 데려온 늑대 14마리는 새 보금자리가 될 땅을 탐색하기 시작했다. 이로써 옐로스톤 늑대 재도입 계획은

멋지게 첫 관문을 통과했다. 앞으로 늑대 울음소리를 비롯하여 공원 생태계를 복원할 수 있을지는 늑대들에게 달려 있었다.

3장 첫 번째 만남

1995년 5월 초 빅벤드국립공원에서 하던 일을 마치고, 옐로스톤을 향해 북쪽으로 차를 몰았다. 나의 목표는 이번 여름에 방사된 늑대들 가운데 적어도 한 마리라도 목격하는 것이었다. 나는 옐로스톤공원으로 데려온 늑대들은 늑대 사냥이 빈번하게 이뤄지는 지역에서 포획됐다는 사실을 알고 있었다. 캐나다 일부 지역에서는 인간의 사냥으로 인해 늑대의 연간 사망률이 40퍼센트에 이른다. 따라서 그 지역의 늑대는 인간을 두려워하고 피하려 한다. 새로 온 늑대를 만나려면 운이 아주 좋아야 할 것이다. 이번에도 타워정션에 머무르는데, 그곳은 크리스털크리크 늑대 무리가 방사된 장소와 몇 킬로미터밖에 떨어져 있지 않았다.

　5월 12일 저녁, 옐로스톤국립공원 북동쪽 입구에 도착해 라마계곡이 있는 서쪽으로 차를 몰았다. 라마계곡에 도착했을 때 밥 랜디스가 갓길에 차를 세우고 나와 있었다. 그는 크리스털크리크 늑대 여섯 마리를 촬영 중이었는데 내가 도착하기 직전에 그들이 숲으로 미끄러지듯 사려졌다고 했다. 나는 불과 몇 초 차이로 늑대를 볼 기회를 놓치고 낙담한 채 타워정션으로 돌아가서 짐을 풀었다.

　다음 날 아침 일찍 동쪽으로 16킬로미터 떨어진 라마계곡으로 향했다. 오전 6시경에 그곳에 도착하니 차도에서 남쪽으로 불과

800미터 떨어진 곳에 크리스털크리크 무리가 모여 있었다. 나는 검은 털 알파 수컷과 희끄무레한 알파 암컷, 그리고 이제 한 살쯤 된 어린 수컷 네 마리를 발견했다. 가장 몸집이 작은 잿빛 새끼 늑대가 몸집이 더 큰 매끈한 검은 털의 세 형제보다 오히려 눈에 띄었다. 여름 동안 늑대를 한 번이라도 보면 좋겠다고 생각했는데, 옐로스톤에 돌아온 첫날에 여섯 마리를 관찰하는 데 성공했다.

잠시 후 몇몇 방문객이 차를 세우고 나에게 무엇을 보고 있는지 물었다. 데날리에서 이스트포크 무리를 관찰할 때 사용하던 망원경을 그들에게 건네서 늑대 무리를 보여줬다. 망원경 너머로 늑대를 발견하면 누구나 기쁨과 흥분으로 얼굴이 반짝거렸다. 차를 세우는 사람이 점점 늘어났다. 나는 모두에게 늑대를 보여주었다. 대부분은 암컷 우두머리의 아름다운 자태와 수컷 우두머리의 위풍당당한 체격, 그리고 한 살배기 새끼 늑대 세 마리의 윤기 나는 검은 털을 칭찬했다. 작은 잿빛 늑대 8번에게 주목하는 사람은 없었다.

암컷 알파 늑대 5번이 엘크 사체의 흔적이 남아 있는 땅바닥에 쪼그리고 앉아 소변을 본 뒤 부근의 흙을 뒷다리로 할퀴었다. 5번이 떠나자 이번에는 수컷 알파 늑대 4번이 다가와 암컷이 남긴 냄새 자국 위에 오줌을 눈 다음 뒷다리로 그 땅을 긁었다. 늑대는 발가락의 육구(肉球, 고양이, 개, 곰 등의 발바닥에 있는 둥근 형태의 맨살 덩어리 부분으로 털은 없고 탄력이 있으며 표면은 두꺼운 각질층으로 덮여 있어 걸을 때 완충 역할을 하는 발볼록살—옮긴이) 사이에 취액선이 있어서 뒷다리로 땅을 긁으면 냄새를 더욱 확실하게 남길 수 있다. 그로부터 다른 늑대들은 라마계곡 근처가 4번, 5번 알파 쌍의 영역임을 확실히 알게 될 터였다.

　암컷이 무리를 선도하고 나머지 다섯 마리가 그 뒤를 따라갔다. 이윽고 내가 알게 된 것처럼, 이동 방향 등 무리 행동에 관한 결정권 대부분을 우두머리 암컷이 쥐고 있었고 우두머리 수컷을 포함한 나머지 늑대들은 암컷의 결정을 따랐다. 얼마 후 무리는 들소 떼에 접근했다. 들소 몇 마리가 다가오는 늑대 무리를 발견했지만 아랑곳하지 않았다. 다 자란 수컷 들소의 무게는 900킬로그램이고 암컷도 450킬로그램에 달한다. 반면에 늑대 성체의 평균 몸무게는 45킬로그램 안팎이므로 들소가 늑대보다 10~20배 무거운 셈이다. 그런 까닭에 들소들은 늑대를 보고도 겁먹지 않고 계속 풀만 뜯고 있었다. 알파 늑대 부부도 들소에 관심을 갖지 않고 앞으로 나아갔다.

　알고 보니 이 늑대들이 태어난 캐나다 앨버타주에는 들소가 없었다. 그곳에서 크리스털크리크 늑대들은 엘크와 사슴을 사냥감으로 삼았다. 새끼 늑대는 어른들과 함께 사냥하면서 무리 내 연장자들의 사냥 행동 패턴을 보고 어떤 동물을 노려야 할지 배운다. 아마도 알파들은 고향에서 저녁 식사로 엘크와 사슴을 먹었을 것이다. 생물학자들은 이를 '포식자의 먹잇감 탐색 이미지the predator's prey search image'라고 부른다. 늑대는 자신이 생각하기에 최적의 먹잇감 동물인 듯한 사냥감을 쫓아서 이동한다. 따라서 크리스털크리크 무리의 알파 부부는 옐로스톤의 들소를 먹잇감으로 인식하지 못한 셈이다.

　하지만 부모와 달리 네 마리의 한 살배기 새끼 늑대들은 이 새로운 종이 흥미진진했다. 그래서 무리에게 돌아가는 커다란 수컷 들소를 뒤쫓기 시작했다. 곧바로 선두의 검은 털 늑대가 들소 앞

14미터 거리까지 따라붙었다. 거대한 들소는 멈춰 서서 다가오는 늑대들을 돌아보았다. 한 살배기 늑대 네 마리는 잠시 움직임을 멈췄지만, 이내 가장 작은 잿빛 늑대를 포함해 세 마리가 더 앞으로 나아갔다. 들소 떼에서 떨어져 있던 들소 한 마리는 곧 다른 동료들에게 합류하였다. 종종걸음으로 다가오는 한 살배기 늑대 형제들을 알아본 들소 몇 마리가 고개를 들고 쳐다보았다. 그러자 새끼 늑대 형제는 멈춰 서서 그 자리를 빙빙 돌기 시작했다. 더 이상 접근할 엄두가 나지 않아 주저한 것이다. 저쪽에서 알파 늑대 부부가 한 살배기 형제들과 들소 떼를 골똘히 지켜보고 있었다. 그때 쫓기던 들소가 방향을 바꿔서 새끼들에게 돌진했다. 네 형제는 겁을 집어먹고 몸을 돌려 부모 쪽으로 달아났다.

크리스털크리크 무리는 다시 앞으로 나아갔다. 잠시 후 알파 늑대 부부는 대략 150여 마리로 이루어진 엘크 떼를 발견했다. 그들의 먹잇감 탐색 이미지에 완벽하게 들어맞는 사냥감이었다. 암컷 엘크의 무게는 최대 200킬로그램이고, 대형 수컷의 경우 320킬로그램까지 자란다. 늑대보다 훨씬 크고 무겁지만 들소보다는 만만한 사냥감이다. 늑대를 발견한 엘크가 냅다 달려 도망쳤지만, 늑대 가족은 추격하지 않았다. 대신 그들은 천천히 전진했다. 엘크 떼는 멈춰 서서 늑대 무리를 돌아본 다음 늑대들 쪽으로 다가왔다. 늑대가 옐로스톤공원에 돌아온 지 아직 6주밖에 되지 않았기 때문에 엘크도 늑대가 얼마나 위험한 상대이고 늑대를 만났을 때 어떻게 대처해야 하는지 모르는 것 같았다.

어느새 엘크 떼와 늑대 무리 사이의 거리는 45미터로 좁혀졌다. 이 시점에 엘크는 늑대들이 위협이라고 판단한 듯 도망쳤다. 덩달아

두 마리의 한 살배기 검정 늑대가 같은 방향으로 달리기 시작했다. 그들은 엘크 떼를 쫓아갔지만, 전속력의 3분의 1 정도로 천천히 달렸다. 늑대 무리의 다른 가족은 자리에 머물면서 사태를 주시했다. 엘크 떼는 두 갈래로 갈라졌고, 한 살배기 늑대 한 마리만 그중 한 갈래를 추격하고 있었다. 엘크 떼가 달리기를 그만두자 늑대도 멈춰 섰다. 늑대는 자신이 쫓던 엘크 떼를 노려봤고, 그러자 엘크들도 늑대를 쏘아봤다. 나는 뒤쪽에 있는 알파 늑대들을 돌아보았다. 그들도 상황을 유심히 지켜보고 있었다. 나는 늑대들이 엘크의 건강 상태를 시험하고 있다는 인상을 받았고, 먹잇감이 될 만큼 느리거나 쇠약한 엘크가 없다는 것을 확인했을 터라고 짐작했다.

늑대와 엘크가 상호작용하는 장면을 여러 번 목격한 뒤, 나는 평균적으로 건강한 엘크는 늑대로부터 쉽게 도망친다는 사실을 알게 되었다. 엘크가 전력 질주하면 최고 시속 72킬로미터인데, 늑대의 최고 속도는 시속 56킬로미터에 불과하다. 그게 어느 정도인가 하면, 100미터 달리기 올림픽 금메달리스트 우사인 볼트가 시속 37킬로미터로 달린다. 만약 볼트가 늑대, 엘크와 함께 달린다면 그는 꼴찌를 할 것이다. 노련한 어른 늑대는 건강한 엘크를 쫓느라 에너지를 낭비하지 않는다. 사냥 성공 확률이 너무 낮기 때문이다. 우두머리 늑대들은 앞을 향해 걷기 시작했고, 한 살배기 새끼들은 무리에 다시 합류했다. 이윽고 늑대 가족은 숲속으로 모습을 감추었다.

그날 아침 나는 중요한 교훈을 배웠다. 이 시기의 일출은 오전 5시 45분경인데, 5시 15분쯤에는 늑대를 구분할 수 있을 정도로 하늘이 밝는다. 이날 내가 주차장에 도착한 시간은 오전

6시였으므로, 결과적으로 늑대를 볼 수 있는 시간을 45분이나 허비한 셈이다. 그때부터 나는 오전 4시에 일어나 천천히 아침을 먹고 준비를 마친 뒤 타워정션에서 라마계곡까지 15분간 차를 몰고 가서 하늘이 다 밝기 전에 도착하겠다고 다짐했다.

    그로부터 사흘 동안은 늑대를 목격하지 못했다. 5월 16일 저녁에는 늑대 무리를 찾던 중 회색곰 한 마리와 흰머리수리 한 마리를 발견했다. 그때 엘크 떼가 초원의 어느 한 지점을 바라보고 있다는 것을 깨달았다. 나는 망원경을 그쪽으로 돌리고 눈을 부릅떴다. 그러자 그곳에서 검은 털 한 살배기 새끼 늑대가 모습을 드러냈다. 이 관찰 사례로 피식동물이 일제히 같은 방향을 바라보고 있을 때를 주의해야 한다는 사실을 배웠다.

    그날 저녁 나는 멸종위기 목록에 있는 동물 3종인 회색곰, 흰머리수리, 늑대를 한꺼번에 확인했다. 회색곰도 흰머리수리도 늑대에게 신경을 쓰지 않는 눈치였지만, 나중에야 두 종 모두 늑대가 옐로스톤에 돌아온 일로 엄청난 반사 이익을 얻고 있다는 사실을 알았다. 두 종 모두 청소동물로, 향후 수년간 옐로스톤공원 내 회색곰은 늑대가 죽인 사냥감에서 공짜 고기를 얻어 개체 수가 증가했다.

    부임 직후 몇 주 동안 나는 매머드핫스프링스에 있는 공원 본부에 자주 들렀다. 마이크 필립스와 더그 스미스의 사무실이 거기 있기 때문이다. 그들과 친분을 쌓으며 라마계곡에서 관찰한 내용을 기록했다. 처음에 늑대 재도입 계획의 공식 명칭은 늑대 복원 프로젝트Wolf Restoration Project였지만, 곧 모두가 늑대 프로젝트Wolf Project로 줄여서 불렀다.

내가 크리스털크리크 늑대들을 관찰하던 그 무렵에
로즈크리크 무리에서 중대한 사건이 발생했다. 로즈크리크 늑대
세 마리는 울타리에서 풀려난 뒤 일주일 동안은 방사 지점 주변을
어슬렁거렸는데, 그곳은 크리스털크리크 무리의 울타리에서
동쪽으로 8킬로미터 떨어진 장소였다. 그런데 늑대 7번으로 명명된
로즈 무리의 한 살배기 암컷 늑대가 다른 성체 두 마리로부터
독립했다. 7번은 혼자서 엘크 사냥하는 법도 터득했다. 이듬해에는
크리스털크리크 무리의 검은 털 수컷 새끼 늑대 중 한 마리인 늑대
2번과 짝을 이뤄 '레오폴드 무리'를 형성했다. 이후 나는 새롭게
탄생한 이 쌍을 관찰하는 데 오랜 시간을 들이게 된다.

7번이 떠난 뒤 로즈크리크 무리에 남은 한 쌍은 동쪽으로
움직인 다음 이윽고 더 북동쪽으로 갔고, 마침내 공원을 벗어나
로즈크리크 울타리에서 88킬로미터나 떨어진 몬태나주의 레드로지
마을 부근에 자리를 잡았다. 출산을 앞둔 알파 암컷 늑대 9번은 더
이상 움직이려 하지 않았다. 1995년 4월 24일 추적 비행을 한 마이크
필립스가 이 쌍이 레드로지 바로 서쪽에 있는 커스터국유림에 함께
있는 광경을 목격했다. 수컷 알파 늑대 10번은 그날 늦게 굴을 떠나
사냥에 나섰다.

이틀 뒤 더그 스미스가 추적 비행을 실시하고 같은 구역에서
암컷의 신호를 수신했다. 그러나 수컷의 신호는 잡히지 않았다.
더그는 주변을 선회하며 탐색을 이어갔다. 그 결과 사망 신호를
확인하게 되었다. 10번이 살아 있지 않다는 뜻이었다. 늑대에 장착된
무선 발신기는 4시간 넘도록 움직이지 않으면 발신음이 두 배
빨라지는 장치다. 얼마 뒤 늑대 10번의 시체가 발견됐고, 레드로지의

주민 채드 맥키트릭이 멸종위기종 보호법에 따라 유죄 판결을 받고 투옥됐다. 맥키트릭은 4월 24일에 늑대 10번을 총으로 쏴 죽였다.

늑대 9번은 짝이 죽던 그날 알파 수컷 10번이 죽은 곳에서 8킬로미터 떨어진 굴에서 새끼들을 낳았다. 열흘 뒤 미국 어류·야생동물관리국의 조 폰테인이 굴을 발견하고 새끼 늑대 일곱 마리를 확인했다. 굴은 나무 바로 아래의 얕은 구덩이에 있었다. 그는 출산한 어미 늑대를 위해서 굴 근처에 동물 사체를 놓았다. 갓 태어난 새끼 늑대는 스스로 체온을 조절할 수 없어서 어미에게 꼭 붙어 있어야 한다. 만약 어미 늑대가 먹이를 찾으러 나간다면 새끼들은 죽게 될 우려가 컸다. 또한 굴이 레드로지 도심에서 6킬로미터밖에 떨어져 있지 않았기 때문에 마이크와 더그는 어미와 새끼들을 곧장 로즈크리크 울타리로 돌려보내기로 결정했다. 5월 18일, 미국 어류·야생동물관리국의 카터 니마이어는 로즈크리크 울타리에서 주워온 수컷 짝의 배설물로 암컷 늑대를 유인해 포획했다. 그 뒤 일행은 새끼 늑대들을 데리러 갔다.

더그는 추적 비행 데이터를 통해 어미 늑대 9번이 새끼들을 다른 장소로 옮긴 것을 알고 있었다. 조는 새 굴이 있는 오르막으로 가서 늑대 울음소리를 흉내 냈다. 새끼들이 어미 목소리로 착각하길 기대한 것이다. 그러자 애처롭게 우는 소리가 났다. 조가 그쪽으로 고개를 돌리자 한 무리의 새끼 늑대가 눈에 들어왔다. 다른 새끼들은 인간을 발견하고 즉시 도망쳤지만, 한 마리는 그 자리에 버티고 서서 조의 얼굴을 노려본 뒤 형제들을 따라 굴로 달아났다.

더그가 굴 안으로 팔을 뻗어 생후 3주 된 새끼 늑대를 차례로 끌어냈다. 모두 일곱 마리였다. 한 마리가 더 있을 것 같은 직감이 든 더그가 떨어진 나뭇가지를 들어 굴 속을 찔렀더니 그 끝이 부드러운 것에 닿았다. 굴의 가장 안쪽에 한 마리가 더 있는 게 분명했다. 굴은 제법 깊었다. 마지막 새끼를 손으로 꺼내는 건 불가능했기에, 더그는 집게를 이용하기로 했다. 집게를 깊숙이 밀어 넣은 순간 끝에 뭔가가 닿았다. 곧 자그마한 새끼가 몸부림치면서 끌려 나왔다. 여덟 번째 새끼 늑대는 검정 수컷이었다.

울프 프로젝트에 합류한 수의사 마크 존슨이 새끼 여덟 마리(암컷 네 마리, 수컷 네 마리)는 모두 건강하다고 진단했다. 마크는 수의사로서 오랫동안 동물을 진료하고 야생 늑대 복원에 관여했다. 당연히 개와 늑대를 치료한 경험도 많았다. 시간이 한참 흐른 뒤 그는 나에게 이 여덟 번째 새끼가 옐로스톤 역사상 가장 유명한 수컷 늑대(21번)가 될 것이라고 확신했다고 말했다. 성체가 된 늑대 21번의 몸무게는 무려 59킬로그램이나 됐지만, 생후 24일째인 그날엔 겨우 2킬로그램에 불과했다.

어미 늑대와 새끼 늑대 여덟 마리는 헬리콥터에 실려 로즈크리크 울타리로 옮겨졌다. 그사이 새끼들은 헬리콥터 안을 자유롭게 돌아다녔지만, 늑대 9번은 우리 안에 갇혀 있었다. 로즈크리크 무리는 새끼 늑대들이 생후 6개월이 되는 10월 중순까지 환경 적응 울타리에서 살 것이다. 방사 뒤 살아남을 확률이 높아질 때까지 말이다.

늑대 재도입 후 얼마 지나지 않은 첫봄에 새끼 늑대 아홉 마리가 출생(로즈크리크 무리에 여덟 마리, 소다뷰트 무리에 한 마리)한 것은 뜻밖의 성과였다. 늑대들이 환경 적응 울타리 안에서 짝을 이룰 것이라고는 누구도 생각하지 못했다. 그러나 방사된 뒤 곧바로 로즈크리크 무리의 알파 수컷이 인간에게 죽임을 당해 탄생의 기쁨은 상쇄되고 말았다. 하지만 늑대 10번은 목숨을 잃기 전에 옐로스톤에 큰 발자취를 남겼고, 그의 유전자는 자신이 낳은 새끼들과 그 새끼들의 후손들을 통해 계속 이어질 것이다. 늑대 10번은 옐로스톤 늑대 왕조의 창시자였다.

4장 영웅의 자질

로즈크리크 늑대들이 울타리로 돌아간 1995년 5월 18일, 나는 크리스털크리크 무리의 한 살배기 검정 늑대 한 마리가 갓 잡은 엘크 몸뚱이를 탐하고 있는 모습을 보았다. 그런 다음 이 무리의 나머지 다섯 마리가 다른 동물 사체에 몰려 있는 것도 발견했다. 검정 새끼 늑대가 살점을 물고 일어서자 작은 잿빛 한 살배기가 그에게 다가갔다. 둘은 장난삼아 몸싸움 놀이를 시작했다. 회색 늑대 8번은 검은 털 형제로부터 살점을 낚아채 도망갔다. 8번은 멈춰 서서 살코기를 땅에 내려놓고 검정 새끼 늑대가 보는 앞에서 그것을 가지고 놀았다. 그날 이 무리의 늑대들은 배가 너무 불러서 고기 조각을 누가 갖든 상관하지 않았다. 죽은 엘크의 몸에는 이 늑대 가족이 다 먹고도 남을 만큼 살이 많았다.

지난해 겨울에 크리스털크리크 울타리를 순찰한 여성 레인저가 세 마리의 검은 털 형제가 몸집이 작은 잿빛 늑대 8번을 계속 괴롭혔다고 알려주었다. 검정 새끼 늑대들은 8번을 쫓아다니며 밀치고 깨물고 좀처럼 놓아주려 하지 않았다고 했다. 작은 형제를 괴롭히는 것은 세 마리의 검정 새끼 늑대가 좋아하는 심심풀이 중 하나였다. 늑대 8번이 다른 형제들에게서 멀찌감치 떨어져 잠들면 그들은 살금살금 다가가 갑자기 덤벼들었다. 8번의 반응은

반격하지 않고 즉시 도망치거나, 잠시 맞선 뒤 줄행랑을 치거나 둘 중 하나였다.

레인저들은 울타리 안에서 가장 작은 8번을 "어린이"라고 불렀다. 한 레인저는 회색 털 8번이 언제나 고기도 맨 마지막에 먹었다고 말했는데, 그 또한 8번의 낮은 서열을 나타내는 표시다. 8번의 울타리 안 생활을 들으면서 나는 철학자 프리드리히 니체의 말이 떠올랐다. "나를 죽이지 못한 것이 나를 더 강하게 만든다." 작은 늑대는 형제들에게 괴롭힘당한 경험을 앞으로 마주칠 역경에 대처하는 자양분으로 바꿀 수 있을까?

크리스털크리크 무리가 울타리 안에 갇혀 살던 10주가 새끼 늑대 8번에게 힘겨운 시기였다는 것을 알기 때문에, 나는 그 녀석의 삶이 하나둘씩 제대로 풀려가는 걸 보는 게 기뻤다. 자유롭게 돌아다닐 수 있게 된 지금, 할 일이 늘어난 세 마리의 검은 털 형제 늑대들은 8번을 괴롭힐 틈이 없었다.

그날 늦게 검정 한 살배기 늑대 한 마리가 엘크 사체를 먹고 있는데 어미 회색곰과 한 살 된 새끼 곰 두 마리가 다가왔다. 그중 새끼 곰 한 마리가 새끼 늑대를 향해 돌진하기를 네 차례나 되풀이했다. 검정 새끼 늑대는 그것이 단지 엄포에 불과하다는 사실을 알고 있었고, 그래서 그때마다 먹이에서 몇 발자국만 떨어질 뿐이었다. 그런데 얼마 뒤 새끼 늑대는 회색곰 가족에게 포위됐다. 새끼 곰 한 마리가 새끼 늑대를 위협한 뒤 먹이를 빼앗아 먹기 시작했다. 그런데 이번에는 검정 새끼 늑대도 물러날 기미가 없었다. 와이오밍주에서 견학을 온 학생들에게 망원경을 건네며 늑대와 회색곰의 이 공방을 보여주자 한 소년이 "이렇게 흥미로운 광경은

태어나서 처음 봐"라며 환호성을 질렀다. 그들은 늑대를 싫어하기로
소문난 주에서 온 아이들이었는데, 진짜 늑대를 보고 세상을 보는
방식이 바뀌었다는 사실이 나는 너무나 기뻤다.

이어지는 몇 주 동안 크리스털크리크 늑대들은 거의 매일
아침저녁으로 모습을 드러냈다. 예전에는 올드페이스풀 등 더 먼
곳에서 이동 설명회를 했지만, 지금은 타워정션에서 라마계곡까지
몇 킬로미터만 차를 몰고 가며 방문객들에게 늑대를 보여준 뒤 복원
과정을 설명했다. 옐로스톤에 가면 살아 있는 늑대를 볼 수 있다는
소문이 신문 기사로 퍼지면서 점점 더 많은 사람이 라마계곡에
늑대를 보러 왔다. 이윽고 도로변에 200여 명의 군중이 모이는 게
당연해졌다. 크리스털크리크 늑대들이 모습을 드러내자 사람들은
마치 인기 있는 록 밴드 공연에 온 것처럼 흥분했다. 내가 빌려준
망원경으로 늑대를 발견하고 울음을 터뜨리는 사람도 있었고, 어떤
여성은 늑대를 보고 너무나 감격한 나머지 가까이 있던 나를 꼭
껴안기도 했다.

데날리국립공원에서 보낸 열다섯 번의 여름과 옐로스톤에서의
첫 몇 년 동안 나는 야생생물 사진을 부지런히 찍었다. 옐로스톤에
늑대가 재도입된 후에도 망원렌즈로 늑대를 촬영하려 했지만,
어느 순간 사진 촬영이 늑대 행동 연구나 관광객의 관찰 활동에
방해가 된다는 것을 깨달았다. 또한 사진 촬영을 위해 야생동물에게
다가가는 관행에도 점점 위화감을 느끼게 되었다. 결국 나는
카메라를 놓고 다니기로 했다. 늑대를 관찰하고 망원경으로
방문자들에게 늑대를 보여주는 일에만 집중하기로 한 것이다.

늑대를 보러 라마계곡에 오는 단골손님들은 이제 비공식 행동 강령을 따르게 되었다. 가령 사람들은 길가에서만 늑대를 관찰할 뿐 숲으로 다가가지 않았다. 곧 방문객들은 늑대 울음소리를 흉내 내던 행동도 그쳤다. 그들은 가져온 쌍안경과 휴대용 망원경으로 조용히 늑대 무리를 지켜봤다. 사람들의 인내 덕분에 늑대는 평소처럼 행동했고, 그 결과 사람들의 눈에 띄는 경우가 많아졌다. 관람객들은 가져온 장비를 다른 사람에게 빌려주며 서로를 배려했다. 이 존중과 나눔의 정신 덕분에 옐로스톤을 찾아온 모든 이가 매우 의미 있는 체험을 할 수 있었다. 국립공원관리청에서 일을 시작한 지 21년째인데 이전에는 보지 못한 광경이다.

늑대 관찰은 일용직 노동자, 중산층, 억만장자, 영화배우와 같은 다양한 사회 계층을 끌어들였다. 어느 날 아침 늑대가 눈앞에 나타난 순간, 승합차 한 대가 내 옆에 멈춰 섰다. 나는 승합차에 탄 사람들에게 망원경으로 늑대를 보겠느냐고 물어봤다. 그러자 키가 큰 남성이 승합차에서 내려 내 망원경을 들고 늑대를 찾았다. 그런 다음에 아내에게 보여줘도 되겠느냐고 되물었다. 부인이 늑대를 관찰하는 동안 남성은 감사를 전하며 자신을 소개했다. 그제야 나는 그가 CNN 창업자 테드 터너였고 부인은 영화배우 제인 폰다였음을 깨달았다. 제인은 나중에 나에게 매우 정중한 감사 편지를 보냈다.

크리스털크리크 무리를 관찰할 기회가 늘어남에 따라, 나는 개체별 개성을 알아가는 데 몰두하게 되었다. 특히 한 살배기 새끼 늑대 네 마리에게 관심을 두고, 그들이 놀기를 매우 좋아한다는 것을 금방 알게 되었다. 어느 날 저녁, 나는 갓 잡은 신선한 먹이 옆에 있던 검정 늑대 형제를 관찰하고 있었다. 그들 중 한 마리가 다른 한 마리에게 다가가서 플레이 바우(play bow, 갯과 동물이 머리를 낮추고 앞다리를 길게 쭉 뻗고 가슴을 땅에 붙인 채 엉덩이를 높이 든 상태에서 꼬리를 이리저리 흔들면서 놀자고 초대하는 몸짓 인사—옮긴이)를 시작했다. 아무래도 나를 한번 잡아보라고 부추기는 듯했다. 유혹에 넘어간 새끼 늑대가 부추긴 형제를 뒤쫓기 시작했다. 잠시 후 그들 중 한 마리가 오래된 엘크의 뿔 가지를 집어 들었다. 그러자 또 다른 한 살배기가 와서 뿔을 빼앗았고, 곧 두 마리가 양쪽에서 뿔을 물고 줄다리기 경쟁을 시작했다. 알파 부모가 그 자리에서 떠나자 한 살배기 늑대 세 마리도 부모 뒤를 따라갔지만, 놀이는 계속 이어졌다. 걸으면서 한 마리가 뒤에 있는 새끼 늑대 쪽으로 껑충 뛰어올랐다. 그러면 또 장난스러운 추격전이 시작됐다. 둘은 역할을 바꿔가며 놀이에 열중했다.

그로부터 며칠 뒤에도 먹이를 먹는 검은 털 새끼 늑대 두 마리를 발견했다. 한 마리가 시체에서 살점 한 조각을 떼어 공중으로 내던지는가 싶더니 벌떡 일어나 주둥이로 잡아챘다. 그리고 고기 조각을 땅에 떨어뜨리고, 마치 그 고기 한 점이 도망치기라도 하는 것처럼 쏜살같이 덤벼들었다. 그 후 다시 고기를 물고 달려가다 던지고 폴짝 뛰어 잡기를 반복했다. 그때부터 나는 어린 늑대들이 하는 놀이의 목록을 작성하기 시작했는데, 방금 전에 본 놀이는 '토스 게임'이라고 불렀다.

거기에 또 한 마리의 검은 털 새끼 늑대가 달려와서 살점을 가지고 놀고 있던 늑대를 뒤쫓았다. 앞서 달리던 검정 늑대가 고깃점을 떨어뜨리자 뒤따르던 늑대가 그것을 물고 달아났다. 고기를 빼앗긴 늑대가 그 뒤를 쫓는 것 같더니, 추격전의 역할이 금방

바꿔어 도망치던 늑대가 쫓아오던 늑대를 뒤쫓았다. 그런가 싶더니 도망치던 늑대는 풀밭으로 몸을 던져 숨었다. 쫓아온 늑대가 가까이 다가오자 숨어 있던 늑대가 갑자기 뛰어올라 추격자를 쓰러뜨렸다. 나는 이것을 '매복 게임'으로 부르기로 했다.

그 뒤 나란히 서 있던 두 마리의 새끼 늑대 중 한 마리가 갑자기 어디론가 쏜살같이 달려가기 시작했다. 마치 다른 형제를 꾀어내는 것 같았다. 도전을 받아들인 형제 늑대가 전속력으로 뒤를 쫓았다. 두 마리는 역할을 교대하면서 때로는 일직선으로, 때로는 지그재그로 달려갔다. 그들은 달리고, 껑충껑충 뛰고, 서로 앞에서 빙빙 돌기도 했다. 누가 누구를 쫓는지는 중요하지 않았다. 모든 놀이는 이기기 위한 게 아니라 즐기기 위한 것이었다. 한 살배기 새끼 늑대들은 원기 왕성하고 즐거움이 넘쳤다. 그 모습을 관찰하면서 '이 녀석들은 늑대로 태어난 게 기뻐서 어쩔 줄 모르는가 보다'라고 생각했다.

새끼 늑대들의 놀이는 사실 생존을 위한 연습이다. 나중에 크리스털크리크 무리의 한 살배기 늑대 한 마리가 암컷 엘크 성체에게 쫓기는 광경을 목격했다. 엘크는 늑대보다 훨씬 더 빨리 달릴 수 있지만, 새끼 늑대는 민첩하게 지그재그로 움직이며 엘크를 따돌렸다. 암컷 엘크는 곧 진저리가 나서 쫓는 것을 포기하고 말았다. 추격전 놀이를 통해서 적을 따돌리는 법을 터득한 셈이다. 때로는 한 살배기 새끼 늑대가 먼저 엘크를 꾀어내기도 했다. 늑대들은 엘크 떼 앞에서 플레이 바우를 해서 추격전을 시작한 뒤 놀이 체험에서 완벽하게 익힌 기술을 구사해 쉽게 도망쳤다. 그 모습은 마치 자신의 능력을 과시하는 것처럼 보였다.

그해 봄, 나는 장난치는 한 살배기 새끼 늑대들의 모습을 관찰하면서 옐로스톤이 크리스털크리크 늑대들에게 천국 같은 땅이 된 이유를 생각했다. 그들이 새로 정착한 곳에는 총을 쏘거나 덫을 치는 인간이 없었다. 그들이 할 일은 그저 야생에서 사는 것뿐이었다.

어느 날 아침, 라마계곡을 혼자 걷는 한 살배기 새끼 늑대 8번을 발견했다. 그때 다섯 마리의 암컷 엘크가 8번을 쫓아왔다. 새끼 늑대는 도망치면서 어깨 너머로 뒤를 돌아보았고, 엘크들이 차츰차츰 가까이 다가오는 모습을 보고 더 빠르게 달리려고 애썼다. 그러자 추격자도 똑같이 속도를 높였다. 그러나 암컷 엘크들은 늑대 8번을 붙잡기 직전에 갑자기 관심이 식은 듯 방향을 돌렸다. 그대로 조금 더 달려간 8번은 초원에 누워 있던 커다란 수컷 들소를 발견했다. 새끼 늑대 8번은 몸을 낮게 굽혀 수소 등 뒤로 다가갔다. 둘 사이의 거리가 몇 미터밖에 남지 않았을 때 늑대는 그 다음에 무엇을 해야 하는지 모르는 눈치였다. 무게가 900킬로그램은 될 수소는 고개를 돌려 바로 뒤에 있던 작은 늑대를 쳐다보았다. 그러더니 아무 일도 없다는 듯이 되새김질을 했다. 오히려 잿빛 새끼 늑대가 불안해하는 기색이었다. 그 순간 수소가 모기인가 뭔가를 쫓아내려고 꼬리를 찰싹 휘둘렀다. 그 소리에 깜짝 놀란 8번은 부리나케 도망치기 시작했다. 아마도 이 과정에서 새끼 늑대 8번은 들소가 사냥감으로 적절한지 판별하려고 했을 테고, 너무 커서 감당할 수 없다는 결론에 도달한 게 분명했다.

같은 날 저녁 나는 늑대 8번의 또 다른 면모를 알게 되었다. 회색 털 8번과 검은 털 형제 중 두 마리가 서로를 쫓으며 놀고 있었다. 그런데 세 마리가 일제히 움직임을 멈추고 서쪽을 바라보더니, 시선

끝에 있는 침엽수가 우거진 숲으로 뛰어들었다. 한동안은 나무 사이를 이리저리 뛰어다니던 새끼 늑대 세 마리가 일순간 시야에서 사라졌다. 잠시 후 검정 한 살배기 늑대 한 마리가 새끼 엘크를 물고 숲에서 튀어나왔다. 이윽고 다른 두 마리도 같은 방향으로 달려갔다. 잠시 후 회색곰 한 마리가 늑대들을 쫓아 나왔다. 곰은 8번 뒤로 바싹 따라붙었다. 곰은 새끼 늑대와 비교할 수 없을 만큼 몸집이 커서 마치 영화 〈쥬라기공원〉에서 공룡이 어린이를 쫓는 장면을 보는 것 같았다.

큰 회색곰이 침엽수 숲에서 죽은 새끼 엘크를 먹고 있던 게 분명하다. 그 모습을 본 늑대 형제가 다가가서 곰의 주의를 끌다가 먹잇감을 낚아채 달아났을 것이다. 이에 화가 잔뜩 난 곰이 작은 늑대들을 뒤쫓기 시작한 것이다. 나는 곰이 8번을 쓰러뜨리고 죽이는 모습을 상상했다. 지금부터 무슨 일이 벌어질까. 회색 한 살배기 늑대 8번에 대해 내가 알고 있는 것이라고는 체격 좋은 형제 늑대들에게 늘 괴롭힘을 당했다는 것뿐이다. 그런데 다음에 벌어진 일이 나를 깜짝 놀라게 했다. 나는 늑대 8번이 걸음을 멈추고 뒤돌아서서 회색곰과 정면으로 맞서는 광경을 목격했다. 이에 곰도 깜짝 놀라며 움직임을 멈췄다. 커다란 곰과 자그마한 늑대가 불과 몇 미터를 사이에 두고 대치했다. 구약성서에 등장하는 골리앗과 다윗을 보는 듯했다. 곰은 당돌하게 자신을 노려보는 한 살배기 새끼 늑대를 상대로 무엇을 어떻게 해야 할지 모르겠는 눈치였다.

뜻밖의 영웅이 곰과 맞서는 사이에 새끼 엘크를 입에 문 검정 늑대는 바로 뒤를 따라온 다른 형제와 함께 무사히 도망칠 수 있었다. 나는 다시 늑대 8번과 회색곰 쪽으로 눈을 돌렸다. 두 마리는 여전히 지근거리에서 서로를 노려보며 서 있었다. 그때 늑대 8번이 곰을 등지고 아무 일도 없었다는 듯 그 자리를 홀연히 떠났다. 회색곰이 더는 쫓아오지 않을 거라고 확신하고 있는 듯했다.

회색곰은 코를 킁킁거리며 땅과 그 주변의 냄새를 맡았다. 하지만 늑대들이 훔쳐 간 먹잇감을 포기한 듯 이내 반대 방향으로 사라졌다. 잠시 뒤 한 살배기 늑대 세 마리가 숲에서 나왔다. 첫 번째 검정 늑대가 먹이를 먹는 동안, 다른 검정 늑대와 잿빛 8번은 그의 소유권을 존중하며 바로 옆에 엎드려 있었다.

나는 이 에피소드로 인해 늑대 8번은 생각보다 볼거리가 많은 늑대라는 걸 깨달았다. 한 살배기 형제들 가운데 몸집이 가장 작고 늘상 형제들에게 괴롭힘을 당했지만, 위험에 맞서는 담력을 갖고 있었다. 하지만 따지고 보면 크리스털크리크 무리의 그 누구도, 그 어떤 형제도 부모도 그가 회색곰과 맞서는 장면을 보지 못했다. 나만이 늑대 8번의 용기 있는 행동을 본 증인이었다. 그로부터 몇 년 뒤 레슬러 시절 "더 록The Rock"으로 불린 영화배우 드웨인 존슨이 이날 늑대 8번이 한 행동에 딱 어울리는 명언을 말했다. "영웅은 아무도 보지 않아도 올바른 행동을 한다." 며칠 후 나는 8번이 무리의 선두에서 암컷 무스를 쫓는 모습을 보았다. 이 또한 8번의 성장을 보여주는 징표다.

어느덧 7월 5일 이른 아침, 나는 라마계곡에서 늑대 8번이 형제 두 마리와 놀고 있는 것을 발견했다. 세 마리는 상대를 바꿔가며 몸싸움을 즐겼는데, 이제는 회색 8번도 지지만은 않았다. 검은 늑대 한 마리가 체구가 작은 8번을 쫓으면서 몇 번이나 걸려 넘어지고 구르기를 되풀이했다. 자신보다 몸집이 큰 형제가 땅바닥을 뒹구는

모습을 본 8번은 다시 달려들어 재롱을 부리듯 덤볐다. 두 마리는 서로를 살며시 깨물며 놀다가, 이윽고 검은 털 늑대가 몸을 비틀어 8번 아래로 기어 나왔다. 8번은 그 뒤를 한참 쫓다가 검은 형제들을 이끌고 숲속으로 사라졌다.

그날 이후 크리스털크리크 늑대들은 몇 달 동안 모습을 드러내지 않았다. 먹이를 찾아 고지대로 이동한 엘크 떼를 따라서 늑대들도 잠시 숲을 떠난 것이다. 몇 주간 추적 비행을 한 마이크와 더그는 크리스털크리크 무리가 멀고도 넓게 이동하고 있다는 사실을 확인했다. 라마계곡에서 남쪽으로 32킬로미터 떨어진 옐로스톤호수 바로 북측에 자리한 펠리컨계곡에서 발견되는 일도 종종 있었다. 나는 한 살배기 늑대 8번이 앞으로 어떻게 자랄지 몹시 궁금했다. 지금 8번은 가족 중 서열이 가장 낮은 수컷이지만, 좋은 짝과 자신의 땅을 찾기만 하면 뛰어난 우두머리가 될 수 있는 자질을 여러 번 보여주었다. 나는 검은 형제 세 마리의 미래도 궁금했다. 앞으로 다가올 새해는 이 한 살짜리 새끼 늑대 네 마리의 명운을 가르는 중요한 분수령이 될 것 같았다.

5장 자연의 연쇄 변화

로즈크리크 무리의 알파 암컷 9번과 새끼들을 1995년 가을까지 새 환경 적응 울타리에서 지내게 하려던 계획이 7월 말에 불어닥친 강력한 폭풍 때문에 무산됐다. 바람에 나무 두 그루가 쓰러지면서 울타리에 커다란 구멍이 뚫린 것이다. 더그가 늑대들에게 먹이를 주기 위해 울타리로 갔을 때는 새끼 여덟 마리가 모조리 밖으로 나간 상태였다. 다행히 어미 늑대는 아직 울타리 안에 있었고, 새끼들도 어미를 찾으며 울타리 부근을 맴돌고 있었다. 마이크와 다른 직원들이 더그와 함께 새끼 늑대들을 포획하기로 했다.

처음에는 한 마리도 찾지 못했다. 그때 마이크가 하울링을 흉내 내서 새끼를 유인했다. 그러자 그 소리를 들은 새끼 늑대들이 나무 사이에서 달려 나왔다. 가장 먼저 세 마리를 울타리로 돌려보냈다. 그런 다음 직원들은 이제 구멍을 막고 다른 다섯 마리를 잡으려고 애썼다. 곧 두 마리를 붙잡아 울타리로 돌려보냈다. 나머지 세 마리는 도망갔지만 멀리 가지는 못했다. 국립공원관리청 직원들은 한동안 먹이를 가지고 올 때마다 도망친 세 마리를 위해 울타리 바깥에도 살점을 놓고 갔다.

10월 9일 마이크와 더그는 울타리 안에 있던 새끼 다섯 마리에게 무선 발신기를 장착하러 갔다. 그런데 새끼가 여섯

마리로 늘어나 있었다. 새끼 늑대가 안으로 들어오는 유일한 방법은 3미터 높이의 담을 기어오르는 것뿐이다. 두 사람은 큼직한 그물을 사용해서 여섯 마리를 포획하고 목에 무선 발신기를 매달았다. 생후 다섯 달하고 열닷새가 지난 새끼 늑대들의 몸무게는 평균 30킬로그램이었다.

울프 프로젝트 초기에는 새끼를 비롯하여 모든 늑대에게 식별 번호를 부여했다. 그중 일부는 무선 발신기를 장착했지만, 상당수는 그렇지 않은 채였다. 이후 무선 발신기를 달지 않은 늑대들이 죽거나 원래 무리를 떠나면서 기존의 방식은 유명무실해졌다. 결국 무선 발신기를 단 늑대에게만 번호를 부여하기로 했다. 나중에 일부 늑대가 옐로스톤국립공원과 인접한 와이오밍주나 몬태나주로 넘어가 정착하면서 울프 프로젝트의 번호를 와이오밍주 어업수렵국 및 몬태나주 어류·야생동물관리국과 공유하게 됐다. 그들이 새로운 늑대에게 무선 발신기를 매달면 우리 사무국에서 식별 번호를 부여했다. 발신기 신호는 높은 산마루에서는 16킬로미터 떨어진 곳에서도 수신할 수 있다. 하지만 산 건너편으로 가면 신호가 차단되어 800미터 거리에서도 수신되지 않는다.

9월에 나는 울프 프로젝트의 일원인 수의사 마크 존슨이 늑대에게 먹이를 주는 일을 두 번 도왔다. 마크와 고깃덩어리를 울타리까지 가져가 문을 열고 살점을 떨어뜨린 다음 재빨리 그 자리를 떠났다. 늑대가 인간의 존재에 익숙해지는 것을 막기 위해서다. 사람이 울타리 안으로 들어가면 어미와 새끼들은 울타리 반대쪽으로 도망쳤다. 사람이 떠난 뒤 울타리 안을 돌아다니던 늑대들은 이윽고 고기를 알아채고 마치 야생에서 동물 시체를 발견했을 때처럼 탐식했다.

나는 울타리 안에 들어가서 늑대 모자를 힐끗 보기만 하고는 빨리 나갈 생각에 몰입하고 있었다. 처음 울타리 안으로 들어갔을 때는 커다란 검은 털 늑대를 보고 어미 늑대일 터라고 생각했다. 그러나 얼마 지나지 않아 더 큰 늑대를 보고 내가 잘못 생각했음을 깨달았다. 처음 본 검은 털 늑대는 체격이 좋은 새끼 늑대였다. 울타리를 떠난 뒤 마크와 둘이서 여전히 도주 중인 두 마리의 새끼 늑대를 찾았지만 성공하지 못했다. 일주일 뒤 마크와 함께 다시 먹이를 주러 갔을 때, 울타리 바깥에서 오래된 늑대 똥 몇 개를 발견했다. 알파 수컷 늑대 10번이 그의 짝 9번과 자식들이 울타리 밖으로 나오면 합류하려고 참을성 있게 기다리고 있을 적에 남겨놓은 것이다.

마크는 나보다 훨씬 더 자주 울타리 안에 있는 로즈크리크 모자에게 먹이를 주러 갔다. 몇 년 후 그는 나에게 매우 감동적인 이야기를 들려주었다. 그날도 마크는 늑대 무리에게 고깃덩어리를 주고 돌아갈 참이었다. 살점을 땅에 떨어뜨린 마크는 검은 털 새끼 늑대 한 마리가 다른 늑대들과 다르게 행동하고 있다는 점을 알아차렸다. 그 새끼 늑대는 나머지 가족과 마크의 중간쯤에 서서 주변을 맴돌았다. 마크는 새끼 늑대가 마치 무리의 우두머리 수컷처럼 어미와 가족을 보호하고 있다고 느꼈다. 새끼 늑대는 결코 마크에게 다가가려 하지 않았고 마크도 위험을 느끼지 않았지만, 그 새끼 늑대의 메시지는 분명했다. '더 이상 가까이 오지 마.'

마크는 이전에도 그런 행동을 본 적 있다. 작년 겨울 로즈크리크 무리의 원래 구성원인 세 마리의 늑대가 이 울타리에서 살고

있었을 때, 체격 좋은 수놈이 침착하고 자신감 가득한 태도로 암놈 두 마리와 마크 사이로 끼어들었다. 검은 털 새끼 늑대는 알파 수컷인 아비로부터 가족을 지키는 방법을 배운 셈이다. 새끼 늑대는 문자 그대로 아버지의 발자취를 따라 걸으면서 그 아버지가 살아 있었다면 마땅히 했을 일을 하고 있었다. 앞에서도 언급했지만, 마크는 어른이 된 개와 늑대의 얼굴에서 어린 시절의 모습을 발견하는 능력이 있다. 그는 이 용감한 새끼 늑대가 21번이고 나중에 옐로스톤국립공원의 절대 강자가 될 것이라고 믿는다며 이야기를 마무리했다. 내가 처음 울타리 안으로 들어갔을 때 본 몸집 좋은 검은 털 새끼 늑대 역시 21번이었다.

로즈크리크 무리의 수컷 우두머리 늑대 10번이 총에 맞아 살해되고, 어미 늑대 9번과 새끼 늑대 여덟 마리가 울타리로 되돌아갔다는 이야기는 언론을 통해 대중에 알려졌다. 그해 8월 말, 클린턴 대통령 가족이 옐로스톤국립공원 근처에 있는 와이오밍주의 잭슨이라는 마을에서 휴가를 보내고 있었다. 백악관에서 공원 관리자에게 연락해 대통령 가족이 라마계곡을 방문해 로즈크리크 늑대들을 볼 수 있는지 물었다. 8월 25일, 나는 차를 타고 옐로스톤연구소를 지나가다가 바로 옆에 여러 대의 대통령 전용 헬기가 세워져 있는 것을 보았다. 마이크와 더그가 대통령 가족을 늑대 울타리로 안내했고, 클린턴 부부는 늑대들이 먹을 고기를 운반했다.

그날 이후 늑대 울타리로 대중의 관심이 집중됐다. 라마계곡에서 방문객의 늑대 관찰을 돕고 설명회를 실시하며 밤에는 공원 내 캠프장에서 슬라이드 쇼를 진행하던 나에게도 매주 두 차례씩 빈 늑대 울타리를 방문하는 하이킹 투어 인솔 업무가 추가되었다. 보통 공원 레인저가 인솔하는 하이킹 투어에는 10명에서 30명이 모인다. 그런데 늑대 울타리 지역으로 걷는 투어에는 한 번에 최대 165명이 참여했다. 그동안 국립공원관리청에 고용되어 수많은 투어를 인솔했던 나는 참가자가 아무리 많아도 잘 대처할 자신이 있었다. 늑대 울타리로 이동하며 늑대 재도입 경위를 단계별로 설명했다. 오래된 사시나무 숲을 발견하면 반드시 걸음을 멈추고 뿌리 주위에 올라온 새싹을 사람들에게 보여주었다. 버드나뭇과 식물인 사시나무는 열매가 아니라 뿌리에서 맹아가 싹튼다. 그런데 그 새싹들을 겨울 내내 굶주린 엘크가 모조리 먹어 치우고 있다고 알려주었다.

우리는 엘크 개체 수 급증이 포식자 늑대가 1926년에 절멸한 탓이라는 점을 알고 있다(또 다른 포식자인 쿠거, 곧 퓨마도 비슷한 시기에 레인저들에 의해 공원에서 멸종되었다). 1960년대 초 국립공원관리청이 서식지 관리 전문가를 '노던레인지'라는 공원 북부의 산맥에 파견해 식생 조사를 실시했다. 1963년 보고서에 따르면 월동하는 엘크에 대한 이 지역의 환경수용력(carrying capacity, 어떤 환경하에서 특정 종이 계속 유지될 수 있는 최대 부양 능력—옮긴이)은 대략 5000마리였다. 하지만 당시 공원에는 그보다 훨씬 더 많은 엘크가 살고 있었다.

1920년대까지 거슬러 올라가면 국립공원관리청은 옐로스톤의 엘크를 올가미로 포획해 미국 내 다른 주나 캐나다, 혹은 그 밖의 다른 나라의 동물원 등으로 보냈다. 엘크 수를 줄이기 위해 총을 사용한 사냥도 병행했다. 그런데 엘크 사살 논란이 불거지면서

사냥은 1968년에 중지되었다. 생포 작전도 종료됐다. 그때까지
2만 6400마리의 엘크가 공원에서 죽거나 생포됐다. 그 후 엘크의
개체 수가 급격히 증가했다. 1995년 캐나다에서 늑대를 데려오기
직전에는 노던레인지 지역에서 겨울을 나는 엘크가 1만 9000마리에
이르렀다. 이들이 사시나무 새싹과 시냇가와 강둑을 따라 자란
버드나무를 먹어치우면서 생태계 균형이 무너졌다. 또한 식생
손실로 인해 수로 침식이 발생했다.

  방문객 일행이 울타리에 거의 다 이르렀을 때 늑대들이
어떻게 이곳으로 왔고, 어떻게 야생에 방사되었는지까지 설명을
끝마쳤다. 바로 앞에 보이는 바위산 너머에 울타리 안을 볼 수 있는
곳이 있다고 덧붙였다. 그 전망대에 도착하면 각자가 환경 적응
울타리를 바라보며 자연에 관하여 생각하기를 바란다고 했다. 야산
건너편에 도착한 방문객들은 마침내 울타리를 볼 수 있었다. 이미
충분한 설명을 들은 후였기 때문에 실물을 본 방문자들은 매우
감동했고, 특히 출구에서 구멍이 뚫린 패널을 발견하고 감격했다.
최초의 늑대 무리가 옐로스톤에 정주하기 위해 울타리 밖으로
나갈 때 지나간 곳이 바로 그 구멍이었으니 말이다. 그것은 늑대의
플리머스록(Plymouth Rock, 1620년 메이플라워호를 타고 온 영국 청교도들인
필그림 파더스가 아메리카 신대륙에 도착해서 처음 밟았다고 하는 매사추세츠주
플리머스의 바위—옮긴이)이나 마찬가지였다.

  옐로스톤 늑대 프로젝트에 더해서, 퓨마와 곰의 개체 수
증가, 공원 경계 북쪽에서 인간의 사냥 활동 증대, 개체 수가 많은
들소와의 먹이 경쟁, 게다가 기후 변화라는 요인이 맞물리면서
노던레인지에서 월동하는 엘크의 수가 수년간 감소했다. 최종적으로

엘크 개체 수는 6000~7000마리로 줄어들었는데, 이것은 생태계를 지속 가능하게 하는 숫자였다.

옐로스톤국립공원에서 늑대 무리의 정착이 순조롭게 진행되는 가운데, 나는 하이킹 인솔을 계속하는 한편 때때로 혼자 방문하기도 했다. 늑대 재도입 후 몇 년 만에 사시나무 새싹이 싹트고, 이윽고 덤불처럼 빽빽한 숲을 형성했다. 개울가에서는 버드나무가 무성하게 자랐다. 그러자 비버가 돌아와서 댐을 쌓았다. 다큐멘터리 영화 제작자들이 늑대 재도입 이야기를 취재하러 오면 더그 스미스가 그들을 개울가로 데려가 되살아난 풍경을 보여줬다.

나의 국립공원관리청 업무는 9월 초에 종료되었지만, 그 후에도 늑대 관찰을 위해 공원에 계속 머물렀다. 그해 가을에는 자원봉사자 그룹과 협력해 타워정션 서쪽 16킬로미터 지점의 블랙테일플래토고원에 새 울타리를 만드는 일을 도왔다. 마이크와 더그는 캐나다에서 네 무리를 더 데려올 계획을 세우고 울타리 두 개를 더 만들고 있었다. 로즈크리크와 크리스털크리크의 울타리는 재활용하기로 했다.

6장 새로운 결합

공원의 여름 시즌이 끝나면 나는 잠시 옐로스톤을 떠나야 한다. 그 무렵에 마지막으로 크리스털크리크 무리를 목격했다. 1995년 10월 5일, 라마계곡을 이동 중인 여섯 마리의 크리스털 늑대들 가운데 다섯 마리를 발견했다. 그해에만 마흔다섯 번째로 늑대를 본 날이다. 이날 못 본 한 마리는 회색 한 살배기 수컷 늑대 8번이다. 최근의 추적 비행에서 8번이 가족과 떨어져 낯선 땅을 탐색하는 모습이 종종 확인되었다. 겨울이 지나면 8번도 암컷과 짝을 이뤄 새끼를 낳고 아비가 될 수 있을 만큼 나이가 든다. 나는 그가 짝을 찾고 있는지도 모른다고 생각했다.

크리스털 무리를 마지막으로 본 날로부터 며칠 뒤, 나는 일본에 강연을 하러 갈 준비를 시작했다. 과거 일본에는 회색늑대의 아종인 '에조 늑대'가 서식했지만 1800년대 말에 인간에 의해 멸종당하고 말았다. 일본에서 늑대 복원운동을 시작한 야생동물 연구자 마루야마 나오키 박사가 나에게 옐로스톤의 성공담을 이야기해달라고 요청했다.

출발 전 마지막으로 울프 프로젝트 사무실을 찾았을 때 더그가 늑대 8번에 대한 놀라운 소식을 들려줬다. 다큐멘터리 영화 촬영팀으로 공원에 머물고 있던 레이 파우노비치가 10월 11일

아침에 로즈크리크 울타리 근처에서 겪은 일이다. 레이는 울타리 밖으로 나간 새끼 늑대 두 마리가 8번에게 먹을거리를 달라고 조르고 이후 셋이서 장난스럽게 노는 광경을 목격했다. 새끼 늑대 두 마리에게 8번은 처음 본 어른 수컷 늑대로, 아무래도 8번을 매우 좋아하는 것 같았다고 했다. 이 책을 쓰면서 레이와 인터뷰했을 때 그는 이렇게 귀띔했다. "8번은 새끼들을 아주 다정하게 대했어요. 이미 새끼들의 마음을 사로잡고 친구가 되었다는 인상을 받았죠. 세 마리는 오랫동안 같이 놀았어요."

이 우연한 만남 직후 더그와 마이크를 포함한 몇 명의 직원이 로즈크리크 울타리로 가서 어미 늑대와 나머지 새끼들이 밖으로 나갈 수 있도록 문을 열었다. 그날 정오가 되기 전에 무리가 모두 모였는데, 거기에 열 번째 늑대가 있었다. 바로 크리스털크리크 출신의 수컷 회색 늑대 8번이다. 그날부터 8번은 로즈크리크 무리와 함께 살았다. 바야흐로 8번이 이 무리의 알파 수컷 역할을 하게 된 것이다. 그가 처음 만난 두 마리의 새끼 늑대에게 친절을 보이지 않았다면 얻을 수 없었던 지위다.

나는 8번에게 도대체 무슨 일이 일어난 것인지 상상해보려고 노력했다. 8번이 자기 무리를 떠난 뒤 멀리서 들려오는 하울링을 따라서 로즈크리크 쪽으로 가는 모습을 떠올렸다. 그곳에 다다르자마자 울타리 밖을 떠돌던 새끼 늑대 두 마리를 만났을 것이다. 항상 주위의 누구보다도 작은 늑대였던 8번이 태어나 처음으로 자신보다 더 작은 늑대를 만난 것이다. 그 작고 앙증맞은 모습이 아마도 8번의 알파 본능을 일깨우며 새끼 늑대들과 친해지게 했을 성싶다. 그때 로즈크리크 울타리 안에 있던 어미 늑대는 8번이 새끼 늑대 두 마리와 교류하는 광경을 보았을 것이다. 그리고 얼마 후 여섯 마리 새끼와 함께 울타리 밖으로 나온 어미 늑대 9번은 8번을 무리의 새 식구로 받아들였을 것이다. 8번은 무리의 알파 수컷으로 삼기에 가장 이상적인 후보는 아니지만(왜소한 체격과 어린 나이를 고려하면 그렇다), 새끼들을 다정하게 대하는 리더였다. 그렇기에 어미 늑대는 8번을 가족의 일원으로 받아들인 것이다. 어미인 9번은 상냥하고 배려심 많은 짝을 찾고 있었고, 8번에게서 그 모습을 발견한 셈이다.

그날부터 8번과 9번은 장기적인 '페어 본드'를 맺기 시작했다. 이 일자일웅 관계는 전 세계 5000종가량의 포유류 중 3~5퍼센트만 맺는 특징으로, 인간과 늑대의 공통점이다. 8번이 로즈크리크 무리에 합류했을 때는 아직 한 살배기로, 사람으로 치면 열여섯 살 정도였다. 나는 오랫동안 여러 마리의 한 살짜리 늑대를 관찰했고 그들과 갓 태어난 새끼 늑대들의 놀이를 기록했다. 한 살배기 늑대가 새끼 늑대와 교류하고 싶어 하는 것은 분명하다. 과거의 관찰 결과로 보면 8번은 9번의 새끼들 모두에게 똑같이 행동했을 테고, 새끼들의 입장에서는 한 살배기 늑대가 다 자란 늑대보다 더 즐거운 놀이 상대였을 것이다. 아마 바로 그 점이 어미 늑대 9번의 마음을 움직였을 테고.

나중에 읽은 책에서 사람이나 동물 모두 수유 과정에서 엄마와 아기의 체내에 옥시토신 호르몬이 분비된다는 것을 배웠다. 옥시토신은 엄마가 아기를 껴안거나 쓰다듬을 때도 분비된다. 이것은 때로 '사랑 호르몬'이라고 불리며, 호르몬 작용에 따라 둘의 유대가 강화된다. 옥시토신이 어떻게 엄마가 아기에게 강력한 상호작용 욕구를 갖게 하는지 설명하는 연구도 있다. 그런데 옥시토신은 아버지와 자녀가 놀 때도 각각의 몸속에서 분비되며, 특히 아버지와 아들이 거친 놀이를 즐길 때 두드러진다. 남녀를 불문하고 옥시토신의 양이 증가하면 공감과 애착, 이타성이 커진다. 늑대 8번이 로즈크리크의 의붓자식 네 마리와 놀 때마다 옥시토신 호르몬이 분비되어 그룹의 유대감이 강처럼 깊어졌을 것이다.

로즈크리크 무리의 알파 암컷 9번이 새로운 8번을 알파 수컷으로 영입했을 때, 그의 가장 중요한 임무는 9번의 수호자가 되는 것이었다. 로즈크리크의 알파 수컷이 된 8번은 새로운 가족에게 닥칠 온갖 위협을 물리쳐야 했다. 당시에 8번을 알던 대부분의 사람은 로즈크리크 알파 암컷의 선택에 의문을 표했다. 8번보다 체격이 좋은 검정 늑대 형제들이 적임자였을지도 모른다. 그러나 늑대 8번이 회색곰에 맞서는 모습을 본 나는 그렇게 생각하지 않았다.

8번을 보고 있으면 J. R. R. 톨킨의 『반지의 제왕』에서 숲의 요정인 갈라드리엘이 호빗족 프로도에게 한 말이 떠올랐다. "가장 작은 사람일지라도 미래의 방향을 바꿀 수 있어요." 늑대 8번의 물리적 크기는 그의 본질을 보여주지 못했다. 관건은 마음의 크기였다. 능력은 평범할지 몰라도 그는 결코 포기하지 않는 커다란 용기를 갖고 있었다.

알파 수컷 늑대가 죽은 뒤 혈연이 아닌 수컷이 새 무리에 가담해 선대 수컷의 새끼들을 친자녀처럼 양육하는 사례를 기록한 건 이번이 처음이다. 포식동물의 경우 대부분 새 알파 수컷은 이전 알파 수컷의 새끼를 몰살하고 암컷과 짝짓기하여 자신의 새끼들을 낳는다. 가령 아프리카 사자 무리에서 그런 습성을 확연하게 볼 수 있다. 하지만 늑대는 달랐다. 그 후 내가 관찰한 모든 사례에서 새 알파 수컷은 이전 수컷의 새끼들을 키우는 데 협력했다.

늑대가 가진 이 습성이 인류가 일찍 늑대를 가축화할 수 있었던 이유일지 모른다. 대형 수컷 개가 주인 집 유아와 어린이들이 귀찮게 해도 얌전히 있는 모습을 본 적 있을 것이다. 개의 끈기와 어린 인간을 보호하려는 욕구는 그들의 조상인 늑대로부터 유전되었다.

이 단락을 쓰면서, 늑대 8번이 로즈크리크 무리와 처음 만났을 때 일련의 사건 순서가 무척 중요했음을 깨달았다. 8번은 가장 먼저 울타리 밖에 있던 새끼 늑대 두 마리와 사이좋게 지냈고, 그다음에 짝이 될 어미 늑대를 만났다. 다시 말해 8번과 새 가족의 유대는 처음 만난 새끼 두 마리와의 사이에서 맺어진 것이지 성체 암컷과 맺어진 게 아니다. 이 차이가 중요하다. 알파 암컷 9번과 나머지 여섯 마리의 새끼가 울타리 밖으로 나왔을 때, 8번은 나머지 새끼 늑대 여섯 마리와도 유대감을 쌓았다. 그러면서 8번은 9번의 새끼들이 아는 유일한 어른 수컷 늑대가 되었다. 그 후 이 늑대 일가를 꾸준히 관찰한 결과, 새끼들이 8번에게 느끼는 애착과 사모의 정은 친부인 10번이 살아 있었다면 싹텄을 관계와 아무런 차이가 없을 것이라고 나는 확신하게 되었다.

늑대 8번이 로즈크리크 무리의 알파 수컷으로 합류한 지 일주일이 지났을 무렵, 마이크 필립스와 밥 랜디스는 8번이 중요한 결단을 내려야 하는 상황을 목격했다. 마이크는 8번이 떠난 뒤 크리스털크리크 무리의 늑대 다섯 마리(알파 쌍과 8번의 검은 털 형제

세 마리)가 라마계곡의 동쪽 끝에 있는 모습을 포착했다. 그들은
수컷 우두머리를 선두로 하여 서쪽을 향해 빠른 속도로 달려갔다.
마이크는 로즈크리크 늑대들이 서쪽의 재스퍼벤치 쪽으로 향하고
있다는 신호를 확인했다. 어제 추적 비행을 한 더그 스미스도 그
부근에서 로즈크리크 늑대들이 들소 사체를 먹고 있는 모습을 봤다.
크리스털 늑대들은 계속 서쪽으로 이동했다. 그때 검은 털 한 살배기
늑대 세 마리가 갑자기 앞으로 달려가기 시작했다. 들소 사체가
풍기는 맛난 냄새를 맡았기 때문이다. 그러나 크리스털크리크
무리의 알파 부부는 즉시 몸을 돌려 동쪽을 향해 달아났다.
자신들보다 규모가 더 큰 로즈크리크 무리에게 접근하고 있다는
사태를 직감했을 것이다.

한편 세 마리의 검은 털 형제들은 8번을 알아차리고 그쪽으로
달려갔다. 이윽고 사형제는 다정하게 재회했다. 로즈크리크의 여덟
마리 새끼 늑대들도 가세해 총 열두 마리의 젊은 늑대가 꼬리를
흔들고 얼굴을 핥으며 열렬히 환영의 인사를 나눴다. 이후 이 젊은
늑대들은 크리스털 알파 쌍이 떠난 방향으로 이동했다. 마이크는
로즈 무리 알파 암컷 9번이 산비탈 아래에서 가족이 낯선 검은 털
늑대들과 함께 있는 모습을 가만히 지켜보는 광경을 확인했다.
낯선 늑대들이 자신의 새끼들과 서로 장난치는 것을 본 9번은 곧
경계하는 울음을 질렀다. 그 소리를 들은 젊은 늑대들은 움직임을
멈추었고, 검은 털 한 살배기 한 마리가 9번 쪽으로 다가갔다. 8번도
그의 형제를 따라갔다. 9번의 새끼들은 그 자리에 머물렀다. 아마
어미 늑대의 경고를 따랐을 것이다.

다음 순간, 9번은 다가오던 검은 털 한 살배기에게 달려가

공격했다. 그러자 8번도 주저하지 않았고 공격에 가담했다. 새로운 짝과 함께 자기 형제와 싸운 것이다. 로즈크리크 무리의 알파 쌍은 검은 크리스털 늑대 한 마리를 양쪽에서 물고 있었다. 9번의 새끼 늑대들은 조금 떨어진 곳에서 이 광경을 바라보았다. 검정 크리스털 늑대가 도망치자 8번과 9번이 뒤쫓았다. 세 마리 모두 전속력으로 달렸다. 약 370미터를 쫓아간 뒤 알파 암컷 9번은 추적을 포기했지만, 8번은 한층 더 맹렬하게 형제를 쫓았다. 그러다 따라잡을 뻔한 순간에 추격을 멈추고 자신의 짝에게 돌아갔다. 로즈크리크의 우두머리 부부는 함께 새끼 늑대들에게 달려갔다.

밥은 이 장면을 촬영했다. 영상에는 새끼 늑대들이 의붓아비 8번의 얼굴을 핥는 모습이나, 9번이 8번의 정면에 앉아 양쪽 앞발로 8번의 머리를 감싸는 모습이 담겨 있다. 9번도 자기 무리의 수컷 우두머리가 적을 물리친 것을 기뻐하는 듯 보였다. 8번은 왜 그런 행동을 취했을까? 8번은 이제 9번과 짝이 되었고 그의 편을 들지 않으면 안 된다. 그래서 망설이지 않고 형제를 향해 돌진했고, 새끼들이 보는 앞에서 9번과 함께 그를 공격했다. 의심의 여지없이 8번이 로즈크리크 늑대로 재탄생한 것이다.

나는 계속 옐로스톤에 머물며 8번과 그의 새 가족을 관찰하고 싶었지만, 겨울철 옐로스톤에는 내가 할 일이 없었고 일본 강연도 잡혀 있었다. 그래서 10월 15일에 공원을 떠났다. 비행기 편으로 도쿄에 도착해 일주일간 머물며 늑대와 옐로스톤 재도입에 관해 설명했다. 그런 다음 일주일간 홋카이도를 비롯해 여러 곳을 돌면서 강연을 이어나갔다.

행사의 주최자 중 한 명이 늑대를 모시고 있는 신사神社로 나를

데려갔다. 에도막부 시대에 소작농은 영주에 대항하는 봉기인 잇키一揆에 사용될 우려가 있는 무기류를 소유할 수 없었다. 당시 일본에서는 토착종 사슴이 논밭에 침입해 작물을 마구 먹어치우는 일이 잦았다. 그런데도 농민들은 마땅한 무기가 없어서 사슴을 쫓는 데 큰 어려움을 겪었다. 이 문제를 해결하기 위해 곳곳에 늑대를 모시는 신사를 세웠다. 농민들은 가장 가까운 신사로 가서 늑대가 좋아하는 음식을 제물로 바친 뒤 사슴을 퇴치해달라고 기도했다.

귀국길에 하와이에 들러 빅아일랜드의 하와이 화산국립공원과 마우이섬의 할레아칼라국립공원에서 늑대에 관한 강연을 했다. 빅벤드국립공원으로 돌아와 그해 여름 옐로스톤국립공원에서 쓴 필드 노트를 검토해보니 늑대를 본 횟수는 138회였다. 나는 늑대 한 마리를 보면 한 번이라고 세고 있었기에, 크리스털크리크 무리의 여섯 마리 늑대 모두를 본 날에는 6회로 기록했다. 옐로스톤의 긴 여름날 동안 나는 언제나 새벽 5시에 밖으로 나갔다. 낮에 늑대가 보이지 않거나 눈에 띄는 움직임이 없을 경우에는 일을 하거나 휴식을 취하거나 다른 소일거리를 하다가 다시 저녁에 늑대를 관찰하러 갔다.

1회당 어느 정도의 시간 동안 관찰했는지도 기록했는데, 그 여름의 합계는 39시간 30분이었다. 더그 스미스는 슈피리어호수의 아일로열국립공원에서 늑대 조사를 하면서 아홉 번의 여름과 두 번의 겨울을 보냈다. 여름에는 공원 안의 숲과 습지대를 대략 800킬로미터씩 이동하며 관찰하는데, 그러는 동안 늑대를 한 마리 발견하면 대성공이고, 관찰 시간은 평균 1분 이하였다고 했다. 아일로열에서 더그가 늑대를 본 것은 모두 합쳐 세 차례뿐이다.

그해 여름, 나는 국립공원관리청의 다양한 프로그램과 이동 설명회를 통해 옐로스톤을 방문한 4만 명의 관광객에게 늑대에 관해 설명했다. 그중 많은 사람이 실제로 늑대를 관찰했다. 늑대 재도입에 미디어가 큰 관심을 갖고 총 30개 이상의 텔레비전 채널과 신문에서 인터뷰해 간 덕분에 더 많은 이들에게 늑대 이야기를 전할 수 있었다. 또 라마계곡에서는 회색곰을 255회 관찰했다. 1995년은 나에게 아주 쓸모 있는 해였다.

7장　　경쟁자

나는 겨울에도 옐로스톤으로 가서 늑대의 겨울나기를
관찰하고 싶었다. 그래서 옐로스톤연구소에서 1월 말에 개강하는
'동물들의 겨울나기' 강좌를 신청했다. 강사는 현지에 거주하는
식육목 동물생태학자이자 야생동물 전문가인 짐 하프페니
박사였다. 이 강좌의 일정이 우연히 두 번째 늑대 무리가
캐나다에서 오는 날짜와 겹쳤다. 충분한 유전적 다양성을 유지하기
위해 이번에는 옐로스톤에서 1200킬로미터 떨어진 캐나다
브리티시컬럼비아주 윌리스턴호수에서 늑대를 포획해 데려오기로
했다. 생물학자 존 위버는 이 지역의 늑대 굴에서 채취한 똥에서
들소 잔해를 발견했는데, 이것은 두 번째 늑대들은 들소를 사냥한
경험이 있다는 뜻이다.

이와 다른 어떤 중대한 사건이 내가 돌아오기 전에
라마계곡에서 발생할 낌새였다. 12월에 늑대 8번의 형제 중 한
마리인 검은 털 늑대 3번이 크리스털크리크 무리를 떠나, 공원에서
북쪽으로 40킬로미터 떨어진 파라다이스계곡으로 이동했다.
며칠 후 3번이 여러 마리 암컷을 포함한 새로운 늑대 무리와 함께
생활하는 모습이 포착됐다. 1월 1일에는 현지 목장주로부터 양 한

마리가 없어졌다는 신고가 접수됐다. 이튿날 동물피해관리 통제관이 어린 양의 사체를 찾아냈다. 그 근처는 크리스털크리크 무리를 떠난 3번이 확인된 곳으로, 양을 죽인 범인도 3번으로 추정됐다. 이틀 뒤 3번을 포획해서 공원 중심부에 방사했다.

그런데 양고기 맛을 알게 된 늑대 3번은 2월 2일 다시 양 목장으로 갔다. 그날 밤 양 한 마리가 습격당했고, 반경 200미터 이내에 3번이 있었다는 사실이 밝혀졌다. 늑대는 며칠 동안 목장 주변을 맴돌았다. 옐로스톤의 늑대보호관리 규정은 늑대가 가축을 죽일 경우 두 번째 기회를 주게 되어 있다. 그러나 만약 같은 문제를 한 번 더 일으킨다면 도살 처분한다. 그에 따라 늑대 3번은 2월 5일에 동물피해관리 통제관에게 사살당했다. 이리하여 두 번째 예언이 이뤄졌다. 크리스털크리크 무리의 강력한 알파 수컷 4번의 네 아들 중 한 마리가 일찍 불명예스러운 죽음을 맞이한 것이다.

그해 겨울에 옐로스톤 늑대 한 마리를 더 잃고 말았다. 12월 9일 로즈크리크 무리의 수컷 새끼 늑대 한 마리가 라마계곡에서 승합차에 치여 죽은 것이다. 나머지 일곱 마리 형제들은 그해를 탈 없이 넘기고 살아남았다.

1996년 1월 나는 비행기로 텍사스주에서 몬태나주 보즈먼으로 간 다음 차로 옐로스톤국립공원으로 이동했다. 도착하자마자 옐로스톤연구소 남쪽에서 크리스털크리크의 알파 부부와 검은 털 한 살배기 중 한 마리를 목격했다. 그들은 라마계곡에 있는 엘크 떼를 잠시 지켜보다가 숲으로 사라졌다.

나는 야생동물이 옐로스톤의 혹독한 겨울에 어떻게 대처하는지 더 자세히 알기 위해 짐의 강좌에 참여했다. 교실에서 강의를 듣던 1월 28일, 소란스러운 소리를 듣고 밖으로 나갔다. 마필 운송용 트레일러를 견인할 대형 트럭이 막 주차장으로 들어올 참이었다. 차에는 새로 온 다섯 마리의 드루이드피크 무리가 실려 있었다. 무리의 명칭은 연구소 북동쪽에 우뚝 솟은 해발 2920미터의 산 이름을 딴 것이다. 늑대들은 길이 120센티미터, 폭 60센티미터, 높이 90센티미터의 튼튼한 철제 우리에 각각 실려 있었다.

우리는 그중 하나인 38번의 무용담을 들었다. 38번은 체격이 다부진 수컷으로 몸무게는 52킬로그램이나 나갔다. 그런데 이송이 시작된 지 얼마 지나지 않아 38번이 철제 우리를 부수고 밖으로 나왔다고 했다. 트레일러 안을 자유롭게 돌아다니는 38번을 발견한 직원이 마취총을 쏴서 재우고 다른 우리에 가둔 뒤 다시 출발했다고 한다. 그 이야기를 들은 사람들은 이 강력한 늑대에게 압도당해 겁에 질렸다. 나는 킹콩이 쇠사슬을 끊고 뉴욕으로 도망치는 영화를 떠올렸다. 이 녀석은 아주 위험한 늑대였다. 쇠창살을 부술 정도의 힘이라면 다른 늑대와 싸움이 벌어졌을 때 무슨 일이 벌어질지 모르기 때문이다.

트레일러에 실린 다른 네 마리는 캐나다의 베사 무리 출신으로 털 색깔이 흰 알파 암컷(39번)과 세 마리의 암컷 새끼 늑대였다. 새끼 중 한 마리는 털 색깔이 회색(40번)이고, 두 마리는 검은색(41번과 42번)이다. 이 무리의 수컷 리더는 포획되지 않았는데, 아마도 덫 사냥꾼에게 살해당한 것 같다고 했다. 강력한 수컷 38번은 다른 무리에서 데려왔다. 그는 네 마리의 암컷과 함께 로즈크리크 울타리에 수용될 예정이다. 우리는 한 해 전 로즈크리크 무리와 같은

울타리에서 살았던 외로운 수컷이 알파 암컷 9번과 유대를 맺은 것처럼 38번과 39번도 짝을 이루기를 기대했다.

그 무렵 캐나다의 브리티시컬럼비아주에서 세 무리의 또 다른 늑대들이 옐로스톤공원으로 오고 있었다. 그중 치프조지프 무리는 크리스털크리크 울타리에 배치됐다. 이들은 암수 성체 한 쌍과 두 마리의 새끼 늑대로, 모두 네 마리였다. 지난해 가을 블랙테일플래토고원에 설치된 울타리에는 암수 두 마리의 어른 늑대가 수용됐다. 그들은 론스타 무리라고 명명되었다. 네즈퍼스로 불리는 마지막 무리는 올드페이스풀 간헐천에서 약 19킬로미터 떨어진 매디슨정션 근처의 새로운 울타리로 들어갔다. 이 무리는 성체 두 마리와 새끼 네 마리로 구성됐다.

이번에 캐나다 브리티시컬럼비아주에서 데려온 열일곱 마리의 늑대와 1995년 캐나다 앨버타주에서 온 열네 마리를 더하면 모두 서른한 마리가 옐로스톤국립공원으로 재도입된 셈이다. 공원은 더 많은 늑대를 수용할 권한을 승인받았지만, 이 서른한 마리가 잘 정착하면 더 이상 데려올 필요가 없었다. 나는 두 차례에 걸쳐 옐로스톤으로 온 늑대들 중 수컷 새끼 늑대 일곱 마리의 몸무게를 확인했는데, 늑대 8번이 여전히 가장 작았다. 심지어 여덟 마리의 암컷 새끼 늑대 중 단 한 마리만이 그보다 작았다. 개중에는 8번보다 13킬로그램이나 무거운 암컷 새끼 늑대도 있었다.

늑대 8번과 그의 새 짝 9번이 2월 말에 번식 교배하는 장면이 목격되었고, 4월에 새끼 세 마리가 태어났다. 그때 아비인 8번은 고작 두 살로, 인간으로 환산하면 스무 살 정도였다. 이제 로즈크리크 무리의 가장인 늑대 8번은 짝과 한 살배기 새끼 일곱 마리, 그리고 갓 태어난 세 마리의 친자식을 지키고 먹이를 조달해올 의무가 있었다. 이로써 로즈크리크는 모두 합쳐 열두 마리의 무리가 되었다.

빅벤드국립공원에서 세 번째 겨울을 보낸 나는 옐로스톤을 향해 북상하는 장거리 자동차 여행을 시작했다. 공원에 도착한 날은 1996년 5월 12일. 업무 개시까지 며칠의 여유가 있었다. 그래서 옐로스톤연구소에서 동쪽으로 몇 킬로미터 떨어진 곳에 굴을 파고 있다고 소문이 난 크리스털크리크 무리를 찾으러 라마계곡으로 향했다. 나는 이 무리의 알파 쌍에 대해 잘 알고 있었고, 지금은 이 가족이 어떻게 지내는지 궁금했다. 그러나 그들의 모습도, 새로 방사된 드루이드 무리의 모습도 찾을 수 없었다.

다음 날 아침 일찍 다시 라마계곡으로 향하여 라마강과 소다뷰트강의 합류점 위에 우뚝 선 가파른 구릉에 올랐다. 그곳에서는 계곡 일대를 훤히 조망할 수 있었다. 그러자 곧바로 8번의 어미인 5번이 800미터쯤 앞에 있는 것을 발견했다. 5번은 하늘을 바라보며 울부짖었다. 그런 다음 천천히 걷기 시작했는데 자세히 보니 왼쪽 앞발을 절뚝거렸다. 8번의 검은 털 형제 중 한 마리인 6번은 5번보다 훨씬 앞에 있었다. 이제 두 살이 된 6번은 사형제 중 유일하게 크리스털크리크 무리에 남아 있었다.

어미 늑대는 종종 멈춰 서서 울고 주위를 둘러보았다. 무리의 수컷 우두머리를 찾고 있는 듯했다. 젊은 6번이 평소와 같은 속도로 이동하는 걸 어미는 따라잡기 힘든 모양이었다. 결국 5번은 걷기를 멈추고 그 자리에 주저앉았다. 그 순간 '다리만 다친 게 아니구나' 하는 생각이 스쳤다. 6번은 되돌아와서 어미의 냄새를 맡았다. 그러자 어미 늑대는 다시 몸을 일으켜 친아들 6번의 뒤를 따라갔다.

라마강 기슭까지 온 젊은 수컷 늑대는 두 마리의 캐나다 거위를
발견하고는 물에 뛰어들어 개헤엄을 쳐 다가갔다. 하지만 캐나다
거위는 가볍게 헤엄쳐 달아났다. 늑대 모자는 소규모 암컷 엘크 떼
쪽으로 향했다. 수컷 늑대가 목표로 정한 엘크 한 마리를 뒤쫓았다.
전속력으로 달리지 않아도 금방 따라잡을 수 있었다. 표적이 된 암컷
엘크의 약점을 간파한 것이다. 6번은 한동안 암컷 엘크와 나란히
달리는가 싶더니 어느 순간 펄쩍 뛰며 엘크의 목덜미를 물었다.
엘크는 그 자리에 멈춰 설 수밖에 없었다. 늑대 6번은 뒷다리로
균형을 잡으면서 엘크의 목구멍을 더 세게 조였다. 늑대는 네 개의
날카로운 송곳니를 가지고 있으며, 교합력(아랫니와 윗니가 맞물리는
힘—옮긴이)은 680킬로그램이나 된다. 늑대에게 목을 물린 엘크는 몇
분 안에 숨이 끊어진다.

　늑대는 유려하고 거침없는 몸짓으로 턱과 상반신을 비틀며
엘크를 쓰러뜨렸다. 엘크는 저항하지 않았다. 엘크는 아직 가슴이
들썩였지만 서서히 질식하고 있었다. 늑대가 엘크를 놓은 것은
사냥을 시작한 지 4분 후로, 이제 엘크는 숨이 멎은 상태다.

　젊은 늑대 6번은 날카로운 이빨로 엘크의 배를 찢다가 어미
쪽으로 이동했다. 5번은 갓 태어난 새끼를 거느린 암컷 들소를
노리고 있었다. 하지만 들소가 다가오자 뒷걸음질 쳤다. 6번은
어미를 엘크 사체 쪽으로 데려갔다. 두 마리가 함께 엘크를 먹기
시작했는데, 어미는 금방 자리를 떠났다. 나는 그 모습을 보고 5번이
다쳤거나 병든 것이라고 생각했다.

　6번이 엘크 살점을 뜯어서 어미에게 가져갔다. 어미 늑대는
기쁜 듯이 아들에게 다가갔다. 두 마리가 우열(雨裂, 빗물 침식 작용으로

생기는 작은 골짜기 모양의 지형—옮긴이)에 들어가면서 나는 그들을
시야에서 놓쳤다. 얼마 뒤 어미 늑대가 엘크 살코기를 먹는 모습이
다시 보였다. 6번은 조금 떨어진 곳에서 어미를 바라보고 있었다.
잠시 후 6번은 엘크 사체 쪽으로 돌아가서 자신의 배를 채웠다.
이후 두 마리는 남쪽을 향해 걸었다. 알파 암컷이 나무 한 그루 옆에
쪼그리고 앉아 소변을 봤고, 이어 수컷 6번이 한쪽 다리를 들어
올린 자세로 그 위에 배뇨했다. 이것은 보통 무리의 알파 쌍이 하는
행위다.

나는 크리스털크리크 무리의 알파 수컷 4번에게 무슨 일이
벌어졌는지 궁금해졌다. 그리고 알파 암컷 5번의 징후 하나를 확실히
알아차렸다. 젖꼭지가 부풀어 있던 것이다. 그것은 새끼들에게 젖을
먹이고 있다는 징표였다. 어쩌면 어미가 새끼와 함께 사냥을 나간
동안 알파 수컷 4번은 굴에서 육아에 전념하고 있을지도 모른다.
그런데 그렇다면 왜 5번은 다리를 절고 있는 것일까?

그날 늦게 나는 울프 프로젝트 사무실로 가서 내가 본 장면을
직원들에게 전했다. 더그는 며칠 전 한 방문객이 크리스털 무리의
굴 근처에서 검은 늑대 한 마리가 여러 마리의 늑대에게 쫓기는
광경을 목격했다고 했다. 크리스털크리크 무리의 알파 수컷 4번도
검은 늑대였다. 이후 더그는 늑대 4번의 무선 발신기가 사망
모드로 바뀐 것을 확인했다. 더그와 스태프는 신호의 발신처로
가서 4번의 시체를 발견했다. 그들은 4번이 아마도 드루이드 늑대
무리에 의해 1996년 5월 7일경에 살해되었다고 추정했다. 한 해 전
크리스털크리크 무리는 라마계곡 일대를 차지했는데, 드루이드는
그곳을 빼앗고 싶어 한 듯했다. 드루이드 늑대들은 크리스털크리크

무리의 굴을 발견하고 공격해서 4번을 죽인 게 틀림없었다. 알파 암컷도 그때 부상당했을 터였다.

태어난 지 얼마 안 된 새끼들은 어떻게 되었을까? 더그를 비롯한 울프 프로젝트 스태프가 크리스털크리크 무리의 굴이 있을 법한 장소를 수색했지만 굴도 새끼 늑대도 찾지 못했고, 무리의 모습을 목격한 사람도 없었다. 그러나 알파 암컷의 부풀어 오른 젖꼭지와 그가 줄곧 이곳에 근거지를 두고 있다는 사실은 인근에 굴이 있고 새끼들도 생존해 있음을 암시했다. 오랜 세월 늑대 연구에 종사한 다이앤 보이드는 글레이셔국립공원에서 현지 조사를 하던 중 어미가 죽은 새끼 늑대를 묻는 장면을 두 차례 목격했다. 새끼들이 드루이드 늑대에게 살해당한 것이라면, 어미 늑대 5번도 그렇게 장례를 치른 건 아닐까?

늑대는 보통 근친과 짝짓기하지 않는다. 그리고 5번은 6번의 친어미였다. 다음 번식기가 되었을 때 이 무리에게 무슨 일이 일어날까? 모자는 피붙이가 아닌 짝을 찾기 위해 헤어져야 할 수도 있다.

일련의 사건은 지난 1년간 크리스털크리크 무리를 지켜본 우리를 괴롭게 만들었다. 이들은 이른바 옐로스톤을 연고지로 둔 홈팀이었다. 그런데 이제 존속 위기에 처했다. 생존한 두 마리가 어미와 아들이기 때문이다. 그리고 그것은 옐로스톤공원의 신참자 드루이드 늑대들 탓이었다. 드루이드 무리는 사람들에게 '라마계곡의 악당'으로 불리게 됐다.

그 후 세력을 장악한 드루이드 무리 다섯 마리를 여기저기서 볼 수 있게 되었다. 나는 그중에서도 몸집이 큰 수컷을 관찰하는 일에 힘을 쏟았다. 철제 우리를 부순 바로 그 늑대 38번이다. 38번이 크리스털크리크의 알파 수컷 4번을 죽였을 것이다. 공원 레인저인 나는 38번에 대한 분노를 억누르려 노력했다. 하지만 사실을 객관적으로 바라보기 힘들었다. 크리스털크리크 무리는 먹이가 풍부한 영역을 지배하고 있었다. 그런데 드루이드 늑대들이 수적 우위를 바탕으로 크리스털 무리를 제압하고 우두머리 수컷을 죽인 뒤 영역을 빼앗았다. 생물학적으로 볼 때 이 일에 이의를 제기할 이유가 없다. 인간사회에서 국가들끼리 영토전쟁을 벌이는 것처럼 늑대 무리도 수천 년 전부터 세력 경쟁을 해왔다. 울프 프로젝트가 나중에 기록했듯이, 영역 경쟁이 벌어지는 장소에서는 늑대 개체 수가 그 지역의 환경수용력에 의해 제한되는 경향도 있다.

생존한 크리스털크리크 무리의 두 마리는 곧 남쪽으로 펠리컨계곡까지 33킬로미터를 이주해 새 영토를 개척했다. 그들은 1년 전인 1995년 여름에 초목이 푸르게 우거진 이 계곡을 발견하고 그해 가을과 겨울에도 종종 그곳에 방문했다. 그러다 이제는 아예 집으로 삼았다. 그 후 몇 년에 걸쳐 나는 크리스털크리크 무리가 겪은 일을 기록했다. 무리의 첫 번째 본거지인 라마계곡으로의 귀환 여정, 그리고 숙적인 드루이드 무리를 다시 만났을 때 무슨 일이 벌어졌는지를 말이다.

8장 또 다른 무리의 탄생

새해 직원 등록을 위해 공원 본부를 방문했다가 몇 가지 업무 변경 사항을 전달받았다. 1996년 여름에는 매머드로부터 남쪽으로 60킬로미터 떨어진 매디슨정션에 체재하게 될 거라고 했다. 라마계곡에서는 제법 먼 곳이다. 국립공원관리청의 박물학 부서는 내게 더 많은 관광객을 모으기 위해 올드페이스풀에서 늑대 설명회를 열고, 또 그곳에서 북쪽으로 26킬로미터 떨어진 매디슨 캠프장에서도 매주 금요일 저녁에 슬라이드 쇼를 진행해달라고 했다. 매디슨 지역의 할리퀸호수에서는 매주 두 번씩 늑대 하이킹을 열자고 했다. 그 밖의 시간은 간헐천 지역에서 늑대 모피를 들고 이동 설명회를 열어달라고 했다.

 프로그램 일정이 공원에서 발행하는 신문에 벌써 게재되어서 나는 어찌할 도리가 없었다. 그날은 5월 13일이었다. 나는 5월 29일에 올드페이스풀에 있는 낡은 트레일러로 잠시 짐을 옮기고, 며칠 뒤 매디슨의 다른 트레일러 수선이 끝나면 그곳으로 가야 했다. 앞으로 라마계곡에서 늑대를 관찰할 수 있는 날은 열닷새밖에 남지 않았다.

 5월 16일, 마이크 필립스가 나와 몇몇 동료를 타워정션에서 서쪽으로 16킬로미터 떨어진 블랙테일플래토고원 남측에 자리한

사우스뷰트산으로 데려갔다. 로즈크리크의 새 환경 적응용 울타리를 떠난 뒤 독립해 새로운 삶을 살고 있던 한 살배기 암컷 늑대 7번이 1995년 봄 이 지역에 정착했다고 했다. 그해 가을부터 겨울 초까지 추적 비행으로 7번이 라마계곡으로 돌아온 것을 확인했다. 7번이 라마계곡에 나타날 때는 대개 크리스털크리크의 2번(8번의 체격 좋은 검은 형제 중 하나)이 근처에 있었다. 1월에 수컷 2번은 암컷 7번을 따라 블랙테일고원까지 갔고, 두 마리는 거기서 짝을 이뤘다. 옐로스톤으로 재도입된 늑대들 중에서 처음으로 새로운 무리가 생긴 것이다. 우리는 1944년에 늑대들의 옐로스톤 복귀를 최초로 제안한 야생생물학자 알도 레오폴드에게 경의를 표하기 위해, 이 부부에게 레오폴드 무리라는 이름을 붙였다. 레오폴드 쌍은 사우스뷰트 근처 삼림지대에서 세 마리의 새끼를 키우고 있었다.

　　마이크가 사우스뷰트 남쪽에 신설한 새 울타리 이야기를 꺼냈다. 그곳은 우리가 지난해 가을에 울타리 패널을 함께 운반했던 곳이다. 1월에 혈연이 아닌 암수 두 마리가 울타리에 수용됐다. 나중에 레오폴드 늑대들이 그곳에서 불과 1.6킬로미터 떨어진 곳에 굴을 팠다. 울타리 안에 있는 두 마리를 이 지역에 방사할 계획이었으나 레오폴드 무리가 먼저 보금자리를 꾸렸으니 다른 장소를 찾아야 했다. 임시변통으로 또 다른 울타리를 올드페이스풀 남쪽의 론스타가이저(간헐천) 부근에 설치했다. 이 쌍은 그쪽으로 이동한 뒤 얼마 후 론스타 무리라는 이름을 달고 방사됐다. 그러나 울타리를 떠난 지 며칠 지나지 않아 암컷이 뜨거운 온천에 빠져 죽고 말았다. 수컷은 그곳을 떠나 공원 전체를 헤매고 다니다 2년 뒤 옐로스톤호수 동쪽 먼 곳에서 목숨을 잃었다.

나는 울프 프로젝트의 자원봉사자로 등록했기 때문에, 박물학자 업무가 없을 때는 원격 측정 장치를 사용해 레오폴드 무리의 신호를 수신할 수 있었다. 그런 다음에 관찰한 늑대들의 행동을 양식에 따라 자세히 기록했다. 나는 그 여름 내내 사우스뷰트산에서 나날을 보냈다. 그 시간은 늑대의 육아 행동과 새끼 늑대의 습성, 그리고 늑대의 사냥법을 배우는 귀중한 기회였다. 더불어 나는 새로운 늑대 쌍을 관찰해 그들이 어떻게 짝을 맺고 상호작용을 하고 깊은 유대감을 형성하는지를 눈으로 확인했다.

마이크와 함께 하이킹을 떠난 지 이틀 만에 나는 다시 사우스뷰트로 돌아와서 레오폴드 무리의 알파 암컷 7번이 굴이 있는 작은 숲 근처에 누워 있는 모습을 발견했다. 이 암컷을 목격한 건 이날이 처음이다. 7번은 일어나 바로 옆에 있던 엘크 사체로 갔다. 그때 갑자기 안개가 끼면서 사위가 보이지 않게 되었다. 안개가 걷혔을 때는 늑대도 어딘가로 사라졌다. 아마도 새끼 늑대를 돌보러 숲속 굴로 갔을 것이다.

나는 그날 하루 종일 그곳에 머물다 저녁 때 검은 털 알파 수컷 2번을 목격했다. 그는 서쪽으로부터 숲에 접근하더니 이내 나무들 사이로 사라졌다. 암컷 7번은 조금 떨어져서 2번을 따라왔다. 2번과 7번은 숲 가장자리에 있는 도랑을 들여다보고 그 안으로 뛰어 들어갔다. 그 모습이 사랑하는 짝을 발견하고 신이 난 것처럼 보였다.

잠시 후 부모 늑대가 도랑에서 나왔다. 암컷 7번이 땅에 엎드렸다. 수컷 2번이 다가오자 7번은 연신 발로 땅바닥을 굴렀다. 2번이 7번을 내려다보듯 서자, 7번은 두 앞발을 뻗어 부드럽게 상대의 얼굴을 쓰다듬었다. 2번은 7번의 배에 코를 대고 냄새를 맡았다. 아마도 방금 전 새끼들에게 준 젖 냄새를 맡았을 것이다. 7번은 꼬리를 흔들며 더 부드럽게 2번에 몸을 비볐다. 갑자기 7번이 벌떡 일어나서 2번의 얼굴을 핥았다. 그런 다음에 두 마리가 어깨를 맞대고 걷기 시작했다. 걷는 내내 7번은 2번에게 얼굴을 문질렀다. 이윽고 7번이 땅에 뒹굴며 2번을 유혹했지만 2번은 그쪽으로 가지 않고 제자리에 누웠다. 낮에 여러 번 사냥을 해 오느라 지쳐 있었는지 모른다.

 암컷 7번은 포기하지 않았다. 깡충 뛰어오른 다음에 10미터를 달려가서 2번 옆에 누웠다. 7번은 2번의 입가에 자기 주둥이를 문질렀다. 수놈도 이에 응해 배우자의 얼굴을 핥았다. 7번도 자기 등을 2번 옆구리에 문지르고 상대의 얼굴을 핥았다. 늑대 부부의 평화로운 시간을 목격한 것은 이번이 처음이다. 애정 표현이 부부의 결속을 깊게 하고, 또 사냥을 나갈 수컷을 격려한다는 점을 실감했다.

 밤이 될 무렵 이 부부는 엘크 사체가 있던 자리로 가서 배를 채웠다. 그날은 관찰할 수 없었지만, 보통 늑대 부모가 먹이를 먹고 굴로 돌아오면 새끼 늑대들이 굴에서 달려 나와 펄쩍 뛰면서 어미 아비의 입가를 핥고 환영 인사를 하기 마련이다. 그러면 부모가 뱃속에 있던 살코기를 게워낸다. 새끼들은 고기를 한 조각씩 꿀꺽꿀꺽 삼킨다. 만약 어미 늑대가 굴에 남고 아비 늑대만 사냥에 나갔다면 아비는 어미에게도 같은 방법으로 고기를 전해준다. 늑대가 상대방의 얼굴을 핥는 행동은 반려견이 집으로 돌아온 인간의 얼굴을 핥는 이유를 설명해준다. 이것은 환영을 뜻하는 행동이지만, 개들의 조상인 늑대로 거슬러 올라가면 그 기원은 음식을 달라고 조르는 행위였다.

다음 날 레오폴드의 알파 부부가 사냥한 고기를 굴이 있는 숲으로 옮기는 모습을 보았다. 늑대는 보통 먹이를 되도록 많이 위 속에 담아 온다. 이렇게 운반하는 게 큰 고깃덩어리를 입에 물고 옮기는 방법보다 효율적이기 때문이다. 특히 먹잇감 사체가 굴에서 멀리 떨어진 곳에 있는 경우는 더욱 그렇다. 몸집이 큰 수컷 늑대는 한 번에 9킬로그램의 먹이를 위에 채울 수 있다. 그러나 이번에는 먹잇감과 굴의 거리가 매우 가까웠기 때문에 늑대 부모는 많은 양의 고기를 삼킨 다음 추가로 고깃덩어리를 입에 물고 옮겼다.

5월 21일, 레오폴드 무리의 알파 쌍이 함께 사냥을 했다. 그런데 엘크를 한 마리도 잡지 못했다. 둘은 사냥에 실패한 것을 그다지 신경 쓰지 않는 듯했다. 왜냐하면 그다음에 암컷 우두머리 7번이 파트너를 돌아보고 그의 눈앞에서 마치 춤이라도 추듯이 앞발을 위아래로 흔들었기 때문이다. 그런 다음 7번은 근처의 큰 눈덩이 쪽으로 뛰어갔는데 그 몸짓은 놀고 싶어 안달 난 강아지 같았다. 수컷 2번이 유혹에 넘어갔고, 이윽고 두 마리는 아직 녹지 않은 눈밭 위를 뒹굴었다. 해발 2000미터가 넘는 이 고원에는 5월에도 눈이 남아 있다.

두 마리는 눈밭을 떠났고, 뒤처진 수컷 2번이 암컷 7번을 따라잡기 위해 열심히 달려갔다. 남편이 다가온 것을 눈치챈 아내는 꼬리를 흔들며 다시 그 앞으로 돌아갔다. 그런 다음 순간적으로 7번이 2번을 향해 돌진했다가 튕겨 나갔다. 그 후 아내 7번은 남편 2번을 향해 플레이 바우를 했다. 이내 7번은 달리기 시작했고, 고개를 돌려 남편이 쫓아오고 있는지 확인했다. 2번이 쫓아오지 않는 것을 안 아내는 뒤로 달려가 다시 2번의 가슴에 몸을 부딪혔다. 수컷

2번은 앞발을 암컷 7번의 목에 감고 거기에 응했다. 그런 다음 두 마리는 나란히 달리면서 장난치고 재롱을 부렸다. 얼마 후 두 마리는 새끼들을 확인하러 숲속 굴로 돌아갔다.

며칠 후 나는 다시 사우스뷰트 정상으로 갔다. 그날 알파 부부는 굴이 있는 숲에서 나와서 가지뿔영양 떼를 쫓았다. 가지뿔영양은 최고 시속 100킬로미터로 달린다. 늑대보다 두 배나 빠른 속도다. 달리기 시합을 해서는 늑대가 가지뿔영양을 따라잡을 방법이 없다. 수컷 2번은 가지뿔영양을 포기하고 70여 마리의 엘크 떼로 목표를 바꿨다. 2번은 엘크 떼를 암컷 7번이 있는 방향으로 몰았다. 엘크 떼는 협곡에 들어가 한동안 시야에서 사라졌다가 이후 다시 모습을 드러냈다. 늑대 부부가 엘크를 쫓고 있었다. 이윽고 엘크 떼는 두 갈래로 갈라졌고, 알파 쌍이 쫓는 무리는 다시 두 갈래로 갈라졌다.

레오폴드 무리의 알파 쌍은 암컷 엘크 여덟 마리를 쫓고 있었다. 이윽고 7번과 2번이 목표를 나눠서 추격했다. 하지만 늑대 두 마리 모두 엘크를 따라잡는 데 실패했다. 나는 늑대들이 협력해서 같은 목표물을 쫓는 것이 더 낫지 않았을지 생각했다. 하지만 어쩌면 그들의 추격 행동은 시험 삼아 여러 마리를 추격하면서 표적으로 삼을 약하고 느린 엘크를 찾는 전술이었을지도 모른다. 그렇다면 두 마리가 각각 다른 목표를 추격하는 게 더 효율적이다.

어느 날 나는 레오폴드 무리의 굴이 있는 숲 가장자리를 돌아다니며 냄새를 맡고 있는 회색곰을 발견했다. 얼마 전에 이 근처를 지나간 아메리카흑곰 한 마리를 쫓아온 것일까. 회색곰이 늑대 굴이 있는 숲으로 들어가는 걸 본 나는 레오폴드 무리의 새끼들이 걱정됐다. 그러나 나중에 염려할 필요가 없었다는 걸 알게 됐다. 레오폴드 늑대 일가가 이곳을 떠나고 몇 달이 지난 가을의 어느 날 나는 마이크와 늑대 재도입 다큐멘터리를 찍는 촬영팀을 굴이 있던 곳으로 안내했다. 어미 늑대 7번이 굴을 판 곳에는 쓰러진 거목들이 미로를 이루고 있었다. 나는 초보 엄마인 7번은 굴을 만든 경험이 없다고 생각하며 걱정했다. 하지만 7번은 회색곰의 습성을 잘 알고 있었고, 새끼들을 곰의 마수로부터 지키기 위해서 겹겹으로 쌓인 커다란 통나무 아래에 굴을 파놓았다.

어미 늑대 7번은 회색곰이 사라진 뒤 굴이 있는 숲으로 돌아왔다. 그런데 그 앞을 암컷 엘크 한 마리가 가로막고 서서 7번이 다가와도 한 발짝도 물러서지 않았다. 두 마리는 마주 서서 서로 노려보았고, 나는 늑대 7번에 비해 엘크가 얼마나 더 큰지에 주목했다. 덩치가 적어도 네 배는 컸다. 암컷 엘크는 늑대 7번에게 다가가다 이내 멈춰서더니 앞발굽으로 땅을 몇 번 굴렀다. 흠칫 놀란 늑대 7번은 몇 걸음 물러섰다. 그렇게 두 마리가 대치하다가 결국 엘크가 포기하고 돌아섰다. 늑대 7번은 곧장 굴이 있는 숲으로 갔다. 아마도 새끼들을 확인하기 위해서인 듯했다.

같은 날 저녁에는 굴 근처 숲에 누워 있는 알파 수컷 2번을 찾았다. 이윽고 2번이 일어나 사냥을 시작했다. 땅에 코를 대고 냄새를 따라갔다. 근처에 있던 다섯 마리의 암컷 엘크가 늑대 2번의 동태를 살피고 있었지만, 자신들을 노리는 게 아님을 알고 있는 듯했다. 그때 나는 갓 태어난 새끼 엘크와 함께 있는 다른 암컷 엘크를 발견했다. 늑대를 본 어미 엘크는 냅다 도망쳤고 본능적으로 위험을 감지한 새끼도 어미를 따라 줄행랑쳤다. 늑대 2번은 곧바로

103 또 다른 무리의 탄생

그들을 뒤쫓았다.

　차츰 새끼 엘크와 어미 엘크의 간격이 벌어지기 시작했다. 이제 새끼 엘크는 어미와 늑대의 중간쯤에 있었다. 어미 엘크가 그 모습을 보고 방향을 바꿔서 늑대에게 돌진했다. 그 순간 늑대 2번은 어미 엘크보다 먼저 새끼에게 달려들어 목을 물고 끌고 갔다. 새끼는 금방 치명상을 입을 것이다. 하지만 곧바로 따라붙은 어미 엘크가 늑대 2번을 향해 앞발을 휘둘렀다. 늑대는 몸을 돌려 피하고 그 자리에 새끼 엘크를 내려놓고 도망쳤다.

　암컷 엘크는 늑대 2번을 쫓아가며 몇 번 더 발길질을 했다. 늑대는 지그재그로 움직이며 어미 엘크의 공격을 간신히 피했다. 그런 다음 다시 새끼 엘크를 향해 달려갔다. 그 뒤로 어미 엘크와 늑대는 새끼 엘크의 주위를 몇 번이고 왔다 갔다 했다. 얼마 후 암컷 엘크 두 마리가 합류하여 함께 늑대 2번을 몰아냈다. 삼 대 일, 수적 우세를 당할 도리는 없었다.

　잠시 후 늑대 2번이 돌아와서 다시 어미 엘크와 대치했다. 다른 두 마리는 축 늘어진 새끼 엘크 곁에 있었다. 늑대 2번은 어미 엘크에게 등을 돌려 새끼 엘크를 지키는 두 마리의 엘크 사이로 돌진했지만 새끼 엘크를 낚아채는 데는 실패했다.

　늑대 2번은 다시 한번 어미 엘크의 공격을 피해 새끼 엘크를 송곳니로 덥석 물었다. 소란 통에 암컷 엘크 네 마리가 더 달려들어 늑대 2번과 새끼 엘크 사이를 가로막았다. 암컷 엘크 일곱 마리가 일치단결해 새끼 엘크를 지키는 이상 늑대 2번이 사냥감을 차지하기는 힘들어 보였다.

　그때 새끼 엘크가 일어나 내달리기 시작했다. 이 예상 밖의 상황이 늑대에게는 기회였다. 2번은 엘크들 사이를 재빠르게 빠져나와 새끼 엘크를 추격했다. 그 순간 서로를 쫓으면서 놀던 2번과 검은 털 늑대 형제들의 모습이 떠올랐다. 늑대 2번에게 추격 놀이는 곧 사냥 훈련이었던 셈이다. 늑대 2번은 새끼 엘크를 따라잡고 등을 물었지만 어른 엘크들이 다가왔기 때문에 사냥감을 다시 풀어줄 수밖에 없었다.

하지만 새끼 엘크는 일어서지 못하고 땅으로 무너져 내렸고, 그러자 늑대 2번이 다시 달려와서 끌고 가려고 했다. 하지만 이번에도 암컷 엘크들에게 금방 따라잡히고 말았다. 늑대 2번은 사냥감을 또 내려놓아야 했지만 이제 새끼 엘크의 부상이 심각해 보였다. 2번은 맨 먼저 달려온 암컷 엘크의 발길질을 간신히 피했다. 자세를 정비한 늑대 2번은 NFL(미식축구 리그)의 러닝백(running back, 미식축구에서 라인 후방에 있다가 공을 받아 달리는 공격수―옮긴이)이 엔드 존을 목표로 상대편의 수비선을 돌파해가듯 암컷 엘크들 사이를 뚫고 새끼 엘크에게 달려가서 들입다 물었다.

하지만 이번에도 3미터쯤 끌고 간 뒤 사냥감을 내려놓고 도망쳐야 했다. 이후 상황은 더 악화됐다. 더 많은 엘크들이 달려온 것이다. 모두 합쳐 서른 마리나 되는 엘크가 새끼를 지키기로 결심한 듯 모였다.

그때 새끼 엘크가 다시 일어나 달리는 실수를 저질렀다. 늑대 2번은 사냥감을 추격했고, 그 모습을 본 암컷 엘크 한 마리가 둘 사이로 들어왔다. 새끼 엘크는 얼마 가지 못하고 땅에 쓰러졌고 암컷 엘크들은 새끼에게 달려오는 늑대를 몰아냈다. 새끼 엘크는 간신히 머리만 들고 주변 상황을 지켜보았다.

늑대 2번은 사냥을 중단하고 작은 개울로 가서 물을 마셨다. 그 모습이 엘크들에게는 늑대가 포기한 듯 보였을 것이다. 그래서 그들은 늑대 2번을 등지고 새끼 엘크에게 걸어갔다. 그 순간 늑대 2번이 엘크 떼를 향해 돌진했다. 놀란 엘크들이 뿔뿔이 흩어지면서 늑대 앞에는 새끼 엘크만 남게 됐다. 절호의 기회였다. 2번은 전속력으로 새끼 엘크에게 달려가서 목뒤를 물어뜯었다.

나는 늑대 2번이 마침내 새끼 엘크 사냥에 성공하기까지 시간이 얼마나 걸렸는지 확인하려고 시계를 봤다. 느낌으로는 30분은 흘렀을 것 같았다. 그런데 실제로는 겨우 5분밖에 지나지 않았다. 알파 수컷 2번은 사냥 도중 엘크에게 차이거나 짓밟혀 죽을 수도 있었다. 늑대 무리의 수컷 가장인 그는 가족을 부양하기 위해 위험을 감수해야 했고, 오늘은 눈부신 성공을 거두었다. 그러나 내일도 성공하리라고 장담할 수 없다. 무럭무럭 크는 새끼들은 점점 더 많이 먹을 것이고, 이런 상황은 앞으로 몇 달간 계속될 터였다. 봄과 여름 내내 늑대 2번은 목숨을 걸고 식량을 조달해야 한다.

해 질 녘에 아비 늑대는 사냥감에서 뜯어낸 큼지막한 고깃덩어리를 물고 굴로 돌아갔다. 보금자리 굴에서는 늑대 2번의 짝과 세 마리의 새끼가 아비를 학수고대하고 있었다.

9장　　8번의 새 가족

1996년 5월 17일, 나는 늑대 8번의 새로운 가족을 처음 보았다. 울프 프로젝트의 스태프인 린다 서스턴, 캐리 섀퍼와 함께 로즈크리크 무리의 굴을 관찰하기 위해 하이킹을 갔을 때였다. 로즈크리크의 알파 암컷 9번은 타워정션에서 북동쪽으로 5킬로미터 떨어진 곳에 둥지를 틀고 있었다. 우리는 라마강을 따라 걷다가 상류로 향하는 옐로스톤강과의 합류점 근처에서 밧줄에 매달린 트롤리 카트를 타고 강을 건넌 다음 전망이 좋은 고지대에 올랐다. 그곳은 로즈크리크 무리의 굴을 잘 관찰할 수 있었기 때문에, 언제부턴가 '맘스리지' 산등성이라고 불리었다. 린다는 늑대행동학을 전공하는 저명한 야생생물학자 제인 패커드 교수의 지도 아래 텍사스 A&M 대학교에서 늑대 굴에 관한 석사 논문을 작성하고 있었다. 린다를 비롯한 여러 명의 울프 프로젝트 스태프가 교대로 늑대 행동을 관찰했다. 직원들은 보통 밤새도록 야영을 했지만 그날은 몇 시간만 머물 예정이었다.

정상에 도착했을 때 늑대가 한 마리도 보이지 않았다. 그러나 얼마 뒤 검은 털의 한 살배기 한 마리가 굴 터 부근으로 걸어왔다. 곧 또 다른 검은색 한 살배기와 회색 암컷 한 살배기가 곁으로 다가왔다. 이들은 지난해 로즈크리크의 알파 수컷 10번이 총에 맞아 죽던

날 태어난 새끼들이다. 여덟 마리의 한배 새끼들 가운데 살아남은 일곱 마리 중 셋이다. 살아남은 새끼들은 수컷이 세 마리, 암컷이 네 마리였고, 그 가운데 암컷 한 마리만 털빛이 회색이다. 회색 털 새끼 늑대에게 번호 17번이 붙었다. 한편 우리는 늑대 8번과 9번 사이에서 태어난 또 다른 새끼 세 마리는 보지 못했고, 아비 어미도 찾지 못했다. 아마 9번은 굴속에서 새끼들을 돌보고 8번은 사냥을 나갔을 것이다. 그날은 오후 일찍 맘스리지에서 철수했다.

열흘 뒤 나는 로즈크리크의 한 살배기 중 한 마리가 무리의 굴과 슬로샛강의 중간쯤에 있는 모습을 보았다. 어쩌면 어미 늑대 9번이 갓 태어난 세 마리를 데리고 이 근처로 왔을지도 모른다고 생각했지만, 9번 가족은 찾지 못했다. 다음 날 다시 같은 장소에 가보니 회색 암컷 17번을 포함해 네 마리의 한 살배기들이 슬로샛강 건너편 풀밭에서 뛰어다니고 있었다. 17번이 수컷 한 살배기를 향해서 플레이 바우를 하자 수컷이 응했다. 17번은 수컷보다 더 빨리 그의 주위를 빙빙 맴돌았다. 수컷과의 거리가 멀어지면 뒤로 달려가서 수컷 주위를 빙빙 돌면서 '쫓아올 테면 쫓아와봐'라고 부추겼다. 아마도 수컷 형제를 따돌리며 기쁨을 느끼는 것 같았다. 그때 다른 암컷 새끼가 검은 털 17번과 놀고 있던 수컷의 등에 올라타 재롱을 부렸다. 두 마리는 장난스럽게 서로를 깨물고 밀치며 놀았고, 거기에 17번도 합세해 세 마리가 신나게 뛰놀았다.

한바탕 놀이가 끝난 뒤 검은 털의 한 살배기 늑대 한 마리가 굴 근처에서 한 쌍의 두루미를 발견하고 쫓아갔다. 새들은 처음에는 달려서 늑대로부터 도망쳤고, 그런 다음 조금 떨어진 곳으로 날아갔다. 그러나 늑대가 계속 쫓아오자 아예 샛강 건너편으로 날아갔다. 새끼 늑대들은 저마다 신나는 시간을 보내고 있었다. 검은 털 늑대는 암컷 엘크 한 마리를 전속력으로 추격해 따라잡고, 몇 초간 나란히 달리다가 이윽고 방향을 바꿔 다른 곳으로 훌쩍 가버렸다. 그 모습이 꼭 자동차를 뒤쫓는 개처럼 보였다.

회색 암컷 17번은 근처로 다가온 코요테를 쫓아낸 뒤 거위 떼가 모여 있는 쪽으로 살금살금 다가갔다. 늑대를 발견한 거위들이 하늘로 날아올랐지만, 17번은 공중으로 껑충 뛰어오르며 거위를 쫓았다. 잠시 후 암컷 엘크 다섯 마리가 늑대 17번에게 다가왔다. 17번은 쭈그리고 앉아서 사냥 자세를 취하고, 엘크 떼의 맨 끝에 있던 녀석을 향해 돌진했다. 암컷 엘크는 멈춰 서서 17번 쪽을 뒤돌아보았다. 늑대와 엘크는 불과 몇 미터를 사이에 두고 서로를 노려봤다. 그때 다른 암컷 엘크들이 몰려와 한 살배기 암컷 늑대 17번을 쫓아냈다. 얼마 후 17번은 초원의 한 지점에 멈춰 서서 땅에 구멍을 파고 있었는데, 고개를 들었을 때는 주둥이에 작은 설치류를 물고 있었다. 아마 들쥐의 일종일 것이다. 17번은 그것을 씹다가 삼켰다. 작은 들쥐의 몸무게는 50그램 정도이며, 영양가의 관점에서 보면 사람이 포도나 팝콘 몇 알을 먹는 것에 불과하다. 이 정도의 식사로는 허기를 달랠 수 없다. 이 작은 설치류가 생쥐와 닮았기 때문에 늑대가 이런 작은 동물을 놀이로 잡는 것을 '쥐사냥'이라고 부른다. 내가 지금까지 관찰한 늑대들은 빠르게 도망치는 작은 생명체를 잡는 것을 즐기는 듯 보였다.

그 주변을 살펴보니 서쪽에 검은 털의 한 살배기 늑대 네 마리가 모여 있었다. 풀밭에 있는 회색 암컷과 지금은 개울가에 있는 두 마리의 검정 늑대를 합치면, 로즈크리크의 한 살배기 새끼 늑대 일곱

마리 모두를 목격한 셈이다.

　그날 저녁 나는 암컷 17번과 검은 털 새끼를 슬로샛강 서쪽에서 발견했다. 어미 늑대가 새끼들을 이동시킨 게 아닐까? 우리가 이렇게 짐작하고 있던 장소였다. 몇 분 뒤 생후 4주에서 5주째로 보이는 검정 새끼 늑대 한 마리가 둥근 바위 위로 기어올랐다. 8번과 그의 새로운 짝인 9번 사이에서 태어난 새끼였다. 근처에 있던 한 살배기 중 한 마리가 동생을 알아보고 꼬리를 흔들었다. 다음으로 털빛이 회색인 새끼 늑대 한 마리가 바위로 기어 올라왔다. 그다음에는 검은 털 새끼 늑대가 나타났고, 잠시 후 늑대 8번도 모습을 드러냈다. 검은 털의 한 살배기와 검정 새끼 늑대 한 마리가 달려가서 8번을 환영했다. 우리는 새 굴의 입구처럼 보이는 장소를 확인했고, 8번은 그 옆에 엎드려 있었다.

　잠시 후 두 마리의 검은 털 한 살배기가 새끼 늑대 세 마리와 함께 놀기 시작했다. 한 살배기가 입으로 한쪽이 부서진 뼈를 주워서 작은 새끼 늑대에게 내밀었다. 다른 한 살배기는 자고 있는 새끼 늑대 옆에 누워 있다가 일어나 막대기를 입에 물고 돌아다니는 세 번째 새끼 늑대를 따라갔다. 한 살배기는 다른 나뭇가지를 물어서 새끼 늑대에게 내밀었다. 새끼 늑대는 물고 있던 가지를 내려놓고 새로운 가지를 물려 했으나 곧 떨어뜨리고 말았다. 놀이를 계속하고 싶은 본능에 따라 한 살배기는 떨어뜨린 가지를 주워서 다시 새끼 늑대에게 내밀며 꼬리를 흔들었다. 나뭇가지를 받은 새끼 늑대는 누워서 그것을 물어 뜯었다. 한 살배기는 새끼 앞에 엎드려서 재롱을 부렸다. 몸집이 더 큰 한 살배기가 작은 뼈를 찾아와서 새끼 앞에 떨어뜨렸다. 한 살배기가 꼬리를 흔들면서 앞발로 새끼를 살살 찌른 직후, 나는 최고로 멋진 장면을 목격했다. 한 살배기는 물고 있던 뼛조각을 공중에 던진 뒤 폴짝 뛰어올라 주둥이로 낚아챘다.

그때 검은 털 사이로 회색 줄무늬가 있는 늑대 한 마리가 새끼 늑대에게 다가왔다. 새끼 늑대는 그 어른 늑대의 배 아래로 기어 들어가더니 꼬리를 흔들고 등을 대고 누워서 네 다리로 발버둥을 쳤다. 그리고 일어나서 젖을 먹기 시작했다. 바로 이 어른 늑대가 새끼들의 엄마인 늑대 9번이다. 다른 두 마리의 새끼도 어미에게 달려왔다. 새끼 늑대들은 뒷다리로 균형을 잡으며 몸을 쭉 펴고 서서 젖을 먹었다. 한 마리는 한 발을 어미 늑대의 뒷다리에 걸고 균형을 잡고 있었다. 수유는 5분 만에 끝났다. 어미 늑대 9번이 새끼 늑대 한 마리에게 코를 비볐다. 그 후 새끼 세 마리는 사방을 누볐다. 한 살배기 한 마리가 놀이에 가담했고, 넷이 한바탕 놀이를 즐긴 뒤 엄마에게 다가갔다. 그렇게 어미, 한 살배기, 새끼 모두가 즐거운 한때를 보냈다.

그날 나는 로즈크리크 무리의 우두머리 부부와 일곱 마리의 한 살배기, 그리고 8번과 9번 사이에서 태어난 새끼 세 마리를 모두 볼 수 있었다.

나는 다음 날인 5월 29일 아침 일찍 옐로스톤 북부를 떠나 올드페이스풀의 임시 숙소로 이사했다. 그런 다음 레인저 유니폼으로 갈아입고 실내 원형극장에서 늑대 설명회를 열었다. 하지만 이 건물이 문제였다. 극장은 원래 올드페이스풀 간헐천에 대한 단편영화를 상영하던 곳이었다. 이곳에 온 방문객은 극장에서 영화를 보다가 64분 30초 간격으로 뜨거운 물이 솟구치는 장면을

보기 위해 밖으로 뛰어나갔다.

　나는 미리 만들어온 45분짜리 슬라이드 쇼로 설명회를 시작했다. 그런데 45분은 너무 길었다. 사람들은 설명을 듣다가 간헐천 분출을 놓칠까 봐 발을 동동 구르고 있었다. 그들은 끊임없이 시계를 보았고, 프로그램 도중에 자리를 박차고 일어나 밖으로 나가기도 했다. 간헐천을 먼저 보고 들어오는 사람도 많았다. 나는 새로운 방식을 고안해야 했다. 그래서 슬라이드 쇼는 포기하고, 딱 5분만 늑대 재도입 프로그램을 설명한 뒤 질문을 받기로 했다. 옐로스톤에 온 사람들은 늑대에 대해 궁금한 게 참 많았다. 간헐천 분출을 보고 중간에 온 사람이 앞에서 나온 질문을 다시 해도 문제될 게 없었다. 그때쯤이면 앞사람은 벌써 대답을 듣고 떠났기 때문이다.

　하루는 조금 색다른 경험을 했다. 그날 나는 무릎에 늑대 가죽을 올려놓고 등받이 없는 의자에 걸터앉아 늑대 이야기를 하고 있었다. 그때 한 남성이 커다란 셰퍼드를 데리고 극장 안으로 들어와 맨 앞자리에 앉았다. 나는 개가 늑대 가죽과 늑대 털 냄새에 겁을 잔뜩 먹고 있음을 눈치챘다. 개는 주인의 발치에 잔뜩 웅크리고 있었다. 이윽고 개는 침착함을 되찾았고 나도 더는 신경을 쓰지 않았다. 그런데 잠시 후 청중이 웃기 시작했고, 내 오른발이 축축해졌다. 밑을 보니 개가 늑대 가죽에 방뇨를 하고 있는 게 아닌가. 개가 내 발에 영역 표시를 한 것이다.

　이곳에서 나는 매주 월요일과 화요일에 쉬고, 수요일은 오후에 일하고, 금요일은 이른 오후에 업무를 시작했다. 그래서 월요일 아침에 라마계곡으로 차를 몰고 가서 수요일 아침까지 머물다가 올드페이스풀로 돌아오는 계획을 세웠다. 금요일 아침에도 차를 몰고 라마계곡에 다녀오기로 했다. 동이 트는 5시 무렵에 계곡에 도착하려면 3시에 기상해야 했지만, 늑대를 보기 위해서라면 얼마든지 그럴 수 있다. 그 후 올드페이스풀 북쪽에 자리한 매디슨정션의 트레일러 수리가 끝나자 나는 그곳으로 이사했다. 덕분에 라마계곡까지 26킬로미터 가까워졌다. 그래도 오전 4시에는 출발해야 했다. 매디슨정션에서 레오폴드 무리를 관찰하는 사우스뷰트까지는 70킬로미터, 로즈크리크 무리의 영역까지는 24킬로미터 거리였다.

6월 6일 저녁, 슬로샛강 근처에서 로즈크리크 무리를 찾다가 암컷 엘크 한 마리가 두 마리의 젊은 회색곰을 쫓아내는 장면을 목격했다. 곰 두 마리는 어미를 떠나 이제 막 홀로서기 한 형제 같았다. 자세히 보니 한 마리가 새끼 엘크를 입에 물고 있었다. 암컷 엘크는 그 새끼의 어미일 것이다. 그런데 엘크가 갑자기 추적을 멈추었다. '왜 그러지?' 그 순간 어디선가 로즈크리크의 알파 쌍과 잿빛 한 살배기 늑대가 나타나 새끼 엘크 사체를 탐하는 회색곰 형제에게 돌진했다. 곧 검은 털 한 살배기 늑대 두 마리가 더 가세해 다섯 마리의 늑대가 한 팀이 되어 움직이기 시작했다. 두 마리가 곰에게 돌격해 새끼 엘크 곁에서 쫓아냈고, 그 틈에 나머지 세 마리가 먹잇감을 낚아챘다. 곰 두 마리와 늑대 두 마리가 싸움을 시작했는데 금방 결판이 났다. 늑대의 괴롭힘을 견디다 못한 젊은 회색곰 형제는 먹이를 포기하고 도망쳤다.

6월 10일까지 거의 매일 아침 슬로샛강 기슭에서 로즈크리크 무리를 볼 수 있었다. 그곳에는 엘크가, 특히 갓 태어난 새끼들이

많았기 때문이다. 10일에는 다섯 마리의 한 살배기 늑대와 8번을
보았다. 어린 늑대 한 마리는 입에 나뭇가지를 물고 있었다. 그
나뭇가지를 공중에 내던지고 펄쩍 뛰어올라 주둥이로 덥석 물었다.
한 번 더 던지자 이번에는 나뭇가지가 포물선을 그리며 등 쪽으로
날아갔다. 그걸 잡으려고 몸을 틀다가 비틀거리며 넘어졌지만, 이내
다시 뛰어올라 나뭇가지가 땅에 떨어지기 전에 잡아챘다. 늑대는
마치 농구 선수 마이클 조던같이 우아하고 민첩하게 움직였다.

얼마 뒤 늑대 8번이 다가와 나뭇가지를 물더니 다른 한 살배기
쪽으로 던졌다. 그러자 그 어린 늑대도 자기 형제만큼 훌륭하게
가지를 낚아챘다. 나는 이 놀이를 '막대 던지기 게임'이라고 이름
짓고, 늑대가 어떻게 이런 놀이를 고안했을지 생각했다. 그러자
늑대의 피를 이어받은 가축화된 개, 특히 골든리트리버 같은 견종이
견주와 똑같은 게임을 하는 장면이 떠올랐다.

며칠 뒤 8번과 네 마리의 한 살배기가 한 팀이 되어서 방금
태어난 새끼 엘크를 데리고 있는 50마리의 암컷 엘크 떼를 공격하는
장면을 보았다. 8번은 곧장 새끼 엘크 뒤로 다가갔고 네 마리의 한
살배기 늑대도 주위를 둘러싼 엘크 떼에 아랑곳하지 않고 8번의 뒤를
따라 새끼 엘크를 추격했다. 새끼 엘크는 늑대들에게 잡히기 직전에
숲으로 뛰어들었다. 늑대들과 새끼 엘크가 숲속을 뛰어다니는
모습이 나무 사이로 언뜻 보였다. 잠시 후 네 마리의 한 살배기
늑대가 숲에서 나왔고 곧바로 새끼 엘크를 입에 문 늑대 8번이
모습을 드러냈다.

8번이 새끼 엘크 사체를 땅에 내려놓자 한 살배기 늑대 한
마리가 다가왔다. 둘이 나란히 먹잇감을 탐식하기 시작하자 곧

한 마리가 더 와서 식사를 즐겼다. 8번은 나머지 두 마리에게도 엘크를 먹도록 허락했다. 로즈크리크 무리의 알파 수컷 8번은 사냥감을 독차지할 수도 있고, 굴로 가져가서 친자식들에게 줄 수도 있다. 하지만 그렇게 하지 않고 지난가을 입양한 한 살배기 의붓자식들에게 기꺼이 식량을 나눠준 것이다. 나는 나중에 모든 늑대가 8번처럼 관대한 건 아니라는 사실을 알았다. 사람과 마찬가지로 늑대의 성격도 각양각색이라, 어떤 놈은 자기중심적이고, 다른 놈은 가족 구성원이나 적대적인 무리에게 필요 이상으로 폭력을 행사한다. 오직 일부만 다른 늑대에게 친절과 배려를 베푼다.

    인간행동학은 아주 오랫동안 커다란 질문을 마주하고 있다. '사람의 성격을 결정하는 것은 유전인가, 환경인가?' 인간은 타고난 성격을 평생 유지할까? 아니면 부모의 양육과 훈육이 자녀의 성격을 결정할까? 나는 앞으로 몇 년에 걸쳐 한 마리의 늑대를 관찰하며 이 문제를 연구할 수 있을 터였다. 늑대 8번이 의붓아버지 노릇을 하면서 키운 자녀들 가운데 하나인 늑대 21번의 생애를 지켜보며 그것을 기록하게 될 운명이었다. 나는 21번이 죽을 때까지 그의 행동을 자세히 관찰하고, 그것이 정말로 계부의 행동을 보고 배운 것인지 연구했다.

    다음 날 일곱 마리의 한 살배기 늑대들이 부모와 떨어져 슬로샛강 기슭에 모여 있는 모습을 발견했다. 어미 아비의 눈이 닿지 않을 때 그들이 어떻게 행동하는지 볼 절호의 기회였다. 일곱 형제는 암컷 엘크 한 마리를 발견하고 뒤쫓기 시작했다. 그런데 한 살배기 늑대 한 마리가 엘크가 차올린 발굽에 머리를 맞고 나뒹굴었다. 암컷

엘크가 물속으로 뛰어들자 한 살배기들은 사냥을 포기했다. 그 후 일곱 형제는 새끼 엘크를 동반한 암컷 엘크 떼를 뒤쫓았다. 방금 전과 마찬가지로 엘크 떼는 모조리 강 속으로 도망쳤다. 형제 중 세 마리는 샛강 기슭에서 멈췄지만, 회색 털 암컷 한 마리가 강에 뛰어들어 새끼 엘크를 쫓아 헤엄쳤다. 늑대는 금방 새끼 엘크를 따라잡아 뒷덜미를 물었다. 하지만 그다음에 어떻게 해야 하는지 모르는 눈치였다. 깊은 물속에서 버둥거리는 새끼 엘크를 감당할 요령이 없었다. 암컷 한 살배기 늑대는 결국 새끼 엘크를 풀어주었다. 그 새끼는 샛강을 건너가 어미를 만났다. 다행히 엘크에게 발길질을 당한 상처는 심하지 않은 것 같았다. 이날 나는 한 살배기 늑대들은 아직 배워야 할 게 많다는 점을 확인했다.

10장　슬로샛강 전투

1996년 여름 최대의 사건은 6월 18일에 일어났다. 그날 나는 오전 4시에 매디슨에서 출발해서 오전 5시 20분에 슬로샛강에 도착했다. 슬로샛강 동편에 있는 '데이브스힐'이라는 완만한 구릉으로 올라가서 로즈크리크 무리를 찾기 시작했다. 늑대 관찰자 몇 명도 합류했다. 잠시 후 슬로샛강 서쪽에서 로즈크리크 무리를 확인했다. 수컷 우두머리 8번과 일곱 마리의 한 살배기가 모여 있었다.

로즈크리크 늑대가 새끼 엘크 한 마리를 거느린 암컷 엘크 떼를 발견했다. 8번은 즉시 습격을 개시했다. 여덟 마리 모두 엘크 떼를 뒤쫓았다. 암컷 엘크 떼는 새끼를 앞세운 채 도망쳤다. 8번이 새끼 엘크에게 쭉쭉 다가갔다. 이윽고 새끼 엘크는 지쳤는지 서서히 다리가 느려지더니 결국 무리의 뒤쪽으로 처졌다. 그때 암컷 엘크 떼가 방향을 틀었고, 새끼 엘크도 같은 방향으로 돌아섰다. 순식간에 8번과 다른 늑대들이 엘크 떼에 쫓기는 형국이 됐다. 암컷 엘크 떼와 새끼 엘크가 맨 후미에서 천천히 달리던 한 살배기 늑대를 향해 돌진했다. 그 순간 한 살배기 늑대 네 마리가 새끼 엘크에게 달려들어 순식간에 쓰러뜨렸다. 사냥에 성공한 것이다. 나머지 무리도 달려와 엘크를 먹기 시작했다.

사냥한 먹잇감을 배불리 먹은 로즈크리크의 여덟 마리 늑대는 새끼 엘크 사체 옆에 누워 휴식을 취했다. 그때 8번이 벌떡 일어나 서쪽 오르막을 바라보았다. 나는 새끼들과 함께 온 엘크 떼를 다시 볼 수 있을 거라고 기대하면서 탐지 망원경을 그쪽으로 돌렸다. 그런데 엘크가 아니라 드루이드피크 무리가 이쪽으로 곧장 달려오고 있었다. 드루이드 늑대들을 본 건 이날이 처음이다. 이송 중 철제 우리를 박살냈고, 아마도 8번의 친아비를 죽인 용의자로 추정되는 드루이드 무리의 알파 수컷 38번이 선두에 서 있었다. 38번 뒤에는 드루이드 무리의 성체 암컷 세 마리가 있었다.

로즈크리크 무리의 8번은 혼자서 맹렬하게 오르막을 뛰어올라 자신보다 덩치가 훨씬 큰 늑대를 향해 곧장 돌진했다. 나는 자그마한 8번이 울타리 안에서 형제들에게 괴롭힘을 당했다는 이야기를 떠올렸다. 몸집이 작은 이 늑대는 자신보다 큰 형제들과의 싸움에서 이겨본 적이 없었다. 하지만 이제 8번은 한 살배기 의붓자식들을 보호하기 위해 도저히 승산이 없어 보이는 상대와 맞서야 한다.

드루이드의 강력한 알파 수컷 34번과 싸우기 위해서 8번은 구릉을 올라가야 했다. 산비탈을 달려 내려온 적을 마주할 때는 이미 지쳐 있을지도 모른다는 뜻이다. 모든 방면에서 38번이 유리했다. 그쪽이 몸집이 더 크고 힘도 강하며 나이도 많고 싸움 경험도 풍부했다. 게다가 그는 8번의 친아버지를 무찌르기도 했다. 크리스털크리크의 예전 알파 수컷 4번의 아들 중 가장 작은 8번이 이 무시무시한 적을 상대할 방법이 있기는 할까?

갖가지 불안이 뇌리를 스쳐 지나갔다. 늑대 8번은 가족을 지킬 힘이 없는 무능력자라는 사실이 만천하에 드러날까? 9번이 그를

짝으로 택한 건 실수였을까? 8번이 적과 대결하기 위해 용맹하게
오르막을 뛰어오르는 모습을 지켜보면서 나는 아메리카 선주민은
승산 없는 싸움을 시작할 때 "오늘은 최고로 죽기 좋은 날이다!"라고
외치며 돌진했다는 이야기를 떠올렸다. 오늘이 8번의 마지막
날이 될지도 몰랐다. 잠시 후 두 마리의 수컷 우두머리가 격렬하게
부딪히더니 땅바닥을 뒹굴며 격투를 벌이기 시작했다. 두 마리
모두 털이 회색이라 어느 쪽이 우세한지 가늠하기 어려웠다. 그런데
싸움은 순식간에 끝이 났다.

당신은 이 세상에 기적이 있다고 믿는가?

회색 늑대가 배를 드러내고 누워 있는 다른 회색 늑대를 짓밟고
서 있는 광경이 보였다. 위쪽 늑대가 바닥에 깔린 늑대를 사정없이
물었다. 곧 나는 이 싸움의 승자가 8번임을 깨달았다.

로즈크리크의 한 살배기들이 구릉 위로 달려가 의붓아비 8번과
함께 드루이드의 알파 수컷을 공격했다. 하지만 20초 뒤 8번은
38번을 놓아줬다. 한 살짜리 새끼들도 의붓아비를 따라 공격을
멈췄다. 드루이드의 우두머리 수컷 늑대 38번은 두 다리 사이로
꼬리를 말고 왔던 길로 돌아갔다. 몸집은 작지만 가족을 지키기
위해 맹렬한 전사로 변신한 8번을 어깨너머로 돌아보며 도망치는
38번은 잔뜩 겁에 질린 듯 보였다. 반대로 8번은 흡사 거인 골리앗을
때려눕힌 소년 다윗 같았다.

나중에 나는 한 살배기들이, 특히 세 마리의 수컷이 이 광경을
보고 무엇을 느꼈을지 생각해보았다. 일류 선수였던 아버지를
따라서 운동을 선택한 어떤 이의 말이 떠올랐다. "남자아이는
아빠처럼 되고 싶어 하죠." 이날 8번의 행동을 목격한 한 살짜리

수컷들도 똑같이 느꼈을 테다. 8번은 그들에게 영웅이자 모범적 본보기였고, 동경의 대상이기도 했다.

구릉 위에 있던 사람들은 얼굴을 마주 보며 방금 본 믿기 힘든 광경을 이야기했다. 8번의 승리는 우리가 야생에서 본 것들 가운데 가장 놀라운 일이었다. 전형적인 언더독(underdog, 약자—옮긴이) 8번이 옐로스톤에서 자신의 영역을 무사히 지킨 것이다. 그것도 자신보다 몸집이 훨씬 더 큰 강적이자 아비를 죽인 원수를 상대로 말이다.

늑대 8번은 승자였다. 이때까지는. 그러나 언젠가 드루이드의 알파 수컷보다 훨씬 크고 강하며 한 번도 싸움에 진 적이 없는 상대, 즉 자신처럼 승자인 늑대와 맞서야 할 때가 올 것이다. 그리고 그날에 8번은 늙고 전성기를 지난 상태로 갖가지 부상과 무능력에 시달리고 있을지 모른다.

며칠 뒤 우리는 로즈크리크 무리 중 수컷 한 살배기의 사망 신호를 수신했다. 스태프 한 명이 발신 장소로 가서 늑대 시체를 발견했다. 시체에 남은 흔적을 통해 다른 늑대들에게 공격받았음을 알 수 있었다. 홀로 드루이드 늑대들의 냄새를 따라가다 그들과 마주쳤고, 공격을 받고 사망한 것으로 추정됐다. 이로써 원래 여덟 마리였던 로즈크리크의 한 살배기 늑대는 여섯 마리로 줄어들었다.

그해 여름 내내 나는 8번이 슬로샛강 전투에서 승리한 비결을 파악하는 데 많은 시간을 쏟았다. 그 결과 8번은 어린 시절에 덩치가 큰 형제와 몸싸움을 하면서 자신보다 큰 상대에게 대적하는 방법을 알게 되었다고 가정했다. 38번과의 싸움도 예전에 형제들과 겨루던 방식으로 임한 게 아닐까? 만약 그렇다면 8번은 아주 오래전의 패배 경험으로 현재의 싸움에서 이긴 셈이다.

그런 식으로 생각한 데는 이유가 있다. 내가 유년을 보낸 빌레리카에는 유치원생부터 고등학생까지 아이들이 무척 많았다. 그때 나는 동네에서 가장 거친 아이들, 거의 반쯤은 갱단처럼 행동하는 친구들과 어울리고 싶어 했고 결국 그 무리에 들어갔다. 합류한 지 얼마 안 된 어느 날이었다. 그날은 모두 잔디밭에 멍하니 앉아 있었다.

고등학생인 필이 무리의 리더였다. 필은 다른 녀석들을 둘러보다가 토미를 가리켰다. 토미는 나이에 비해 몸집이 크고 힘도 센 아이였다. 우리는 모두 필을 쳐다보며 무엇을 하려는 것일까 하고 궁금해했다. 그때는 영화 〈파이트 클럽〉이 개봉하기 훨씬 전이었다. 필은 이렇게 말했다.

"토미, 누구랑 싸워라." 그 말을 듣고 다들 자신이 아닌 다른 누군가가 토미의 상대로 지명되기를 바라고 있었다. 그런데 필은 그룹 중에서 가장 나이가 적고 몸집도 작은 아이를 가리키며 "이놈과 싸워"라고 명령했다. 필이 가리킨 건 바로 나였다. 나는 토미를 바라보며 도무지 승산이 없다고 느꼈다. 하지만 그냥 물러선다면 내가 설 자리가 없어진다는 것도 알고 있었다. 나는 일어서서 먼저 필의 얼굴을, 그런 다음 토미의 눈을 노려보고 "오케이"라고 대답했다.

우리는 그것을 '쌈박질'이라고 불렀지만 실제로는 레슬링 경기였다. 그 당시에는 텔레비전 프로레슬링 쇼가 유행했다. 우리는 레슬링 선수들이 사용하는 기술을 보았고 시합 규칙도 알고 있었다.

승부에서 이기기 위해서는 상대방을 지면에 누른 채 셋을 세거나, 상대에게 기술을 걸어 항복시켜야 했다.

　나는 토미와 엉겨 붙어서 몸싸움을 벌였고, 토미는 생각대로 나보다 훨씬 힘이 셌다. 나는 일방적으로 당하지 않으려고 물고 늘어지며 기술을 걸고 상대를 꼼짝 못 하게 하려고 애를 썼다. 관객들의 기대와 달리 승부는 금방 결판이 나지 않고, 모두 그 사실에 놀라고 있었다. 잠시 뒤 토미가 나에게 슬리퍼 홀드 기술, 그러니까 상대편의 뒤에서 양팔로 목을 조여서 고통을 가하는 기술을 걸었다. 나는 그 기술에서 벗어날 수가 없었다. 토미는 조금 더 강하게 목을 조였지만, 그래도 나를 봐주며 전력을 다하지 않는 낌새였다. 나는 도망치려고 발버둥 쳤지만 아무 소용이 없었다. 결국 패배를 인정하는 신호인 "아이 기브I give"를 외쳤다.

　시합이 끝난 뒤 우리는 서로 한 발씩 물러섰다. 이후 그 승부를 입에 올리는 일은 없었지만, 그날의 대결은 우리 둘에게 큰 의미가 있었다. 왜냐하면 우리는 가장 친한 친구가 되었고, 그 우정은 몇 년 뒤 내가 이사를 갈 때까지 계속되었기 때문이다. 지금 회상해보면 토미는 불리한 싸움을 받아들인 나의 용기에 경의를 표한 것일지도 모른다. 마음만 먹으면 시작과 동시에 나를 제압할 수 있었지만, 그는 나에게 시간을 주었다. 그 결과 남들이 보기에 내가 어떻게든 버틴 것 같았으리라. 나는 그날 불리한 시합을 피하지 않은 덕분에 그러지 않았으면 결코 알 수 없었을 것을 배웠다. 뜻밖에도 나는 레슬링에 재능이 있었고 균형감과 지렛대의 원리를 이용해서 강자에게 맞서는 방법을 터득하고 있었다.

　세월이 흘러 대학생이 된 나는 대학 기숙사 친목회 회장 역할을 맡고 기숙사 예산으로 댄스파티를 열었다. 여기에 오는 사람은 남자가 훨씬 더 많을 것이라고 생각해서 남학생 기숙사가 아니라 여학생 기숙사에서 파티를 열었다. 록 밴드를 고용해 연주할 곡을 정하고 입구에서 표를 팔았다. 운영자가 나뿐이었기 때문에 경비원 노릇까지 직접 해야 했다. 어느 날 밤 댄스 플로어에서 한 여성이 비명을 질렀다. 어떤 놈이 여성에게 폭력을 휘두른 것이다. 나는 그놈에게 멈추라고 호통을 쳤다. 그놈이 내 쪽을 돌아보는 사이에 여자는 도망쳤다. 화가 난 그 녀석이 나를 향해 주먹을 날렸고, 그놈의 친구 다섯 명도 여기에 가세했다. 그는 내 얼굴을 향해 주먹을 휘둘렀다. 나는 몸을 돌려 피했고, 주먹은 머리를 살짝 스쳐 갔다. 곧바로 토미가 내게 써먹었던 홀드 기술을 그놈에게 걸고 그가 항복할 때까지 붙잡고 있었다. 얼마 후 나는 그놈을 파티장에서 쫓아내면서 이 기술을 가르쳐준 토미에게 마음속으로 감사했다.

이 경험을 바탕으로, 나는 늑대 8번도 분명 체격이 더 큰 형제들과 놀면서 배운 기술을 사용해 자신보다 훨씬 큰 적인 38번을 쓰러뜨린 것이라고 추측했다.

11장 늑대들의 놀이

7월 1일, 슬로섓강 전투 이후 오랜만에 드루이드 무리를
목격했다. 거구의 수컷 우두머리가 8번에게 패한 뒤 그들은
라마계곡의 로즈크리크 무리 영역과 상당히 먼 곳에 머물렀다.
더그의 말에 따르면 드루이드의 흰색 알파 암컷 39번은 세 마리의
딸 가운데 가장 몸집이 크고 공격적인 40번에 의해 무리에서
쫓겨났다고 한다.

어미인 39번이 무리를 떠난 후 횡포한 딸인 40번이 알파 암컷
자리를 꿰찼다. 드루이드 무리는 이제 네 마리가 되어 있었다. 알파
수컷 38번, 회색 털의 새로운 알파 암컷 40번, 그리고 40번의 검은 털
두 자매(41번과 42번)이다. 40번은 냉혹한 방식으로 무리를 지배했고,
그 양상은 마치 드라마 〈왕좌의 게임〉에 등장하는 세르세이를
떠올리게 했다. 자매 사이인 41번과 42번은 결코 40번에게 반항하는
법이 없었다. 41번과 42번은 서로 잘 어울렸다. 둘이 함께 엘크의
큰 뿔을 운반하는 모습도 본 적이 있다. 둘 중에서는 42번이 우위에
있는 것처럼 보였다. 간혹 41번이 42번을 깔아뭉개기도 했는데, 아마
그냥 놀이였을 것이다. 두 마리가 약간의 몸싸움을 벌이는 장면을 딱
한 번 목격했는데, 그때 42번은 41번을 두 차례나 짓밟고 옴짝달싹
못 하게 했다.

7월의 그날, 38번과 40번이 여섯 군데에서 냄새를 남기는 모습을 목격하고 두 마리가 알파 부부가 되었음을 확인했다. 매번 수컷 38번이 한쪽 뒷다리를 높이 들고 방뇨하면 암컷 40번이 다가와서 냄새를 맡은 뒤 같은 자리에 방뇨했다. 반면 하위 서열 암컷인 41번과 42번은 어떠한 행동도 하지 않았다.

  그날 나는 오전 7시 16분부터 오후 9시 41분까지, 거의 14시간 30분 동안 드루이드 무리를 관찰했다. 늑대들은 오전 10시 12분부터 오후 8시 42분까지 휴식을 취한 뒤 움직이기 시작해서 해가 진 뒤 새끼 엘크를 사냥했다. 그러니까 관찰한 시간 가운데 73퍼센트가 휴식 시간이었다. 그 외의 시간에는 이동을 하거나 사냥감을 찾아다녔다. 그러나 이 숫자가 늑대의 행동을 완벽하게 설명해주지는 않는다. 왜냐하면 늑대는 어두워진 후에도 활동하기 때문이다. 늑대는 뛰어난 야간 시력을 가졌고, 사냥 표적들을 후각으로 찾아낼 수도 있다. 몇 년 뒤 늑대에게 GPS 기능이 있는 위치추적기를 달고 데이터를 모았더니, 늑대는 황혼부터 일출 직전까지 가장 어두운 시간대에 활발하게 활동하고 있었다.

  7월 1일 이후 엘크가 더 높은 고지로 이동하면서 드루이드 늑대를 보기 어려워졌다. 나는 사우스뷰트로 돌아가서 레오폴드 무리 관찰을 재개했다. 7월 8일에 레오폴드 무리의 새끼 세 마리를 처음 발견했다. 두 마리는 회색이고 한 마리는 검었다. 늑대 부모는 굴이 있는 숲에서 남서쪽으로 대략 1.6킬로미터 떨어진 지정 집결지로 새끼들을 옮겨놓았다. 내가 있는 사우스뷰트에서는 이 지역의 풍경이 아주 잘 보였다. 이른바 지정 집결지는 무리의 성체들이 사냥을 나가고 난 뒤 다시 돌아와 새끼들을 만나는 곳인데, 새끼 늑대에게는 밖으로 나가서 뛰어놀기에 안성맞춤인 놀이터였다. 곳곳에 코요테와 오소리가 파놓은 굴은 새끼 늑대들의 탐험 장소가 되고, 또 곰이나 다른 포식자들이 나타났을 때 몸을 피하는 은신처가 되기도 했다.

새끼 늑대들은 늘 밖으로 나와서 함께 놀고 있었다. 그들은 끊임없이 서로를 쫓으며 몸싸움했다. 하루는 검은 털 새끼 늑대가 잔가지를 주워 들고 두 마리의 회색 새끼 늑대 중 한 마리에게 달려가 이 막대기를 잡아보라는 듯 과시했다. 잿빛 새끼 늑대가 검은 털 새끼 늑대를 쫓았지만, 금방 둘의 역할이 바뀌었다. 1년 전 여름에 본 크리스털크리크 새끼들의 추격전 놀이와 똑같았다.

또한 나는 서로의 주둥이를 사용해 복싱의 스파링처럼 상대방과 겨루는 행동이 놀이에 포함되어 있다는 것을 알아챘다. 두 마리의 새끼 늑대는 마주 서서 오른쪽, 왼쪽으로 펄쩍 뛰면서 상대를 물 기회를 엿보았다. 진짜 복싱 선수처럼 속임수 동작을 보여주고 고개를 살짝 숙이고 몸을 좌우로 흔들면서 상대의 공격을 피했다. 주둥이는 잽처럼 상대방의 얼굴 쪽으로 파고들었다. 이 스파링 게임 역시 다른 늑대와 진검승부를 벌일 때를 대비한 훈련이다.

새끼 늑대들은 줄다리기 게임도 좋아했다. 나뭇가지나 뼈 또는 짐승 가죽만 있으면 서로 양쪽을 물고 당겼다. 한번은 알파 암컷이 회색 새끼 늑대 중 한 마리와 고깃덩어리로 줄다리기를 하는 장면을 본 적 있다. 암컷 7번은 새끼 늑대들과 하는 플레이 바우 놀이도 좋아해서, 번갈아 가면서 새끼들을 쫓거나 새끼들에게 쫓겨 도망치는 시늉을 했다. 새끼가 다가오자 어미는 새끼와 주둥이로

스파링을 했다. 이 알파 암컷은 노는 걸 매우 좋아해서, 때때로 새끼 늑대 앞에서 위아래로 뛰어오르고 플레이 바우를 했다. 알파 암컷 7번은 혼자서도 잘 놀았다. 어느 때엔 작은 고깃덩어리를 물고 앞뒤로 뛰어다니다가 그것을 공중으로 던졌다. 이 동작을 여섯 차례 되풀이했는데 단 한 번의 실수도 없이 고기를 잡아챘다. 그런 다음 즐거운 듯 주변을 빙글빙글 뛰어다녔다. 한번은 7번이 자기 꼬리를 잡으려고 빙빙 도는 모습도 보았다.

알파 수컷 2번도 새끼들과 자주 놀았다. 어느 날 회색 새끼 늑대 한 마리가 나른하게 누워 있는 2번에게 다가가 냄새를 맡고, 한쪽 앞발을 아비의 어깨에 얹었다. 그러자 아비 늑대는 큰 몸을 벌떡 일으켜 내달리기 시작했다. 새끼 늑대는 그 뒤를 쫓아갔지만, 도중에 넘어지고 말았다. 아비 늑대는 멈춰 서서 새끼 늑대가 따라오기를 기다렸다. 잠시 뒤 아비 늑대 2번은 머리를 숙이고 몸을 굽혀 작은 새끼가 앞발로 때리거나 얼굴을 물거나 해도 다 받아주었다.

때로는 수컷 아비도 지쳐서 쉬어야 할 때가 있었다. 어느 날, 세 마리의 새끼 늑대가 2번에게 달려가 놀아달라고 졸랐다. 그중 두 마리가 2번의 등에 올라탔다. 아비 늑대는 피곤한 탓인지 새끼들의 요구에 응하지 않고 자리를 피했다. 새끼들은 잠시 아비의 뒤를 따라갔지만 아비가 반응하지 않자 금방 흥미를 잃어버렸다. 이날 2번은 키가 큰 풀숲에 숨어 낮잠을 청했다.

무리의 검은 털 수컷 새끼 늑대는 새끼들의 놀이 시간 선동자로 보였다. 털빛이 회색인 두 마리는 암컷이었다. 새끼 늑대들을 처음 본 날 나는 검은 털 새끼 늑대가 '매복 게임'을 하는 모습을 보았다. 검정 새끼 늑대는 눈을 부릅뜨고 두 마리의 잿빛 새끼 늑대에게 달려가는 척하다가 그대로 지나쳐 풀숲에 몸을 숨겼다. 잿빛 늑대들이 쫓아오면 도로 튀어 나가 두 마리에게 달려들었다. 검은 털 새끼 늑대는 회색 새끼 늑대가 혼자 누워 있으면 그쪽으로 달려가서 덤벼들었다. 또한 혼자서 노는 법도 찾았다. 키가 큰 줄기 형태의 멀런은 이 지역에서 흔히 볼 수 있는 식물이다. 검은 털 새끼 늑대는 멀런으로 뛰어올라 꼭대기를 물고 아래로 끌어 내리면서 놀았다. 땅에 내려와서 멀런 줄기를 놓으면 식물이 팽 하고 원래의 상태로 튀어 올랐다. 검은 털 새끼 늑대는 이 신기한 곡예 놀이를 몇 차례나 되풀이했다.

    나는 곧 어미가 항상 새끼들을 향해 눈을 번뜩이고 있다는 것을 알아차렸다. 새끼가 무리에서 너무 멀리 떨어지면 뛰어가서 정신을 차리게 했다. 주변에 회색곰과 흑곰, 코요테 등이 서식하고 있었기 때문에 새끼 늑대를 안전하게 지켜야 할 필요가 있었다. 7번이 새끼를 낳은 것은 이번이 처음이지만 자식들을 어떻게 키워야 할지 본능적으로 터득하고 있었다.

    생후 100일쯤 되자 새끼들이 지정 집결지에 남은 냄새를 쫓는 모습을 볼 수 있게 되었다. 검은 털 새끼가 사냥을 나가 부모의 냄새를 따라 움직이는 모습도 관찰했는데, 그 모습이 냄새로 탈옥수를 쫓는 경찰견 블러드하운드 같았다. 새끼들은 생존에 필요한 기술을 배우며 무럭무럭 자랐다.

    8월 중순 무렵, 생후 4개월 된 새끼 늑대들이 부모를 따라 집결지에서 꽤 멀리 떨어진 곳까지 가게 됐다. 8월 19일 이른 아침에 사우스뷰트산에 오르자 레오폴드 가족 다섯 마리가 이쪽을 향해 오는 모습이 보였다. 새끼들은 놀면서 어른들 뒤를 따라왔다. 가끔

새끼 중 한 마리가 맨 앞에서 걷는 일도 있었다. 중간에 잠든 들소 한 마리를 발견했는데, 새끼들은 가까이 다가가지 않고 부모가 오기를 기다리며 같은 장소를 빙빙 돌았다.

그날 어미 늑대 7번은 기분이 좋아 보였다. 2번과 뜀박질하고 장난을 치며 그의 주위를 빙빙 돌았다. 두 마리는 뒷다리로 일어서서 얼굴을 마주 보고 서로 부딪치거나 깨물면서 놀았다. 이윽고 2번이 달리기 시작했다. 한참을 나아가서 몸을 굽혀 매복 자세를 취하다가 7번이 다가오자 그쪽으로 뛰어올라 부딪쳤다. 나는 새끼들이 무사히 성장하고 있기 때문에 부모 늑대의 기분이 좋은 것인지 궁금했다.

올드페이스풀과 매디슨 지역에서 나의 여름 직무는 노동절(미국의 노동절은 9월 첫째 주 월요일로 연방 공휴일이다—옮긴이) 직후인 9월 초에 종료되었다. 나는 국립공원관리청의 트레일러에서 나와, 매머드 지역 북부에 있는 가디너라는 작은 마을에 방을 빌리고 11월 중순까지 날마다 슬로섓강과 라마계곡을 다녔다.

라마계곡으로 돌아왔더니 드루이드 무리에 8월에 합류한 회색 털 수컷이 보였다. 이 회색 털 31번은 새끼 때 다른 늑대들과 함께 캐나다 브리티시컬럼비아주에서 끌려왔다. 이들은 나중에 치프조지프 무리로 명명됐다. 이 늑대들은 처음에 크리스털크리크의 울타리에 수용됐다가 일시적으로 다른 울타리로 옮겨진 뒤 공원 서쪽에 방사됐다. 그러나 수컷 31번은 얼마 후 치프조지프 무리를 이탈해 동쪽 라마계곡으로 와서 무슨 영문인지 드루이드 무리에 가담했다. 늑대 무리의 수컷 우두머리는 잠재적 경쟁자인 수컷을 쫓아내는 게 보통이지만, 드루이드 무리의 38번은 이 새로운 수컷 늑대 31번을 자신의 무리에 받아들인 것 같았다.

나중에 실시한 DNA 감정 결과, 두 수컷은 캐나다에서 같은 무리에 속해 있었던 것으로 밝혀졌다. 드루이드의 알파 수컷이 된 큰 늑대(38번)는 캐나다에서 홀로 포획된 개체였다. 그러니까 38번과 31번은 원래 한 가족이었을 것이다. 두 마리가 서로를 알고 있는 듯 행동했기 때문이다. 몇 주 후 나는 신참자 31번이 드루이드의 세 자매 모두와 장난치는 모습도 관찰했다. 31번이 무리의 하위 서열인 두 마리의 검은 털 자매 주위를 맴돌자, 38번이 다가와서 장난스럽게 31번을 뒤쫓았다. 이 모든 행동은 31번이 드루이드 무리에 완전히 녹아들었다는 사실을 보여준다.

드루이드 무리가 나중에 자신들을 찾아온 수컷을 거둬들인 것을 본 뒤, 나는 늑대에게 혈연이나 익히 아는 사이를 찾는 능력이 있는지 궁금해졌다. 젊은 수컷 31번이 지난해 겨울에 크리스털크리크 울타리에 있었을 때, 아마도 8킬로미터 떨어진 로즈크리크 울타리에서 드루이드 늑대들이 울부짖는 소리를 들었을 것이다. 사람이 친구를 목소리로 알아볼 수 있는 것처럼, 늑대는 멀리서 울부짖는 소리를 통해 다른 늑대를 식별할 수 있다고 여겨진다. 곧 31번은 멀리서 짖는 드루이드 늑대 한 마리가 친척임을 알아차렸을 테다. 그리고 울타리에서 풀려나자마자 홀로 라마계곡으로 돌아와 38번과 재회한 것이다.

그해 가을, 나는 드루이드 알파 수컷 38번의 또 다른 특징을 알아냈다. 어느 날 드루이드의 다른 구성원들이 장난스럽게 수컷 리더를 뒤쫓는 모습을 보았다. 38번은 일단 도망친 뒤 되돌아와 몸을 굽히고 매복 자세를 취하고 있다가 모두가 따라붙으면 벌떡

일어나 그중 한 마리에게 달려들었다. 그 후 38번은 뒷걸음질치면서 다른 늑대들이 자신을 쫓도록 꾀었다. 아무도 쫓아오지 않는다는 것을 알게 되자 무리의 동료가 있는 곳까지 되돌아와 뛰어다니고, 다시 도망치는 척하며 놀이를 계속하려고 했다. 38번을 폭력적이고 공격적인 늑대라고 분류했건만, 그에게도 이렇게 장난스러운 측면이 있었던 셈이다.

슬로샛강 전투 다음 날인 6월 19일부터 나는 로즈크리크 무리를 보지 못했다. 그러다 9월 17일이 돼서야 슬로샛강 북쪽에서 로즈크리크 늑대 열 마리를 발견했다. 10월 22일에도 같은 수의 로즈크리크 무리를 확인했다. 무리가 형성되자마자 태어난 여덟 마리의 한 살배기 중 이때까지 남은 늑대는 다섯 마리뿐이었고, 그중 네 마리는 암컷이었다. 수컷들 가운데 한 마리는 배달 승합차에 치여 죽었고, 다른 한 마리는 드루이드 늑대에게 죽임을 당했으며, 나머지 한 마리는 무리를 떠났다. 유일하게 남은 수컷은 21번으로, 작년 봄 그 운명의 날에 더그가 굴 안에서 꺼낸 마지막 새끼 늑대이다. 무리의 알파 수컷이 총에 맞아 죽은 뒤 새 환경 적응용 울타리로 돌아갔을 때 가족을 지키던 바로 그 21번. 8번의 신변에 변고가 생기면 로즈 무리의 차기 알파 자리는 21번의 몫이 될 게 분명했다.

그런데 11월 2일부터 로즈크리크 무리의 전파 신호에서 21번의 흔적이 사라졌다. 매년 이맘때쯤 젊은 수컷 늑대가 무리를 떠나는 것은 흔한 일이다. 2월의 짝짓기 철까지 불과 두 달밖에 남지 않았기 때문이다. 나는 21번도 자신의 짝을 찾고 있을 것이라고 생각했다. 하지만 21번은 아흐레 뒤에 무리로 돌아왔다.

그 무렵 로즈크리크 무리는 눈밭 위에서 뛰어놀았다. 한 살짜리 늑대 세 마리는 눈 덮인 비탈길을 몇 번씩 미끄러져 내려왔다. 이것은 새로운 놀이였다. 늑대 꽁무니가 찌릿하도록 재미있을 이 놀이를 '스노 슬라이딩'이라고 부르기로 했다. 옐로스톤에 겨울이 시작되자 엘크 떼는 저지대인 라마계곡으로 이동했다. 세어보니 엘크 수는 총 545마리였다.

나는 1996년 내내 옐로스톤 늑대를 관찰하는 데 시간을 쏟았고, 이 기록은 11월 11일 사우스뷰트에서 레오폴드 무리를 목격하면서 절정에 달했다. 그날 나는 늑대 가족의 구성원들이 어떻게 협력하여 위험한 임무를 완수하는지를 완벽하게 알게 됐다.

저녁에 레오폴드 무리의 우두머리 부부가 커다란 암컷 엘크를 쫓는 광경을 목격했다. 그 뒤로 검은 털 새끼 두 마리와 회색 털 늑대가 따라 달리고 있었다. 선두에 있던 알파 수컷 2번이 암컷 엘크를 따라잡더니 오른쪽 뒷다리를 물고 늘어졌다. 엘크는 다른 뒷발로 늑대를 몇 번이나 걷어찼다. 머리를 계속 맞았음에도 2번은 엘크를 놓지 않았다. 수컷 늑대의 강력한 공격 때문에 암컷 엘크는 점점 발이 무거워졌다. 거기에 알파 암컷 7번이 합세했다. 7번은 엘크의 정면으로 가서 목을 움켜 물었다. 전형적인 늑대의 사냥 동작이다.

우두머리 늑대 부부는 자신보다 훨씬 덩치 큰 상대편에게 태클하는 미식축구 선수처럼 협력했다. 2번이 시간을 끌며 상대의 체력을 빼놓으면 7번이 치명타를 가하는 방식이다. 부모가 엘크와 격투하는 동안 회색 새끼 늑대는 어떻게 해야 할지 모르는 것 같았다. 반면 검은 털 새끼 늑대는 서슴없이 다가가서 엘크의 옆구리를

물어뜯었다. 알파들과 검정 새끼 늑대가 힘을 합쳐 엘크를 땅에 쓰러뜨리자 엘크는 금방 죽고 말았다.

검은 털 새끼 늑대는 이날 도움의 공로를 인정받았다. 이때가 생후 일곱 달째였는데, 인간으로 환산하면 일곱 살 소년 정도다. 7월 초순에 처음 이 새끼 늑대를 보았을 때만 해도 생후 석 달이 지난 아이였는데, 불과 몇 달 만에 강력한 사냥꾼으로 성장한 것이다. 마치 줄곧 벤치에서 대기하고 있던 신인 선수가 경기 중반에 등장해 팀 승리에 이바지한 셈이었다.

그로부터 이틀 뒤 나는 짐을 싸서 네 번째 겨울을 보낼 빅벤드국립공원으로 차를 몰았다.

12장 골칫거리

1996년 가을, 매머드 지역의 공원 관리자들은 나를 로즈크리크 및 드루이드 늑대 무리와 멀리 떨어진 매디슨이나 올드페이스풀로 보낸 건 실수였음을 깨달았다. 결국 나는 1997년 여름에 다시 타워정션으로 이동하라는 지시를 받았다. 1997년 5월 13일, 타워정션의 트레일러로 이사하고 그날 저녁에 바로 늑대 관찰을 시작했다.

나는 로즈크리크 무리의 알파 암컷 9번이 타워정션에서 동쪽으로 약 3.2킬로미터 떨어진 리틀아메리카 지구 남쪽에 굴을 파고 둥지를 틀었다는 소식을 들었다. 얼마 전 9번은 검은 털 새끼 늑대 세 마리와 회색 털 새끼 늑대 네 마리를 출산했다. 그 근처는 1930년대에 민간자연보호단(Civilian Conservation Corps, 1933년 뉴딜 정책 일환으로 실업자 청년에게 식림, 도로 건설이라는 일자리를 제공하기 위해 창설된 연방정부 기관—옮긴이)의 숙영지가 설립된 이래 '리틀아메리카'라고 불렸다. 혹한의 겨울 동안 이 숙영지에 주둔한 남자들이 이곳은 남극대륙에 자리한 미국 탐험기지인 리틀아메리카만큼 춥다고 주장한 데서 유래했다.

그날 공원 도로에서 남쪽으로 460미터 떨어진 장소에서 9번의 회색 새끼 늑대 한 마리를 찾았다. 이어서 두 마리가 조금 더 남쪽에

펼쳐진 숲속으로 들어가는 모습을 확인했다. 얼마 지나지 않아 8번이 숲에서 나왔고 그 뒤를 따라 세 마리의 검은 털 새끼 늑대가 모습을 드러냈다. 그들이 8번에게 가서 코와 입언저리를 핥자 8번이 위에 채워온 살점을 토해 주었다. 새끼 늑대들은 고깃덩어리를 허겁지겁 먹어치웠다. 까마귀 한 마리가 땅으로 내려와서 새끼들 쪽으로 다가왔다. 기회를 봐서 살점을 낚아채려는 꿍꿍이였지만, 8번이 먼저 눈치채고 까마귀를 쫓아버렸다. 바로 이곳이 로즈크리크 무리의 지정 집결지였다. 새끼들이 태어난 굴은 이곳에서 동쪽으로 조금 떨어진 숲속에 있었다.

로즈크리크 무리의 원래 알파 수컷인 10번과 9번 사이에서 태어나 성체가 된 암컷 늑대 한 마리가 2월에 8번과 교배했다. 어미가 된 이 늑대 18번은 무리가 1996년에 만든 맘스리지 근처의 굴 터에서 한배 새끼들을 키우고 있었는데, 그곳은 알파 암컷 9번의 굴과 도로를 사이에 두고 북쪽으로 4.8킬로미터 떨어져 있었다. 두 굴을 가르는 장애물은 공원 도로뿐만 아니었다. 로즈크리크 무리는 라마강과도 싸워야 했다. 울프 프로젝트 스태프는 임신 말기에 사냥을 나선 9번이 라마강과 공원 도로를 넘어 남쪽으로 갔을 때 산기가 돌았을 터라고 생각했다. 그날 9번은 둥지까지 돌아가지 못하고 그곳에서 새끼 일곱 마리를 출산했다. 하지만 두 굴은 양쪽에서 하울링을 주고받을 수 있는 거리였다.

8번과 1995년생 수컷 늑대 중에서 유일하게 무리에 남아 있던 21번은 새 둥지에서 9번의 육아를 돕고 있었다. 21번은 이제 갓 두 살이 지난 나이로, 사람으로 환산하면 스무 살에서 스물한 살쯤 되었다. 그는 생애의 4분의 3인 18개월 동안 의붓아비 8번과 함께 생활했고, 두 수컷은 강한 유대감을 형성하고 있었다. 1996년에 태어난 세 마리는 이제 한 살배기로 자라 맘스리지의 굴에서 젊은 어미 늑대 18번과 새로 태어난 새끼들과 함께 살고 있었다. 이 무렵 라마강은 눈이 녹아 범람하면서 늑대가 헤엄쳐 건너기는 매우 위험했다.

 세 번째 굴은 슬로샛강 캠프장과 마주한 도로 바로 동쪽에, 다른 두 굴에서 4.8킬로미터 떨어진 곳에 있었다. 로즈크리크의 이전 수컷 리더 10번을 아비로 둔 또 다른 암컷 19번이 역시 8번의 새끼를 임신해 그 둥지에서 네 마리의 새끼를 낳은 것이다. 그러나 출산 후 곧바로 어미 늑대의 무선 발신기 신호가 사망 모드로 바뀌었다. 4월 19일 19번의 시신을 발견한 울프 프로젝트 직원은 다른 늑대들에게 공격을 받은 것으로 판단했다. 이번에도 굴 근처에서 목격된 드루이드 늑대들이 유력한 용의자였다. 새끼 늑대 네 마리는 사흘 뒤 굶어 죽은 채로 발견되었다. 드루이드 무리는 로즈크리크 늑대 중 여섯 마리의 죽음에 직간접적으로 책임이 있었다.

 8번과 21번은 처음에는 세 굴에 끼닛거리를 제공했다. 어미 늑대 19번과 새끼들이 모두 죽은 뒤에도 두 수컷은 공원 도로를 횡단하고 위험 수위의 강을 건너 리틀아메리카에 있는 9번의 굴과 9번의 딸인 18번이 사는 맘스리지 능선의 굴을 오가야 했다.

 여름이 되자 나는 옐로스톤으로 돌아왔다. 첫날 8번과 21번이 맘스리지의 굴에 사는 새끼 늑대들을 위해 고기를 게워 내는 모습을 보았다. 다음 날 아침, 두 수놈은 알파 암컷 9번의 굴에 있었고, 앞 다퉈 몰려든 일곱 마리의 새끼 늑대는 먹이를 달라고 아우성이었다.

 21번은 당당한 체격으로 성장해 있었다. 의붓아비 8번보다 훨씬

커졌지만 여전히 하위 서열로서 복종하며 양아버지의 호위병 노릇을
톡톡히 해냈다. 21번의 끈덕진 충성심은 구조견들이 인솔자에게
어떻게 헌신하는지를 떠올리게 했다. 구조견들은 그들이 받은
친절을 결코 잊지 않는다.

 충성심. 이것은 21번의 생애를 가장 잘 설명하는 낱말이다. 나는
늑대 21번의 친아비 10번을 떠올렸다. 그는 로즈크리크 울타리에서
나온 뒤 두 마리의 암컷이 나올 때까지 침착하게 기다렸다. 인간에게
붙잡히면 울타리로 끌려갈지 모르는데도 말이다. 가족에 대한
충성심은 부전자전이었다.

 그때 알파 암컷 9번이 새끼들과 두 마리의 성체 수컷에
합세했다. 노화와 출산으로 인해 9번의 검은 털 중간 중간이
회색으로 변해 있었다. 9번이 그 자리에 눕자 새끼 한 마리가 등 위로
기어올랐다. 이윽고 9번과 8번은 숲으로 들어갔고, 새끼들도 전부
그 뒤를 따라갔다. 숲의 가장자리에 큰 바위가 있다. 바위 아래에는
다른 동물들의 옛 굴이 몇 개 있는데, 바로 그 바위가 새끼 늑대들의
탐험 장소이자 곰의 공격으로부터 몸을 숨기는 은신처였다. 나도
그 부근에서 회색곰과 아메리카흑곰을 여러 번 목격했다. 흑곰이
바위로 다가오면 언제나 9번이 쏜살같이 달려가서 쫓아버렸다. 황혼
녘에는 새끼 늑대들이 대장을 따라서 행진하는 스카우트처럼 21번의
뒤를 따라가는 것을 보았다.

 곰과 코요테는 새끼를 지키기 위해 어른 늑대가 맞서 싸워야
하는 상대다. 린다 서스턴과 늑대 굴 연구진은 아메리카흑곰이
새끼 늑대에게 다가가자 8번이 다급하게 달려와서 곰을 나무 위로
몰아가는 광경을 보았다. 어떤 날에는 21번이 세 마리의 새끼 곰을

동반한 어미 곰을 쫓아낸 적도 있다.

어느 날 9번이 새끼들을 데리고 숲에서 나오는 광경을 보았다. 9번은 누워서 새끼들에게 젖을 주었다. 잠시 후 21번이 굴 터로 돌아오자 새끼 늑대들은 그쪽으로 가서 먹이를 달라고 떼썼다. 자세히 보니 21번 곁에는 새끼 늑대가 여섯 마리밖에 없었다. 황갈색을 띤 회색 일곱 번째 새끼 늑대는 오르막길의 큰 바위 옆에서 움직이지 않았다. '왜 가만히 있는 거지?' 21번은 누운 채로 새끼 늑대들과 놀다가 벌떡 일어나 어디론가 가버렸다. 여섯 마리의 새끼 늑대는 자기들끼리 놀기로 하고 21번을 놓아주었다. 나는 나중에 숲 입구에 서서 새끼들을 지켜보는 21번을 발견했다. 마치 침입자가 오지 않는지 감시하는 경비병 같았다.

5월 17일 이른 아침에 8번과 21번이 라마계곡에서 갓 잡은 사냥감의 날고기를 탐식하는 모습을 발견했다. 두 수컷은 밤중에 사냥을 나가 엘크 두 마리를 처치했다. 잠시 후 21번이 큰 고깃덩어리를 굴 쪽으로 옮겼다. 8번이 그 뒤를 따라갔다. 나는 차를 달려 굴 반대편으로 가서 고깃덩어리를 가져온 21번의 행동을 지켜보았다. 그는 새끼 늑대들이 쉬고 있을 숲속으로 들어갔다. 알파 암컷 9번이 숲속의 조금 떨어진 곳에서 기쁜 듯이 꼬리를 흔들며 뛰어나오더니 21번과 같은 방향으로 사라졌다. 잠시 후 9번이 고기 조각을 물고 큰 바위 옆으로 와서 바닥에 내려놓았다.

여섯 마리의 새끼 늑대가 숲에서 달려 나와 21번 주위를 뛰어다녔다. 황갈색 털의 일곱 번째 새끼만 이전처럼 멀리 떨어져 있었다. 혹시 아프거나 다친 게 아닐까 걱정했는데 나중에야 그 새끼 늑대는 선천적으로 자주 넘어진다는 것을 알았다. 자유롭게 움직일

수 없기에 아무도 없는 곳으로 가서 가족의 모습을 바라보고 있었다. 그로부터 몇 분 뒤 21번이 일곱 번째 새끼 곁으로 뛰어 올라갔다. 21번은 마치 나이 많은 형이 어린 동생을 돌보는 것처럼 잠시 새끼 옆에 앉아 있다가 이윽고 다른 가족에게 돌아갔다. 그 장면을 보면서 마음속 깊은 곳이 뜨거워졌다. 야간 사냥을 하고 온 21번은 분명 피곤했을 게다. 다음 사냥을 위해 쉴 필요가 있었다. 그럼에도 언덕 위에 홀로 있는 새끼를 찾아온 것이다.

나는 오랫동안 수천 명에게 이 이야기를 들려주었다. 그러면서 이렇게 질문했다. "당신이 어렸을 때 슬퍼하거나 우울한 기분으로 집에 돌아오면 개가 달려와 마치 그런 마음을 알고 있는 것처럼 함께 놀아주었던 적 없나요?" 거의 모든 사람이 그 질문에 그런 적 있다고 대답했고, 덕분에 힘이 났느냐는 다음 물음에도 고개를 끄덕였다. 개는 사람이 슬픔이나 외로움, 불안을 느끼거나 몸이 안 좋을 때를 잘 포착한다. 주인의 보디랭귀지와 낯빛에서 감정을 읽고, 곁에 같이 있음으로써 치유를 돕는다.

이러한 특성은 개들의 조상에게서, 예를 들어 21번과 같은 늑대에게서 물려받은 것이다. 21번은 외톨이 새끼 늑대 곁으로 먼저 다가갔다. 슬픔과 질병으로 고통받던 아이가 곁에 누운 개로부터 기운을 얻는 것처럼, 분명 그 새끼 늑대도 21번에게서 용기를 얻었을 것이다.

21번의 행동을 보고 어떤 경험이 떠올랐다. 몇 년 전, 내가 옐로스톤에서 일을 시작하기 전의 이야기이다. 사육장에서 태어났지만 결국은 버려진 늑대를 보호하는 콜로라도주의 비영리 단체 '미션 울프'의 켄트 웨버, 트레이시 앤 브룩스와 함께 공동 설명회를 개최했다. 먼저 내가 늑대 슬라이드 쇼를 보여주었다. 그런 후 켄트가 단체의 늑대 보호구역에 관해 이야기했다. 그날의 하이라이트는 행사의 맨 마지막 순간이었다. 켄트는 많은 사람이 지켜보는 가운데 사회화된 늑대 한 마리를 데리고 나왔다. 그는 늑대를 목줄로 끌면서 객석을 한 바퀴 돌았다.

설명회가 끝난 뒤 켄트는 나에게 그가 경험한 감동적인 이야기를 들려주었다. 켄트는 초등학교에서 강연하는 경우가 많고, 때로는 객석이 어린이 500명으로 꽉 찰 때도 있다. 학교에 나갈 때는 언제나 '라미'라는 검은 털 암컷 늑대와 함께 갔다. 켄트는 학생들에게 자리에서 일어나지 말고 늑대를 만지려고 하지 말 것, 이 두 가지를 당부했다. 다만 늑대가 먼저 다가왔을 때는 쓰다듬어도 된다고 덧붙였다. 켄트가 라미와 강당을 돌아다니면 종종 라미가 어린이 한 명을 골라 곁으로 다가가곤 했다.

켄트는 매번 행사를 마치고 교사에게 라미가 택한 아이의 사정을 확인했다. 신기하게도 대부분 교실에서 따돌림과 괴롭힘을 당하는 아이였다. 라미는 아이들이 겪고 있는 고통을 감지하고 그 곁으로 가서 따뜻한 위로를 전한 것이다. 라미의 행동은 그 아이들에게 용기를 주었을 뿐 아니라, 모든 학생이 보는 앞에서 벌어진 엄청난 광경으로 인해 향후 그 학생의 지위와 자존감이 향상되기까지 했다.

늑대의 공감력을 보여주는 일화는 또 있다. 워싱턴주에 있는 사육장에서 태어난 늑대들을 보호하는 '울프 헤븐'에서 일어난 일이다. 한 부부가 우는 아기를 데리고 늑대 울타리로 다가가자 누워 있던 암컷 늑대가 일어나서 고기 조각을 물고 아기에게 다가갔다.

21번은 어디에서 공감하는 능력을 얻었을까? 나는 그것을 양아버지 8번으로부터 배웠다고 생각한다. 21번과 그 형제들이 로즈크리크 울타리에서 생애 첫 6개월을 보냈을 때, 그들의 세계에는 아비 늑대도 다른 어른 수컷 늑대도 없었다. 그러다가 8번이 와서 새끼들의 친구가 되고 그들의 아비 역할을 했다. 그때부터 쭉 8번은 훌륭한 본보기였다. 나중에 황갈색 털 새끼 늑대가 다른 형제들과 떨어져 지내는 사정을 알게 된 21번은 8번이 그와 그의 형제들에게 한 것처럼 그 새끼 늑대를 도왔다.

나는 오랫동안 병에 걸린 어린이를 지원하는 자선 단체 '메이크 어 위시Make-A-Wish'와 함께 늑대 관찰 행사를 열었다. 어린이들이 잠시 병을 잊고 늑대와 함께 노는 이 행사는 나에게 1년 중 최고의 하루였다. 개인적으로 이 행사를 이어온 이유가 한 가지 더 있는데, 그건 바로 늑대 21번이 보여준 행동을 영원히 기억하기 위해서다.

5월 17일 저녁, 큰 바위 옆에 누워 있는 21번을 발견했다. 그때 갑자기 21번이 벌떡 일어나 굴로 다가온 곰 한 마리를 쫓아냈다. 얼마 뒤 8번과 21번은 여섯 마리의 새끼를 데리고 어디론가 이동했고, 일곱 번째 새끼 늑대만 오르막길을 천천히 걷고 있었다. 머지않아 이 새끼 늑대도 옐로스톤을 자유롭게 뛰어다닐 수 있을 듯했다. 이날 21번은 혼자서 집결지를 떠나 100여 마리의 엘크 떼를 추격했다. 암컷 엘크 한 마리를 목표로 정하고 누구의 힘도 빌리지 않고 혼자서 처치했다.

21번이 굴로 돌아오자 새끼 늑대들이 꼬리를 흔들며 달려왔다. 오르막길 위에 있던 외로운 새끼 늑대도 씩씩하게 뒷발을 깡충거리며 언덕을 내려왔다. 그는 쓰러진 통나무도 훌쩍 뛰어넘었다. 얼마 지나지 않아 일곱 번째 새끼 늑대가 무리에 합류했다. 그 모습을 지켜본 우리는 기쁨에 겨웠다. 일곱 마리의 새끼 늑대가 21번을 에워쌌고, 이윽고 한 마리가 21번이 토해낸 고기 조각을 물고 쏜살처럼 달리기 시작했다. 다음 날 아침이 되자 21번은 먹잇감 사체를 굴로 끌고 왔다.

새끼 늑대들은 21번을 매우 좋아했다. 21번이 바닥에 누우면 새끼 일곱 마리가 모두 다가와 앞발로 얼굴을 차고 입가를 핥고 등에 올라탔다. 21번이 일어나 걷기 시작하면 모두가 뒤를 쫓아 달려왔다. 21번은 온후한 태도로 새끼들과 장단을 맞추었다.

어느 날 아침, 21번이 급히 일어나 꼬리를 흔들며 어미 늑대 9번에게 달려가는 모습을 보았다. 여섯 마리의 새끼도 곧장 21번과 어미 늑대에게 달려갔고, 외로운 새끼 늑대도 발을 절뚝거리며 내리막길을 내려왔다. 그것을 눈치챈 21번이 서둘러 일곱 번째 새끼를 데리러 갔는데, 그때도 꼬리를 살랑살랑 흔들고 있었다. 절뚝거리는 새끼까지 모두 모이자 9번은 모두에게 젖을 물렸다. 황갈색 털 새끼 늑대의 몸 상태는 갈수록 좋아지고 있었다.

나는 21번을 더 좋아하게 되었다. 그는 부모가 만든 굴에 머물며 새로 태어난 새끼들의 양육을 돕는 유일한 젊은 성체 늑대였다. 곰을 내쫓고 새끼들의 먹이를 마련했고, 새끼들의 놀이 상대가 돼주었으며, 아픈 새끼에게는 특별한 배려를 베풀었다. 나중에 유타주립대학 교수를 지낸 댄 맥널티를 비롯한 울프 프로젝트 스태프들이 공원 내 늑대 포식 연구 조사를 통해 수컷 늑대는 대개의 경우 두 살 무렵에 가족 내 최고 사냥꾼이 되는 경향이 있음을 밝혔다. 늑대의 신체 능력이 최고조에 달하는 시기가 바로 이때다.

21번도 이제 두 살이 됐다. 21번은 최근 들어 알파 쌍이 영역 표시를 한 곳에 소변을 보기 시작했는데, 이 또한 그가 성숙했다는 증거였다.

21번보다 한 살 많은 8번도 능란한 사냥꾼이었다. 어느 날 아침 린다의 연구팀 직원이 8번이 무리의 북쪽 굴 근처(18번이 육아를 하는 둥지)에서 엘크를 사냥하는 장면을 목격했다. 8번은 잠시 후 강을 건너고 공원 도로를 가로질러 9번이 육아하는 리틀아메리카 굴 옆에서 두 번째 사냥에 성공했다. 린다의 굴 연구를 위해 관찰을 하던 케빈 호네스는 21번이 암컷 엘크의 뒷다리를 물고 버티는 동안 8번이 목덜미를 물어뜯는 사냥 과정을 기록했다. 키가 큰 엘크는 목을 문 8번을 땅에서 들어 올렸지만 8번은 매달린 채 계속 버텼다. 이윽고 암컷 엘크는 쓰러졌다. 8번은 엘크 목을 문 채 머리를 흔들었고, 그사이 21번은 엘크의 등을 물어뜯었다. 두 마리가 엘크를 공격한 지 5분 만에 사냥이 끝났다. 21번은 사냥감에서 골라낸 부위를 물어뜯어서 어미인 9번에게 가져다주었다.

어느 날 아침, 사냥을 마친 8번이 리틀아메리카의 굴로 돌아왔다. 8번 주위로 일곱 마리의 새끼가 우르르 모여들었다. 여섯 마리의 새끼 늑대는 8번이 뱉어낸 고기를 꿀꺽 삼켰지만, 일곱 번째 새끼 늑대는 먹이를 차지하지 못했다. 새끼는 8번의 얼굴까지 뛰어올라 고기를 받으려고 애썼다. 잠시 후 9번이 더 많은 고기를 가지고 도착했다. 새끼 몇 마리는 고기를 먹고 나머지 새끼들은 젖을 빨았다. 그 후 나는 9번이 황갈색 새끼 늑대의 몸을 핥고 있는 것을 보았다. 이 작은 새끼를 특별히 신경 쓰는 눈치 같았다.

5월 24일 저녁, 리틀아메리카 굴의 북쪽 도로변에 대략 스무

대의 자동차가 정차해 있었다. 나는 벌써 사흘이나 9번과 새끼 늑대 일곱 마리를 발견하지 못한 상태였다. 한 방문객이 9번이 새끼 늑대 한 마리를 데리고 도로를 북에서 남으로 횡단해 남쪽에 있는 굴로 가는 걸 봤다고 했다. 9번은 수백 미터를 가다가 멈춰 서서 뒤를 확인했다. 관광객이 그쪽으로 눈을 돌리자 도로 북쪽에 또 다른 새끼 늑대가 있었다. 새끼들은 차와 사람을 보고 놀라서 도망쳤다. 9번은 멀리서 새끼들을 부르기 위해 울부짖었다. 아마도 9번은 무리를 데리고 원래 굴이 있는 맘스리지로 이동하려다 강을 건너지 못하고 도로로 온 것이었으리라.

나는 현장에서 사람들의 목격담을 수집했다. 모두 차에서 나와 늑대를, 특히 새끼들을 찾고 있었다. 방문객들은 자신들이 늑대 무리 사이에 진을 치고 있다는 사실을 알지 못했다. 나는 늑대 일가를 위해 무엇을 해야 할지 신속하게 판단했다. '지금 가장 중요한 건 새끼들을 어미 곁으로 보내는 일이다.'

나는 사람들에게 일일이 사정을 설명하고, 차를 다른 곳으로 옮겨달라고 부탁했다. 설명을 들은 사람들은 상황을 이해하고 차를 옮겼다. 마지막으로 나도 그 자리를 떠났다. 관광객들의 대응에 가슴이 뭉클해졌다. 그들은 야생 늑대를 보기 위해 이 공원을 찾았지만 자기 때문에 늑대 무리가 위험에 처했다는 말을 듣고 즉시 기회를 포기했다. 그들은 늑대 가족의 행복이 늑대를 보고 싶어 하는 자신의 욕망보다 훨씬 더 중요하다고 생각했던 셈이다.

이후 9번이 새끼 늑대 몇 마리와 함께 라마강으로 향하는 도로 북쪽에 있다는 보고를 받았다. 내 예상대로 9번은 로즈크리크 무리가 거점으로 삼는 맘스리지 굴로 새끼들을 데려가고 있었다.

그러나 그들을 가로막은 강은 도로보다 훨씬 더 위험한 장애물이다. 그해 겨울의 기록적인 적설이 녹으면서 강 수위가 올라가고 물살이 위험할 정도로 빨라졌다. 이런 상황에서 새끼들이 무사히 건널 장소를 찾기란 여간 어려운 일이 아니다.

이틀 뒤 9번이 강 북쪽에 있는 맘스리지의 굴로부터 서쪽으로 수 킬로미터 떨어진 곳에서 발견됐다. 그곳에 8번과 21번을 비롯한 로즈크리크 성체 늑대 여섯 마리가 모여 있었다. 9번이 새끼 늑대를 강 건너에 두고 혼자 건너온 게 틀림없다. 여섯 마리의 늑대는 엘크 사냥을 시작했다. 그때 암컷 엘크 한 마리가 달리기를 멈추고 쫓아오는 늑대를 돌아보았다. 그러다 늑대들이 바로 앞까지 온 뒤에야 황급히 도망쳤다. 엘크에게 뭔가 문제가 생긴 게 분명했다. 늑대 무리는 곧바로 암컷 엘크를 따라잡고 잠시 나란히 달리다가 뛰어올라 사냥감을 쓰러트렸다. 엘크와 늑대 무리는 곧 작은 야산 너머로 사라졌는데, 아마도 그곳에서 엘크의 숨이 끊어졌을 것이다.

그날 늦게 나는 울프 프로젝트 자원봉사자인 제이슨 윌슨과 이야기를 나눴다. 그는 그날 아침 맘스리지에서 북쪽 굴을 관찰하다 9번이 도착하는 모습을 보았다고 했다. 로즈크리크 무리에서 사냥대를 꾸린 쪽은 9번으로, 갓 출산한 늑대 18번을 제외한 모든 성체가 9번과 함께 서쪽으로 향했다. 내가 목격한 늑대 무리가 바로 이들이다. 제이슨은 사냥을 마친 늑대들이 맘스리지로 돌아오는 것까지 보았다고 했다. 9번과 18번, 이 두 마리의 어미 늑대는 18번이 얼마 전에 낳은 새끼 늑대를 한 마리씩 입에 물고 대략 1.6킬로미터 떨어진 새 굴로 갔다. 어미 늑대는 새끼를 출산한 뒤 이와 비슷한 굴집 짓기 행동을 하는데, 아직 그 이유를 알지 못한다. 어쩌면 기존의 굴이 무너지고 있기 때문인지 모르고, 그 근처에 회색곰이 자주 출몰하거나 먹잇감 동물이 굴에서 먼 곳으로 이주했기 때문일 수도 있다.

다음 날 아침이 되자 9번은 리틀아메리카의 굴로 돌아와 있었다. 나흘 뒤에는 9번이 검은 털 새끼 늑대와 황갈색 새끼 늑대를 데리고 다시 북쪽 도로를 건너갔다는 소식을 들었다. 어미 늑대 9번은 무사히 공원 도로를 건넜지만 새끼들은 관광객이 차를 몰고 다가오자 오던 길로 꽁무니를 뺐다. 9번은 새끼들이 있는 곳으로 돌아와 두 마리를 이끌고 남쪽 숲으로 들어갔다. 6월 중순에는 도로 북쪽에서 세 마리의 새끼 늑대가 발견됐다. 나머지 네 마리는 아직 남쪽에 있을 것이라고 짐작했다. 어미 늑대가 공원 도로를 건너온 새끼 세 마리에게 강을 헤엄쳐 건너라고 재촉하는 모습을 몇 번 보았는데, 그때마다 새끼들은 망설였다. 그러나 나는 새끼 늑대가 올바른 선택을 했다고 생각했다. 강으로 뛰어들었다면 틀림없이 물살에 떠내려갔을 테니까. 6월 17일 린다의 굴 연구원이 수신한 8번과 21번의 신호를 통해서 그들이 도로 북쪽에 새끼 늑대들과 남아 있다는 것을 확인했다.

이때 9번은 리틀아메리카의 굴을 버리고 맘스리지로 거점을 옮겨놓은 듯했다. 린다의 학위 논문에는 9번이 매일같이 맘스리지의 굴에서 나와 강과 도로 사이에서 오도 가도 못하는 새끼들을 찾아간 사실이 기록되어 있다. 때로는 다른 성체 늑대가 9번과 함께 가기도 했다. 9번은 매번 강을 건너 북쪽 굴로 돌아왔다. 새끼 늑대들은 9번을 따라오다가 늘 강 앞에서 발걸음을 돌렸다. 그 후 새끼들이 있는 곳에서 엘크 사체가 발견되었는데 아마도 어미가 새끼들을

위해 사냥해 온 먹이였을 것이다.

몇 주 후에는 강가에서 어린 늑대들의 모습이 사라졌다. 9번이 강을 건너는 일도 멈췄다. 뒤늦게 어린 새끼 늑대 한 마리의 유해가 강가에서 발견됐지만, 사망 원인은 밝혀지지 않았다. 로즈크리크 무리의 주요 굴인 맘스리지의 새끼 늑대는 열한 마리까지 늘어났다가 6월 말에는 아홉 마리로 줄어들었다. 살아남은 새끼 늑대 가운데 9번의 자식이 포함되어 있는지는 확인할 수 없었다. 그리고 21번이 돕던 황갈색 새끼 늑대가 어떻게 되었는지도 아무도 몰랐다.

그해 봄, 울프 프로젝트의 구성원이 바뀌었다. 마이크 필립스가 프로젝트를 떠나 CNN의 테드 터너가 창설한 터너 멸종위기종 보전기금 이사장으로 취임하면서 더그 스미스가 울프 프로젝트의 리더를 이어받았다.

13장   늑대들의 육아법

1997년에는 드루이드 무리에서도 새끼들이 태어났다. 무리의 세 마리 암컷 중 두 마리가 출산한 것이다. 드루이드의 새끼들은 모두 한 굴에서 자랐다. 굴은 현지에서 풋브리지 주차장, 히칭포스트 주차장으로 불리는 두 주차장 북쪽의 수목이 우거진 구릉 산에 있었다. 드루이드라는 이름은 바로 그 산 꼭대기를 가리켰다.

   나는 5월 22일이 되어서야 올해 처음으로 늑대 39번을 포착했다. 39번은 드루이드의 초대 알파 암컷이었지만 일찍이 친딸인 회색 털 40번에 의해 무리에서 쫓겨났다. 그 후 오랫동안 북쪽을 떠돌다 5월 초순에 무리로 돌아왔다. 린다 서스턴은 39번이 딸 40번의 새끼, 곧 외손주를 돌보고 있다고 기록했다. 나는 40번의 검은 털 자매 두 마리 가운데에서 무리 내 서열이 더 낮은 41번을 굴 남쪽에서 발견했는데, 수유 중인 듯 젖이 부풀어 있었다. 내가 알기로 드루이드 무리의 암컷 네 마리는 사이가 좋았다. 적어도 함께 사냥한 무스를 나눠 먹는 모습을 보고 있으면 그렇게 보였다.

   드루이드 무리의 새로운 알파 암컷이 된 40번은 어미 39번이 돌아온 것을 문제 삼지 않는 눈치였다. 아마도 40번은 새끼들에게 먹이를 넉넉하게 공급하기 위해 도움이 많이 필요하다는 것을 깨달았는지도 모른다. 39번도 자신이 무리 내 암컷 중 최하위

서열이라는 점을 받아들인 듯했다.

    나는 6월 말에 드디어 '다이애거널메도우'로 알려진 개간지로 나온 드루이드 새끼 늑대들을 확인했다. 검은 털이 세 마리, 회색 털이 두 마리였다. 나중에 유전자 검사를 통해 새끼 늑대들은 40번이 아니라 41번과 42번의 새끼라는 사실이 밝혀졌다. 40번과 알파 수컷 38번 쌍은 출산에 이르지 못한 것이다.

    나는 종종 풋브리지 주차장을 걸어 나와 '데드퍼피힐'이라 부르는 구릉 위로 올라갔다. 1995년 여름에 크리스털크리크 늑대들이 코요테의 굴을 갈아엎고 갓 태어난 새끼 코요테를 몇 마리 죽인 이래 우리는 이 오르막을 그렇게 불렀다. 이 구릉에서는 드루이드 굴 권역, 특히 굴이 있는 숲과 도로 사이에 펼쳐진 습지를 훤히 볼 수 있다. 새끼 늑대들은 7월 초에 이 습지를 발견했고, 이후 틈이 날 때마다 그곳으로 나갔다. 그들이 들쥐 사냥법을 터득한 장소도 바로 여기다.

    새끼 늑대들은 들쥐 사냥에 너무 몰두한 나머지 때로는 먹이를 가져온 어른 늑대를 무시하기도 했다. 새끼들은 풀 사이로 들쥐가 바스락거리는 소리를 듣고 뛰어올라 앞발로 사냥감을 덮치는 기술을 가장 먼저 터득했다. 대개의 경우 새끼 늑대는 잡은 쥐를 한 입에 꿀꺽 삼켰다. 배가 부르거나 사냥에 질리면 들쥐 사냥을 멈추고 놀이를 시작했다. 어른 늑대는 습지가 내려다보이는 오르막에서 쉬면서 새끼들의 모습을 지켜보았다. 할머니인 39번은 하루 종일 들쥐 사냥에 열중하는 손주들의 뒤를 따라다녔다.

    그해 여름에는 오전에 드루이드 새끼 늑대를 관찰한 뒤 오후에는 사우스뷰트로 이동해 레오폴드 새끼 늑대를 연구하는 일이 잦았다. 레오폴드 무리의 알파 부부로, 8번의 형제 늑대 2번과 예전에는 로즈크리크 무리였던 암컷 7번에게 다섯 마리의 새끼 늑대가 태어났다. 나는 여름 내내 이렇게 바쁘게 지내느라 지치기도 했지만, 다시 없을 늑대 관찰 기회를 한시도 놓치고 싶지 않았다.

7월 10일 아침, 드루이드 새끼 늑대들에게 위험이 닥쳤고 어른들이 힘을 합쳐 새끼를 보호하는 모습을 관찰했다. 그날 아침, 나는 다이애거널메도우 풀밭으로 나온 다섯 마리의 새끼 늑대와 네 마리의 성체 늑대를 발견했다. 이윽고 할머니 39번이 공원 도로 쪽 내리막길로 이동했고, 알파 쌍과 새끼 늑대들이 그 뒤를 따라갔다. 세 마리의 어른 늑대는 도로를 건너 남쪽으로 나아갔다. 그러나 아스팔트 포장도로가 내뿜는 기묘한 냄새에 정신을 빼앗긴 새끼 늑대들이 도로 위를 킁킁거리면서 왔다 갔다 했다. 알파 부부는 멀리 떨어진 남쪽 소다뷰트개울로 갔다. 그러다 새끼들이 아직 도로 위를 어슬렁거리고 있는 것을 발견하고 부랴부랴 되돌아왔다. 다행히 차는 한 대도 지나가지 않았다.

슬기롭게도 38번은 새끼들 옆을 지나쳐 다이애거널메도우의 언덕으로 달려갔다. 그러자 새끼 늑대는 모두 38번의 뒤를 따랐다. 알파 암컷 40번은 대열의 끝에서 언덕 위로 올라갔다. 할머니 39번도 새끼들의 뒤를 따라갔다. 새끼들의 어미인 41번은 경사면 꼭대기에서 모두를 기다리고 있었다. 새끼들이 돌아오자 41번은 공원 도로에서 멀리 떨어진 더 높은 오르막으로 무리를 이끌었다. 어른들이 힘을 합쳐 새끼들을 안전하게 이동시키는 모습이 인상 깊었다.

이어진 몇 주 동안 드루이드의 어른 늑대들은 도로를 건너지 않아도 되는 경로를 찾아서 새끼들을 굴에서 점점 더 먼 곳으로

데려갔다. 8월 초에는 다섯 마리의 새끼 늑대가 어른들에게 이끌려 굴에서 서쪽으로 5킬로미터 떨어진 로즈개울에 도착했다. 그곳에는 로즈크리크 무리가 머물던 환경 적응 울타리가 아직 남아 있었다. 그 뒤로도 드루이드 가족은 굴이 있는 숲과 개울 유역을 여러 차례 오갔다. 그들은 또 자신들의 영역 전체를 한눈에 내려다볼 수 있는 높은 산마루도 탐험했다.

8월 중순 어느 날 할머니 39번이 무리를 이끌고 굴 아래 도로로 내려왔다. 알파 암컷 40번과 또 다른 자매 한 마리도 따라왔다. 어른들이 먼저 공원 신작로를 건너면 새끼들도 빠른 걸음으로 뒤따라왔다. 우리는 세 마리의 어른 암컷 늑대들이 얕은 개울을 걸어서 건너 남쪽으로 향하는 것을 보았다. 새끼 늑대 한 마리도 개울을 건넜지만, 나머지 네 마리는 도로와 개울 사이에서 꼼짝달싹 못 했다. 개울을 건넌 새끼 늑대는 데드퍼피힐에 도착해 울부짖기 시작했다. 북쪽에 남은 새끼 늑대 네 마리도 울음소리로 대답하며 개울까지 달려갔으나 물을 건너지 못하고 다시 북쪽으로 도망쳤다.

무리의 어른 늑대들이 문제를 눈치채고 북쪽으로 돌아왔다. 가장 먼저 도착한 수컷 우두머리 늑대 38번이 고기를 게워내 겁에 질린 새끼 늑대 네 마리에게 먹이고 새끼들을 다독이며 개울을 건너려 했다. 아비가 물을 건너는 모습을 본 새끼 늑대 중 한 마리가 마침내 반대편 땅에 발을 딛는 데 성공했다. 남은 세 마리는 여전히 북쪽 개울가에서 불안에 떨며 코를 킁킁거리고 있다. 아비 늑대가 더 남쪽으로 이동했을 때, 남아 있던 세 마리도 공포를 억누르고 개울을 건너 무리에 합류했다. 물에 대한 두려움을 극복한 새끼들은 언제 그런 일이 있었느냐는 듯 잊어버리고 서로 엉겨서 놀기 시작했다.

드루이드 새끼 늑대들이 공원 신작로와 개울에서 문제를 겪은 건 이번이 두 번째다. 두 번 다 수컷 우두머리 38번이 새끼들을 안전한 곳으로 이끌었다. 38번은 무리의 구성원 중 문제 해결에 가장 유능한 듯했다. 38번은 새끼 늑대들에게 수컷 우두머리인 그를 따라가면 안전할 것이라는 믿음을 주었다. 이날 나는 크리스털크리크 무리와 로즈크리크 무리를 공격했던 포악한 늑대 리더에게서 존경할 만한 측면을 발견했다.

새끼 늑대들은 낯선 땅을 탐색할 생각에 들뜬 채 남쪽으로 향했다. 그들은 멀리서 울부짖던 다섯 번째 새끼 늑대와 만났다. 새끼 늑대들이 앞서가고 알파 수컷이 그 뒤를 따라갔다. 곧 남쪽에 있던 어른 암컷들도 무리에 합류했다. 무리는 히칭포스트 주차장 남쪽에 위치한 노리스산 서쪽에 자리를 잡았다. 새끼 늑대들도 새 터전이 마음에 드는 눈치였다. 우리는 앞으로 이 지정 집결지를 '노리스 집결지'로 부르기로 했다.

이틀 뒤 드루이드의 성체 늑대 몇 마리를 노리스 집결지 서쪽으로 21킬로미터 떨어진 리틀아메리카의 로즈크리크 굴 부근에서 목격했다. 이 늑대들은 곧바로 그곳을 떠나 라마계곡 남쪽 끝에 우뚝 솟은 해발 910미터의 스페서먼리지 정상으로 향했다. 다음 날 나는 리틀아메리카의 굴 근처에서 로즈크리크 수컷 늑대 21번의 전파 신호를 수신했다. 이를 통해 21번이 드루이드 늑대들의 냄새를 따라서 스페서먼리지 능선을 넘어갔음을 확인했다. 늑대가 혼자서 적대하는 무리, 그것도 과거에 형제를 두 마리나 죽인 적을 쫓는 일은 흔치 않다. 그러나 강력하게 성장한 21번이라면 자신을 지킬 수도 있을 듯했다. 아마도 그는 드루이드의 암컷 늑대 중 하나와

짝짓기할 생각이었을 것이다. 42번은 21번이 뒤쫓는 드루이드 무리에서 유일한 독신 암컷이었다.

어느덧 8월 말이 됐다. 드루이드 성체 늑대들은 새끼를 데리고 서쪽으로 이동했고, 결국에는 '칼세도니크리크 집결지'라는 장소에 정착했다. 여기까지 오려면 라마강을 건너야 했다. 이동 중에 39번이 뒤에 처져서 새끼들과 함께 나아갔다. 새끼 늑대들은 새 장소가 몹시 마음에 드는 듯했다. 이곳에는 구불구불한 코요테 굴이 많이 있었기 때문이다.

레오폴드 늑대들이 그해 여름을 가장 편안하게 보내는 듯했다. 나는 앞서서 6월 23일에 그들을 찾기 위해서 그해 처음으로 사우스뷰트산을 올라갔다. 그곳에서 어미 늑대 7번이 갓 태어난 새끼 다섯 마리와 함께 누워 있는 장면을 목격했다. 회색 털의 한 살배기 늑대 두 마리도 그곳에 있었다. 그 후 알파 수컷 2번과 지난해 가을 새끼 늑대였음에도 불구하고 엘크 사냥을 도와 나를 놀라게 했던 검은 털 한 살배기도 보았다. 휴식을 마친 레오폴드 무리가 이동하기 시작했다. 알파 수컷은 혼자서 뛰어다니다가 어느 찰나에 약간의 짐승 털을 공중으로 던졌다. 그 광경은 1995년에 그가 크리스털크리크 무리에서 형제들과 신나게 놀던 모습과 똑같았다. 이제 알파 수컷 2번에게는 가족을 이끄는 책임이 부여되었지만, 그는 지금도 혼자 노는 것을 좋아한다.

어느덧 레오폴드의 알파 부부가 협곡 안으로 사라졌다. 그때 엘크 떼가 나타났다. 모두 일흔다섯 마리였다. 그 모습을 본 알파 암컷 7번이 엘크 떼에게 달려갔다. 7번은 다리가 느린 새끼 엘크를 노렸지만 암컷 어른 엘크들이 새끼를 둘러쌌다. 곧장 알파 수컷 2번이 달려왔고, 알파 쌍은 엘크 떼로부터 뒤처지기 시작한 새끼 엘크의 등 뒤로 다가갔다. 알파 늑대 부부는 곧 새끼 엘크를 처치했다. 사냥한 먹잇감을 탐한 뒤 그들은 또 다른 새끼 엘크를 쫓았지만 암컷 성체 엘크 세 마리에게 쫓겨났다. 그때 검은 털의 한 살배기 늑대가 달려와 수컷 우두머리 2번과 함께 다른 새끼 엘크를 노렸다. 새끼 엘크가 더 뒤로 처지자 2번이 달려들어 붙잡았다.

레오폴드 알파들은 새끼들을 먹이기 위해 열심히 사냥했다. 그러다 보니 먹잇감을 가로채려는 흑곰과도 자주 싸웠다. 어느 날 늑대들이 흑곰을 나무 위로 몰고 가는 장면을 보았다. 알파 수컷 2번은 꼬리를 흔들며 나무 위로 도망간 곰을 노려보았다. 늑대 2번이 떠나자 흑곰은 나무 아래로 내려왔다. 그러나 이것은 2번의 속임수였다. 곧바로 2번이 달려와서 곰은 다시 나무 위로 도망쳤다. 2번은 앞발로 나무를 붙잡고 일어서서 으르렁거리며 곰을 위협했다. 그 뒤로 세 번 더 곰이 나무에서 내려오려 할 때마다 늑대가 달려왔다. 그때마다 곰은 다른 나무로 기어올라가서 늑대들이 떠나길 하염없이 기다렸다.

나는 얼마 후 새끼 엘크의 살점을 한 입 물고 새끼 늑대들에게 가는 암컷 늑대 7번을 보았다. 2번은 아직도 흑곰과 새끼 엘크 사체를 두고 대치하고 있었다. 곰은 순식간에 먹이를 낚아채 살점을 뜯어 먹었다. 그러나 늑대 2번은 곧 엘크 사체를 되찾았고 다시는 곰에게 빼앗기지 않았다. 만약 상대가 흑곰이 아니라 덩치 큰 회색곰이었다면 늑대 2번이 졌을지도 모른다. 이후 2번은 새끼 늑대들에게 가서 엘크 고기를 나눠주었다. 다른 날에는 무리의 한

살배기 늑대가 고기를 게워내 새끼 늑대를 먹이는 모습을 보았다. 이들의 돌봄은 분명히 부모 늑대에게 도움이 되었을 것이다.

1997년 린다의 연구팀이 레오폴드, 로즈크리크, 드루이드 무리의 굴을 조사했다. 이듬해에는 치프조지프 무리의 굴도 확인했다. 린다는 논문에 늑대 무리의 부모뿐만 아니라 굴과 지정 집결지에서 새끼를 돌보는 데 도움을 주는 무리 구성원을 폭넓게 기록했다. 거기에는 나이가 더 많은 형제자매, 이모, 삼촌, 조부모는 물론 혈연이 아닌 늑대들도 포함돼 있었다. 이러한 다세대에 걸친 확대 가족이 협력해 육아하는 것을 '공동 번식'이라고 부른다. 영국 케임브리지대학의 디터 루카스와 팀 클러튼브록에 따르면, 공동 번식을 하는 종은 포유류의 1퍼센트에도 못 미친다.

린다는 한 살배기나 젊은 성체 늑대는 "새끼 늑대들에게 푹 빠져 있다"고 적었다. 그들은 새끼 늑대에게 먹이를 주고 함께 놀고 장난치며 애정을 담아 핥고, 새끼들을 포식자로부터 안전하게 보호하는 일을 돕는다. 린다는 한 살배기들이 새끼들을 굴로 데려가는 모습도 관찰했다. 어린 늑대와 더 어린 새끼들의 교류는 사회성을 기르고 그들을 한 가족으로 통합하는 활동이다.

린다는 공동 수유에 대해서도 조사했는데, 이것은 한 무리에 적어도 두 마리의 어미 늑대가 있을 경우 발생한다. 어미들은 친자가 아닌 새끼에게 젖을 나눠준다. 린다는 새끼를 낳지 않은 암컷이 새끼 늑대에게 수유하는 모습은 발견하지 못했지만, 개나 사육된 늑대들은 그러기도 한다고 보고했다. 린다의 연구팀 자원봉사자로 콜로라도 미션 울프에서 30년간 늑대를 사육한 트레이시 앤 브룩스는 어느 해 봄에 내게 이런 이야기를 전해주었다.

번식기에 한 번도 수컷과 함께 있지 않았던 성체 암컷 자매 두 마리에게 임신 징후가 나타났다. 트레이시가 두 마리를 조사했더니 두 마리 모두 젖이 돌고 있었다. 상상 임신 징후를 보인 것이다. 만약 무리에서 새끼가 태어났다면 두 자매 모두 수유를 도울 수 있었을 것이다. 이는 야생 늑대에게도 같은 일이 일어날 수 있음을 암시한다.

늑대 무리에서는 둥지 공유가 이루어지기도 한다. 두 마리 이상의 어미 늑대와 새끼들이 굴을 함께 쓰는 것이다. 1997년에는 드루이드의 어미 늑대 41번과 42번이 같은 굴을 사용했다. 로즈크리크 무리에서도 1998년에 암컷 우두머리 9번과 그의 딸이 굴을 공유했다. 1997년 드루이드 무리의 굴에는 친어미 이외의 육아 조력자가 세 마리나 있었다. 할머니 39번, 새끼들의 이모에 해당하는 40번, 그리고 나중에 무리에 가담한 젊은 수컷 31번이다. 한배 새끼 늑대들에게 31번은 삼촌 같은 존재였다. 결국 다섯 마리의 새끼가 모두 살아남았고, 이듬해 봄에는 새로 태어난 새끼 늑대들을 돌볼 만큼 성장했다.

린다의 지도교수인 제인 패커드는 새끼 늑대의 발달 과정을 세 단계로 나눠 설명했다. 순서대로 수유기(생후 1~5주), 이유기(젖을 떼면서 서서히 고형 음식을 먹게 되는 생후 5~10주), 단유기(새끼들이 고형 음식만 먹는 생후 11주 이후)를 거친다. 첫 수유기 때는 어미 늑대만 무리의 다른 구성원들에게 음식을 전달받지만, 이어지는 두 시기에는 어미와 새끼가 음식을 공급받는다.

늑대는 보통 생후 22개월째에 성적으로 성숙해지기 때문에 한 살배기 때 부모를 도와 새끼들을 돌보는 것은 젊은 늑대가 다음에

경험할 육아를 준비하는 일이다. 이렇게 부모 곁에서 새끼를 돌보고 먹이 주는 법을 배운 늑대는 나중에 확실히 준비된 상태로 자신의 새끼를 낳게 된다.

린다의 논문을 읽은 뒤 그동안 내가 관찰한 장면들을 떠올렸다. 젊은 늑대가 어미 늑대와 새끼들을 위해 고기를 나르거나 게워내는 장면을 수없이 봤는데, 그 모습은 식료품을 가정으로 배달하는 트럭 운전사를 연상케 했다. 늑대가 인류보다 훨씬 일찍 택배 시스템을 개발한 셈이다. 이 시스템은 무리의 모든 구성원에게 도움이 된다. 어미는 육아에서 한 살배기들의 도움을 받고, 새끼들은 보호를 받고, 젊은 성체들은 양육 경험을 얻기 때문이다.

대개 젊은 수컷들은 부모의 육아를 한 해간 도운 뒤 무리를 떠난다. 그러나 21번은 두 해에 걸쳐(1996년과 1997년) 육아를 도왔기 때문에, 나중에 홀로서기를 할 때 실로 풍부한 경험을 갖고 있었다. 또 그는 의붓아버지인 8번 밑에서 배운 기간도 그만큼 길었기 때문에, 당연히 이 시스템은 이 두 마리의 유대를 돈독히 하는 연결고리가 되었다.

그해의 여름 업무가 9월 첫 주에 종료되었다. 나는 타워정션의 국립공원관리청 트레일러를 비워야 했다. 그래서 공원 북동쪽 입구에 자리한 인구 20명의 실버게이트 마을에 작은 통나무 오두막을 빌려서 가을과 겨울을 보냈다. 원래는 지역 학교 교사로 사용하던 곳이다. 나는 이곳에 머물면서 울프 프로젝트 자원봉사자로 일했다. 매일 아침 일찍 나가서 늑대 행동을 관찰한 다음 집에 돌아와서 그날 목격한 내용을 기록했다. 돌이켜 보면 그 가을은 아주 많은 것을 본 뜻깊은 계절이었다.

14장 로미오와 줄리엣

드루이드 무리와 로즈크리크 무리는 1997년 9월 초에 라마계곡을 떠나 고지대로 이동했다. 그들의 사냥감인 엘크가 먹이를 찾아 그곳으로 이주했기 때문이다. 늑대들이 떠난 뒤 나도 아흐레 동안 자리를 비웠다가 9월 15일에 야외 조사에 복귀했다. 그날 나는 크리스텔크리크의 울타리 부근에서 8번과 21번, 그리고 두 마리의 새끼 늑대를 보았다. 이 울타리는 8번이 처음에 살았던 집으로, 지금은 로즈크리크 무리의 영역에 속해 있다. 새끼 늑대들과 21번은 알파 수컷 8번에게 복종을 표시하는 인사를 했다. 이후 8번이 일대를 돌며 배뇨로 영역을 표시하고 21번도 같은 곳에 소변을 뿌려 이중으로 경계를 표시했다. 로즈크리크 무리는 더 동쪽으로 이동했고, 나는 그들이 라마계곡에 자리한 옐로스톤연구소 남쪽에 있다는 신호를 확인했다. 그 지역은 드루이드의 영역권이었다.

드루이드 무리가 라마계곡으로 돌아온 날은 9월 18일이다. 그날 새끼 늑대와 어른 늑대를 합쳐 총 열한 마리가 칼세도니개울의 집결지로 모였다. 알파 암컷 40번이 맨 앞에서 무리를 이끌었다. 그들은 로즈크리크 무리가 사흘 전에 침범한 장소를 지나면서 적의 냄새를 맡았을 것이다. 아마도 냄새 자국을 추적해서 로즈크리크의 영역권까지 쫓아왔을 것이다. 거기에는 며칠 전 8번과 21번이 남긴 흔적이 있었다. 드루이드 알파 부부도 그 부근을 돌면서 이중으로 영역 표식을 남겼다. 마치 서로 적대하는 두 갱단이 도시 곳곳에 자신들의 이름을 스프레이로 휘갈기는 것 같았다.

드루이드 늑대 네 마리(알파 쌍, 젊은 수컷 31번과 암컷 42번)는 지면의 한 지점을 뒷다리로 긁어서 자신들이 여기에 왔다 간다는 증거를 더 분명히 남겼다. 그런 다음 서쪽으로 가서 로즈크리크 무리의 본거지를 파고들었다. 리틀아메리카에 있는 로즈크리크 굴 근처를 탐색한 드루이드 무리는 이번에는 동쪽으로 돌아가 크리스털크리크 울타리 근처에 머물렀다. 10월 초에 드루이드는 다시 로즈크리크 무리의 영역에 침입했고, 그때도 리틀아메리카의 굴 부근을 방문해 대량의 냄새 표시를 남겼다.

로즈크리크 늑대들의 냄새 자취, 특히 베타(서열 2위) 수컷인 21번의 냄새를 확인한 드루이드 늑대들은 무슨 생각을 했을까? 반대로 드루이드의 냄새를 알아차린 21번은 어떤 생각을 했을까? 드루이드의 베타 암컷 42번은 늘 무리와 함께 이동했다. 드루이드의 경로를 따라 코를 킁킁대며 쫓는 로즈크리크 늑대들은 42번의 냄새와 땅을 긁은 흔적을 눈치챘을 것이다. 늑대들은 다른 늑대의 냄새를 통해 상대에 대한 정보를 얻는다. 드루이드 알파 쌍의 냄새 자국을 발견한 21번도 두 마리의 무리 내 지위를 파악했을 테다. 분명 21번은 42번이 서열이 낮은 어른 암컷이란 걸 알아차렸을 듯했다. 42번 또한, 8번과 21번의 관계를 파악하고 로즈크리크 무리에는 알파에 버금가는 서열 2위의 베타 수컷이 있음을 알아챘을 것이다. 그렇다면 21번과 42번은 서로의 냄새를 반복적으로 맡으며 미래를 떠올렸을지도 모른다. 둘이 짝이 되리라는 예감 말이다.

만약 21번과 42번이 무리를 떠나 혼자 살다가 만났다면 자신들만의 영역을 구축하고 새로운 무리를 형성했을지도 모른다. 그랬다면 아마도 2월에 교배하고 4월에 새끼가 태어났을 것이다. 42번에게는 괴팍한 자매 40번으로부터 벗어날 수 있는 절호의 기회가 되었을 테다. 그러나 두 무리는 적대관계였고 과거에도 싸운 바 있다. 이 모든 조건을 생각하면, 이제 막 시작되려는 두 늑대의 사랑 이야기는 셰익스피어의 희곡 『로미오와 줄리엣』과 매우 흡사하다. 그 이야기에서는 두 주인공의 결말이 비극이었다.

만약 21번이 42번을 찾아 드루이드 영역으로 깊숙이 들어간다면 무슨 일이 벌어질까? 드루이드의 어른 수컷 두 마리가 21번을 살해하는 장면이 떠올랐다. 반대로 드루이드 42번이 무리를 떠나 21번을 찾으러 간다면? 로즈 무리 또한 42번을 가족을 죽인 적으로 간주하고 살해할 것이다. 셰익스피어의 희곡에서 로미오는 몬터규 가문이고, 줄리엣은 캐풀렛 가문이다. 그와 똑같이, 옐로스톤에서 21번은 로즈 가문이고 42번은 드루이드 가문이다. 21번과 42번의 이야기는 앞으로 어떻게 전개될까?

가을의 끝자락에 39번을 제외한 드루이드 10마리가 라마계곡 남쪽에서 휴식을 취하고 있었다. 그때 수컷 우두머리 38번이 벌떡 일어났다. 다른 어른들도 마찬가지였다. 무리는 일제히 서쪽을 내다본 뒤 그쪽을 향해 달리기 시작했다. 중간에 멈춰 서서 같은 곳을 바라보며 컹컹 짖었다. 새끼들은 겁에 질린 듯 낑낑댔다. 반대쪽에서 다른 무리가 우는 소리가 들렸다. 무선 전파 신호를 확인해보니 로즈크리크 무리의 알파 부부와 21번이 거기에 있었다. 두 무리는 서로 보이지 않는데도 한참 동안 짖어댔다. 나는 차를 타고

서쪽으로 이동하여 드루이드 늑대들로부터 북서쪽으로 4.8킬로미터 떨어진 곳에서 열한 마리의 로즈크리크 무리를 발견했다. 이들 역시 드루이드가 있는 방향을 보며 짖고 있었다. 서로 적대하는 두 무리의 전력은 십 대 십일로 호각지세였다.

이윽고 로즈 늑대들이 북쪽의 높은 오르막으로 달려갔다. 그러나 금방 멈춘 뒤 다시 마구 짖어댔다. 잠시 후 로즈 무리는 조용히 북쪽으로 이동했고 이윽고 보이지 않게 되었다. 동쪽으로 눈을 돌리니 드루이드 무리도 철수하고 있었다. 이날의 울부짖기 싸움은 30분가량 이어졌다. 둘 사이의 첫 싸움은 무승부로 끝난 셈이다. 양쪽 모두 위험을 무릅쓰고 적을 공격할 뜻이 없었다. 게다가 각 무리에는 새끼가 많았다. 싸움이 새끼들의 생존을 위협한다는 사실을 잘 알고 있었을 테다.

그런데 이 울음소리 사이에서 21번과 42번은 서로의 존재를 발견할 기회를 얻었다. 몇 달 뒤면 암수 모두 호르몬 분비가 절정에 이른다. 이 무렵에 21번은 거의 세 살이었다. 울프 프로젝트가 산출한 옐로스톤 늑대의 평균 수명은 기껏해야 5~6년이다. 그렇다면 21번은 서둘러 짝을 찾고 아비가 되어야 했다.

계절이 속절없이 바뀌었다. 나는 드루이드 암컷들 사이에서 폭력이 점점 증가하고 있다는 사실을 깨달았다. 할머니 39번은 무리와 떨어져 자는 경우가 많았다. 그러던 어느 날 39번의 엉덩이에 피가 흐르고 있었다. 아마도 폭력적인 딸 40번에게 물린 자국으로 추정되었다. 한쪽 귀에도 상처가 생겼다. 39번은 40번보다 서열이 낮은 검은 털 자매가 다가와도 겁에 질린 얼굴로 도망쳤다. 드루이드 무리는 이때, 근처에서 사냥감을 막 잡아 온 참이었다. 털이 흰 39번은 무리의 늑대가 모두 떠난 뒤에야 먹이를 게걸스럽게 먹어치웠다.

39번은 무리의 다른 암컷에게 매우 복종적인 태도를 취했다. 친딸 40번이 다가오면 반드시 몸을 낮게 웅크리고 꼬리를 뒷다리 사이에 끼우고 귀를 뒤로 젖혔다. 어느 날 나는 39번이 혼자 지정 집결지에 누워 있는 모습을 보았다. 다른 성체 늑대들은 그를 두고 사냥을 시작했다. 39번은 새끼들과 함께 머물렀다. 잠시 후 네 마리의 암컷 중 서열 3위인 41번이 먼저 돌아왔다. 그래도 41번은 노모 39번에게 관용적인 태도를 취했다.

그로부터 얼마 지나지 않아 드루이드 무리는 칼세도니개울의 집결지를 떠나 동쪽으로 8킬로미터 떨어진 라운드프레리로 향했다. 그곳은 페블크리크 캠프장 가까이에 있는 탁 트인 대초원이다. 드루이드 무리는 거기서 암컷 엘크를 사냥했다. 다음 날 엘크의 사체 냄새에 이끌려 회색곰 한 마리가 다가왔다. 무리에 남아 있던 어른 늑대 38번과 41번이 회색곰을 쫓아버렸다. 다음 날이 되자 회색곰이 결국 엘크 사체를 차지했다. 늑대들은 회색곰이 떠날 때까지 기다렸다가 식사를 재개했다.

드루이드 무리의 자매 사이에서 지배적 행위와 사소한 다툼이 점점 더 잦아졌다. 우선 40번이 42번을 위압적으로 속박했다. 그러자 이번에는 42번이 41번을 억눌렀다. 할머니 39번은 다른 암컷과 거리를 두고 생활했다. 어느 날 저녁 늦게 39번은 무리 곁으로 걸어가다가 40번과 다른 한 마리가 다가오자 도망갔다. 알파 암컷 40번이 39번을 쫓아가 붙잡은 뒤 꼼짝하지 못 하게 땅바닥에 눌렀다.

40번은 어미인 39번을 물었고, 그러자 늙은 늑대는 고통스러운 비명을 질렀다.

    늑대 무리에게 새끼 육아는 그 자체로 힘든 일이다. 그런데 드루이드 무리에는 출산 가능한 어른 암컷이 네 마리 있지만, 성체 수컷은 두 마리뿐이다. 다음 봄에 모든 암컷이 새끼를 낳으면 생존율이 낮아질 것이다. 만약 40번이 하위 서열 암컷 두 마리인 41번과 42번을 무리에서 쫓아내거나, 임신하지 못하게 괴롭힌다면 40번의 친자식들이 살아남을 확률이 커진다. 10월 중순까지는 다른 어른 늑대들이 사냥을 나간 사이 39번과 41번이 새끼를 돌봤다. 늙은 할머니 39번은 다른 어른 늑대들이 돌아오면 바로 자리를 떠났지만, 41번은 무리와 섞이려고 최선을 다했다.

    어느 날 드루이드의 검정 털 새끼 늑대 한 마리가 코요테 연구자들이 설치한 족쇄 덫에 걸리고 말았다. 우리는 이 암컷 늑대에게 무선 발신기를 부착하고 103번으로 부르기로 했다. 이 암컷은 나중에 무리에서 가장 작은 암컷으로 성장했다. 103번 새끼 늑대는 다음 날 드루이드 가족 품으로 돌아갔다. 우리는 무리로 돌아간 103번이 덫에 걸린 다리를 절고 있다는 것을 알았다. 다음 날 어른들과 다른 새끼들이 집결지를 떠난 뒤에도 103번은 그곳에 남아서 들쥐를 잡으며 놀았다. 그다음 날도 103번은 외톨이였다. 가족을 향해서 울부짖기를 반복했다. 나중에 이 새끼 늑대가 동료를 찾으러 서쪽으로 간 것을 무선 수신기로 확인했다. 나는 재스퍼벤치에서 103번을 발견했는데, 늑대는 큰 바위에서 두리번거리며 울고 있었다. 하지만 응답은 없었다. 이후 103번은 자기 무리의 흔적을 찾으려고 주변을 수색했다.

나는 근처에서 드루이드의 할머니 늑대 39번을 찾았다. 멀리서 새끼 늑대의 울음소리가 들릴 때마다 39번은 주위를 확인했지만 울부짖지는 않았다. 어쩌면 새끼와 함께 있으면 40번에게 공격당할까 봐 걱정한 것인지 모른다. 울부짖는 소리가 들리는 쪽으로 다가간 늑대는 고지대로 올라가서 새끼 늑대를 발견했다. 39번은 근처에 다른 늑대가 없는 것을 확인한 뒤 새끼에게 달려갔다. 검정 털 새끼 늑대도 할머니를 발견하고 달려왔다. 해가 질 무렵이 되자 새끼 늑대 103번은 무리를 향해 짖기를 되풀이했지만 39번은 몸을 사리면서 멀리 짖지 않았다. 다음 날 두 마리는 칼세도니개울에 함께 있었는데, 이때는 둘 모두 크게 울부짖었다. 그다음 날 새끼 늑대는 무리로 돌아갔지만 39번은 그러지 않았다.

드루이드 무리를 관찰하는 동안에 나는 42번이 다른 동료와 잘 어울리고, 알파 암컷인 40번도 42번에게는 공격적이지 않다는 것을 알아차렸다. 42번은 새끼들을 잘 돌봤다. 가끔 41번이 새끼 늑대들과 지정 집결지에 있는 모습도 확인했다. 그러나 40번이 돌아오자 41번은 다리 사이에 꼬리를 말고 달아났다. 11월에도 41번은 40번과 최소한 800미터의 거리를 유지하며 생활했다.

41번은 비록 무리 내 지위는 낮았지만 가족에게 봉사하며 자신의 가치를 증명했다. 가을이 되면 회색곰은 동면을 준비하며 식욕이 증대한다. 이 시기에는 늑대 무리가 사냥에 성공하면 꼭 회색곰들이 나타나기 마련이다. 늑대가 옐로스톤에 복귀하기 전에 곰들은 먹이를 찾는 데 무진 애를 먹었다. 가을은 엘크나 들소 같은 대형 초식동물이 가장 건강한 계절이다. 그래서 이 시기에는 자연사하는 경우가 드물다. 그러니까 곰에게 1년 중 가장 중요한 이때가 사실상 보릿고개였다. 그래서 늑대가 잡은 먹이로 동면에 필요한 영양을 보충할 기회를 엿보는 것이다.

41번은 드루이드 무리가 회색곰을 격퇴할 때마다 가장 먼저 돌격했고, 쫓기다 반격하고 다시 물러섰다 공격하기를 반복하며 곰을 괴롭혔다. 무리의 우두머리인 40번에게 오랫동안 괴롭힘을 당한 41번은 움직임이 매우 민첩해서, 어떨 땐 곰과 위험천만한 놀이를 벌인 것처럼 보이기도 했다. 한번은 회색곰이 휘두른 앞발을 간신히 피한 적도 있다. 41번은 순간적으로 몸을 굽혔고, 곰의 앞발은 늑대의 등을 스치고 갔다.

다른 무리들도 회색곰과 싸워야 했다. 어느 날 나는 크리스털개울의 울타리 근처에서 로즈크리크 무리를 발견했다. 회색곰 한 마리가 늑대 무리에 다가오자 늑대들이 곰을 에워쌌다. 회색곰은 한 발짝도 물러서지 않고 빙빙 돌다가 바로 뒤에 있던 검정 늑대에게 앞발을 휘둘렀다. 그 틈에 다른 늑대가 곰의 엉덩이를 물어뜯었다. 곰은 생식기를 보호하기 위해 주저앉았으나 일어서자마자 다시 엉덩이를 물렸다.

나는 이 회색곰과 로즈크리크 무리는 벌써 몇 번째 이런 공방을 반복하고 있는 것이라고 짐작했다. 그날도 곰은 빈손으로 도망쳤다. 위험한 순간이 지나가자 새끼 늑대들은 활기차게 장난치며 주위를 뛰어다니고, 눈 덮인 경사면을 미끄러져 내려왔다.

나중에 새끼 늑대들이 수컷 엘크를 쫓고 있는데 회색곰이 따라왔다. 늑대의 사냥이 끝나면 엘크 사체를 탈취하려 할 테다. 이를 알아챈 새끼 늑대들은 돌아서서 곰을 공격했다. 새끼 늑대 두 마리가 정면으로 달려갔고, 다른 새끼 늑대는 곰의 등 뒤로 접근했다. 그러나 곰은 새끼 늑대를 신경 쓰지 않았다. 그러자 알파 수컷 8번이 가세해 곰과 맞섰다. 이번에도 곰은 늑대 무리를 당해내지 못하고 도망쳤다. 이후 로즈크리크 늑대들은 8번을 필두로 엘크를 사냥했다.

그 후에도 드루이드 무리와 로즈크리크 무리는 때로는 냄새를 표시하고 때로는 멀리서 짖으며 서로의 정보를 주고받았다. 어느 날 아침, 나는 칼세도니개울의 지정 집결지에서 드루이드 늑대들이 울부짖는 소리를 들었다. 같은 시간, 로즈크리크 무리도 대략 1킬로미터 떨어진 슬로샛강에서 울부짖고 있었다. 늑대는 상대방의 울음소리를 16킬로미터 떨어진 곳에서도 들을 수 있다고 한다. 그날 드루이드와 로즈크리크 무리는 서로의 하울링을 주고받은 게 분명하다.

11월 2일, 나는 슬로샛강으로 가서 로즈크리크 늑대 열다섯 마리를 확인했다. 8번과 9번이 나란히 걷는 모습도 봤다. 8번은 사랑스러운 몸짓으로 9번의 등에 턱을 얹고 있었다. 그때 새끼 늑대 한 마리가 둘 사이로 달려와서 모처럼의 분위기를 깨버렸다. 이후 더 많은 새끼들이 8번을 쫓아왔다. 이날은 로즈크리크 무리에서 21번을 본 마지막 날이 되었다. 그 직후에 21번은 짝을 찾아서 무리를 나갔다.

이듬해 1월 7일 이른 아침에 나는 다시 슬로샛강으로 갔다. 하지만 늑대는 한 마리도 보이지 않았다. 나는 실버게이트의 오두막으로 돌아와 승합차에 짐을 싣고 겨울을 보낼 빅벤드국립공원으로 향했다.

15장 만남

1997년 11월 말, 드루이드 무리에 비극이 덮쳤다. 이때 암컷 39번과 41번은 성질이 사나운 알파 암컷 40번에 의해 무리에서 쫓겨나 있었다. 나머지 네 마리의 어른 늑대와 다섯 마리의 새끼 늑대는 공원을 나와 동쪽으로 이동했다. 그런데 새로 터 잡은 곳에서 어른 수컷 두 마리가 불법 수렵꾼의 총에 맞았다. 젊은 수컷 31번은 즉시 사망했고, 몸집이 큰 알파 수컷 38번은 움직일 수 없는 상태가 됐다. 더그 스미스가 추적 비행을 하며 계속 먹이를 제공했음에도 38번은 총에 맞은 지 열하루 만에 결국 죽었다. 평소 57킬로그램이던 몸무게가 죽을 때는 고작 40킬로그램으로 줄어 있었다. 남은 성체 암컷 두 마리는 새끼들을 데리고 라마계곡으로 돌아왔다. 두 달 뒤면 번식기가 시작되는 상황에서, 드루이드 가문은 새로운 알파 수컷이 절실히 필요했다.

그때 로즈 무리의 믿음직한 수컷 21번이 그들 앞에 나타났다. 21번의 원래 계획은 42번을 드루이드 무리에서 빼내 새로운 무리를 형성하는 것이었으리라. 그런데 드루이드 수컷 두 마리가 모두 죽으면서 상황이 바뀌었다. 21번은 드루이드 알파 수컷 자리에 앉을 이상적인 후보가 됐다. 그러나 만약 21번이 드루이드 무리에 가담한다면 42번뿐만 아니라 자매인 40번과도 유대관계를 갖게

될 것이다. 나는 21번과 두 암컷에 관하여 잘 알고 있다. 21번은 42번처럼 성격이 온순하지만 40번은 폭력적이고 위압적이다. 내가 보기에 40번은 21번과 도저히 맞지 않을 성싶었다.

지금부터 소개할 12월 8일의 사건은 댄 스탈러, 더그 스미스, 밥 랜디스가 공동 발표한 연구 논문에서 인용했다. 그날 21번은 드루이드 무리의 할머니 39번과 함께 걷고 있었다. 39번은 여전히 라마계곡 근처에서 혼자 생활했다. 드루이드 무리 가까이 왔다는 걸 깨달은 39번은 21번으로부터 멀어졌다. 그때부터 21번 혼자 드루이드 무리에게 걸어갔다. 21번의 낌새를 알아차린 40번과 42번이 그를 향해 달려왔다. 다섯 마리의 새끼 늑대 가운데 세 마리도 그 뒤를 따라왔다. 21번은 드루이드 늑대 다섯 마리로부터 도망쳤지만 겁에 질린 모양새는 아니었다. 이윽고 드루이드 늑대들이 정지했고 그러자 21번도 멈춰 섰다. 드루이드 무리가 한목소리로 울부짖자 21번도 응답하며 으르렁거렸다.

얼마 뒤 드루이드 늑대들은 발길을 돌렸다. 이번에는 21번이 그들을 뒤쫓았다. 드루이드 무리가 21번을 쫓아내려 했지만 21번이 도망가지 않고 꼬리를 흔들며 드루이드 쪽을 돌아봤다. 양쪽이 서로를 향해 울부짖었다. 이를 통해서 21번은 드루이드 무리에 어른 수컷이 한 마리도 없음을 확신했을 것이다. 그에게 찾아온 절호의 기회였다.

그 무렵에는 드루이드의 새끼 늑대 다섯 마리 가운데 네 마리에 무선 발신기가 부착되었다. 회색 암컷 새끼 늑대인 106번이 21번에게 가장 먼저 다가갔다. 21번도 꼬리를 흔들면서 106번 쪽으로 갔다. 둘 사이의 거리가 가까워지자 106번이 21번에게 플레이 바우를 하자는 신호를 보냈다. 이윽고 21번은 쫓아와보란 듯이 달리기 시작했고, 106번이 그 뒤를 쫓았다. 그러나 금방 추격을 포기하고 땅바닥에 드러누웠다.

21번이 누워 있는 새끼 곁으로 천천히 다가갔다. 106번도 벌떡 일어나 21번 쪽으로 향했다. 바로 그 순간 40번이 그쪽으로 달려왔다. 21번의 양옆에 40번과 회색 새끼 늑대가 나란히 섰다. 21번이 꼬리를 흔들자 알파 암컷 40번이 그를 향해 플레이 바우를 세 번 되풀이했다. 친밀감을 담은 몸짓이 몇 번 더 오고 간 뒤 21번은 드루이드의 40번, 106번과 함께 숲으로 들어갔다. 잠시 후 21번과 40번이 서로를 향해 꼬리를 흔들며 노는 모습이 관찰됐다. 그러다 21번은 홀연히 어디론가 달려갔고, 40번은 발길을 돌려 새끼 늑대들에게 돌아갔다.

밥 랜디스는 이들의 상호작용을 계속 비디오에 담았다. 이 영상은 드루이드 가문의 42번이 로즈 가문의 21번을 주의 깊게 바라보는 장면으로 시작된다. 42번은 21번 쪽으로 귀를 연 채로 꼬리를 살랑살랑 흔들었다. 주둥이가 움직이는 것으로 봐서는 뭔가 소리도 내고 있었을 것이다. 그런 다음 42번은 21번을 바라보며 껑충거렸다. 마치 친구가 찾아와 기쁜 개처럼 행동했다.

이 장면에서 밥은 카메라를 21번 쪽으로 돌렸다. 21번은 부드러운 표정으로 42번을 바라봤다. 두 마리의 거리는 매우 가까웠으며 42번이 뛰어오를 때마다 점점 더 가까워졌다. 21번은 꼬리를 흔들며 암컷이 다가오기를 기다렸다. 어느새 둘은 얼굴과 얼굴이 달라붙을 정도로 가까워졌다. 21번이 한쪽 앞발을 42번의 어깨에 걸고 볼을 맞댔다. 42번은 상대를 놀리듯 덥석 무는 시늉을

한다.

　21번은 다시 암컷의 어깨에 부드럽게 앞발을 올렸다. 42번은 수컷의 어깨에 턱을 얹는 동작을 되풀이하고, 21번도 그 동작을 따라 한다. 그때 42번이 한쪽 앞발로 21번의 등을 두드렸다. 그 후 42번은 21번과 얼굴을 부딪친 뒤 뒤로 물러섰다가 앞으로 달려서 21번의 가슴에 뛰어든다. 새끼 늑대 한 마리가 둘에게 달려왔지만 21번은 42번에게만 관심을 쏟았다. 둘의 교류는 21번과 40번 사이에 이뤄진 것보다 훨씬 친밀하고 다정다감했다.

　그때 40번이 달려와서 젊은 수컷 21번 위로 뛰어올랐다. 이제 40번과 42번 자매가 21번의 양쪽에 서서 그의 관심을 끌려고 경쟁했다. 잠시 후 세 마리는 마치 새끼 늑대들처럼 신나게 뛰어다녔고, 다섯 마리의 새끼 늑대가 그 놀이에 합류했다. 드루이드 무리는 사냥에서 돌아온 알파 수컷을 환대할 때처럼 21번을 둘러쌌다.

　이 순간 21번은 드루이드 가문의 알파 수컷이 되었다. 그날은 숲을 방황하던 왕자 로미오가 드루이드 왕국의 왕으로 변신한 완벽한 하루였다. 하지만 드루이드의 리더는 횡포한 40번이고, 그로 인해 그는 많은 어려움을 겪게 될 것이다. 1995년 가을에 늑대 8번이 로즈 무리의 21번과 그의 형제자매 일곱 마리를 입양한 것처럼 21번도 드루이드의 새끼 다섯 마리의 양아버지가 되었다. 새끼 늑대들은 8번에게 입양되었을 때의 21번과 같은 또래였다. 이후 드루이드 무리에서 21번을 발견한 사람들은 21번이 새끼 늑대들의 친아버지라는 것을 의심하지 않았다.

　나는 8번과 21번이 새로운 무리에 합류한 경위에 흥미를 느꼈다.

둘 다 새끼 늑대와 유대를 다진 뒤 무리의 어른 암컷을 만났다. 그러나 약간 다른 점도 있었다. 8번이 로즈크리크 무리에 합류했을 때 그는 고작 생후 18개월(사람으로 치면 16세) 된 육아 경험이 없는 늑대였다. 반면 21번은 생후 30개월(사람으로 치면 24세)의 성체로 2년 동안 양아버지인 8번의 곁을 지키며 두 번에 걸쳐 무리의 육아를 도왔다. 이는 21번이 8번보다 알파 수컷이자 양아버지가 될 준비가 훨씬 더 잘 되어 있었다는 것을 뜻한다.

또 하나의 차이점은 무리 구성원의 상호관계성이다. 로즈크리크 무리는 어른 수컷과 암컷이 사이좋게 지내는 원만한 가족이었다. 그러나 드루이드 무리는 다른 암컷들에게 공격적인 40번 탓에 덜 화목했다.

드루이드 무리에는 또 다른 문제가 있었다. 21번은 과거부터 계속된 적대하는 두 무리 사이의 불화를 짊어져야 했다. 드루이드는 1996년 봄 크리스털크리크의 원래 알파 수컷 늑대인 4번을 살해한 지 얼마 되지 않아 알파 암컷인 5번을 다치게 했고, 아마도 새끼들도 죽였을 것이다. 살아남은 크리스털크리크의 나이 든 암컷 리더와 젊은 수컷 6번은 라마계곡을 떠나서 펠리컨계곡으로 이동했다. 1997년 봄 이 두 마리 사이에서 여섯 마리의 새끼 늑대가 태어났고 모두 살아남으면서 무리의 개체 수는 여덟로 늘어났다.

처음에는 살아남은 두 마리가 짝을 이루지 못할 것이라고 생각했다. 둘은 모자 사이였기 때문이다. 이 의혹은 훗날 유전자 검사에서 이모와 조카 사이임이 밝혀지며 사라졌다. 만약 크리스털크리크 무리에서 태어난 새끼 늑대들이 1~2년만 잘 자란다면 북쪽으로 돌아가 옛 영역을 되찾는 것도 가능할 터였다.

그렇게 되면 드루이드의 리더가 된 21번은 그들과 싸우지 않을
수 없다. 8번의 형제 중에서, 그리고 아마도 옐로스톤의 늑대
중에서 가장 큰 크리스털크리크의 우두머리 수컷과 싸워야 한다는
뜻이었다.

    드루이드와 적대하는 무리는 서쪽에도 있었다. 드루이드는
과거 로즈크리크 무리를 살해했다. 1996년 8번이 38번을 제압한
그날 8번의 형제 중 하나를, 그 후 1997년 봄에 다른 하나를
살해했다. 그로 인해 어미를 잃은 네 마리의 새끼 늑대도 아사하고
말았다. 이때 죽은 새끼 늑대들은 8번의 자식이었다. 로즈크리크
무리는, 특히 8번은 드루이드 무리에게 원한을 품을 이유가
충분했다.

    로즈크리크 무리의 알파 암수인 8번과 9번은 자신들의 자식 한
마리가 적대하는 무리의 알파 수컷이 된 상황을 어떻게 받아들일까?
만약 두 무리가 충돌하고 8번과 21번이 대결하게 되면 어떤 일이
벌어질까? 가족을 지키는 책임을 짊어진 두 마리의 수컷 우두머리는
절대로 물러서지 않을 것이다.

    1997년 가을의 끝자락에 빅벤드국립공원으로 돌아온 나는
옐로스톤에서 보낸 여섯 달간 벌어진 일들을 회상했다. 늑대 관찰을
나간 날이 170일, 이 중 149일간 실제로 늑대를 관찰했다. 내가
늑대를 목격한 횟수는 총 1462회였다. 이것은 1995년과 1996년보다
훨씬 많고, 지난 15년 동안 데날리에서 관찰한 것보다 두 배나 많은
늑대를 불과 반년 만에 본 것이다. 그 이유는 어떤 상황에서도 밖으로
나갔기 때문이다. 나는 "성공의 80퍼센트는 얼굴을 내미는 것에

의해 결정된다"라는 누군가의 명언을 자주 떠올렸다.

    물론 늑대를 나 혼자 본 것은 아니다. 늑대가 늘어나면서 공원을 찾는 관광객도 증가했다. 나는 이들이 인생 최초로 야생 늑대를 볼 수 있도록 도왔다. 그 일은 결코 지루하지 않았고, 오히려 나에게 커다란 기쁨을 줬다. 몬태나대학 존 더프필드 박사가 공원의 경제효과를 조사해보니, 늑대 복귀가 지역 사회에 연간 3550만 달러의 수입을 가져다줬다. 인근 주민들은 늑대 관찰 투어 회사를 설립했고, 이러한 사업체가 숱한 일자리를 창출했다.

16장 드루이드의
새 시대

1998년 봄. 나는 더그 스미스와 합의해 늑대 해설사는 그만두고 울프 프로젝트에 직접 참여하기로 했다. 새로운 일은 늑대 행동 관찰 기록과 대중 교육 활동으로 정했다. 이미 울프 프로젝트의 자원봉사자로서 늑대를 관찰하고 있었기에 나에게는 익숙한 일이다. 국립공원관리청에 고용된 상태는 변함이 없고 레인저 유니폼도 계속 착용하지만, 대신 앞으로는 국립공원 관사를 이용할 수 없었다. 그래서 실버게이트의 통나무집을 다시 빌리기로 했다. 이로써 늑대를 관찰하는 스무 번째 여름을 맞게 됐다. 데날리에서 열다섯 번, 글레이셔에서 한 번, 옐로스톤에서 네 번이다.

차를 몰고 옐로스톤공원으로 돌아가는 길에 나는 이제는 볼 수 없게 된 늑대 한 마리를 떠올렸다. 드루이드의 할머니 늑대 39번. 그는 21번이 드루이드에 합류한 뒤 라마계곡을 떠났고, 나중에 로즈크리크 무리에서 나온 8번의 아들 중 하나인 52번과 함께 목격되었다. 1998년 3월 초순에는 공원 동쪽에 자리한 목장 안을 걷는 모습이 관찰됐다. 그날 39번은 목장의 가축은 거들떠보지도 않았지만, 그럼에도 인간의 총에 맞아 죽었다. 늑대를 살해한 남성은 코요테로 착각했다고 변명했다. 하지만 당시 39번의 몸무게는 무려 57킬로그램으로 늑대 중에서도 꽤 큰 편이었다. 이 지역의 코요테는

평균 11~16킬로그램 정도이다. 39번을 총으로 쏜 사수는 벌금 500달러 형을 받았다.

39번이 죽자 52번은 41번과 다시 짝을 맺었다. 죽은 39번의 딸인 41번도 40번에게 괴롭힘을 당하다 드루이드 무리를 떠난 상태였다. 두 마리는 번식기가 끝난 3월에 짝이 되어서 옐로스톤공원 동쪽 경계선에 인접한 선라이트베이슨 지역에 정착했다. 우리는 이 쌍을 '선라이트 무리'라고 부르기로 했다. 이후 두 늑대는 무리를 이끌며 많은 새끼를 낳았다.

내가 잠시 자리를 비운 사이에 드루이드 무리에 몇 가지 변화가 생겼다. 짐 하프페니의 말에 따르면, 21번은 2월에 40번, 그리고 42번과 교배하였다. 무리는 다시 풋브리지 주차장과 히칭포스트 주차장 북쪽의 굴로 거점을 옮겼다. 1997년에 태어난 새끼 늑대 다섯 마리는 모두 겨울을 이겨내고 살아남았다. 이로써 드루이드 무리의 성체는 여덟 마리로 늘어났다. 굴 주위를 둘러싼 깊은 숲 때문에 지금까지 갓 태어난 새끼 늑대는 확인되지 않았다.

수컷 한 살배기 늑대 104번은 초봄에 혼자서 어린 들소 사냥에 성공했다. 늑대 재도입 이후 늑대가 들소를 처치한 네 번째 사례로 알려졌다. 104번은 새끼 때부터 나에게 강렬한 인상을 남겼는데, 이제 그가 유능한 사냥꾼이라는 사실이 명백해졌다. 1995년 캐나다 앨버타주에서 데려온 늑대와 달리 브리티시컬럼비아주에서 온 늑대의 서식지에는 들소도 있었다. 그들이 옐로스톤 태생인 104번에게 들소도 사냥할 수 있다고 가르쳐준 게 틀림없었다.

다른 무리의 소식도 확인했다. 로즈크리크 무리에서는 8번과 9번, 그리고 8번과 18번이 새끼를 낳았다. 모녀 사이인 두 암컷은 맘스리지 산등성이에 자리한 무리가 처음 정착했던 굴을 공동으로 사용하고 있었다. 굴에서는 모두 열한 마리의 새끼 늑대가 관찰됐다. 린다의 늑대 굴 연구원들은 그중 다섯 마리가 9번의 새끼이고, 나머지 여섯 마리는 18번의 새끼일 것이라고 추측했다. 알파 수컷 늑대 8번은 불과 3년 만에 여섯 차례나 부모가 됐다(1996년 1회, 1997년 3회, 그리고 1998년에 2회). 8번의 자식을 모두 합치면 서른여섯 마리이다. 내가 도착했을 때 로즈크리크 무리는 알파 한 쌍과 한 살배기 열네 마리, 갓 태어난 새끼 열 마리(한 마리는 일찍 죽었다) 등 모두 스물여섯 마리였다.

펠리컨밸리에서는 4월에 크리스털크리크의 알파 부부가 아홉 마리의 새끼를 낳았다. 이들은 어른과 한 살짜리 여덟 마리에 새로 태어난 새끼들까지 모두 열일곱 마리의 늑대 무리가 되었다. 생후 9개월 된 수컷을 포함한 몇 마리에게 올해 초에 무선 발신기를 장착했다. 그 수놈의 몸무게는 벌써 52킬로그램이나 나갔다. 아비인 6번이 옐로스톤공원에서 가장 큰 늑대인 것을 생각하면 충분히 그럴 만 했다. 크리스털크리크 무리는 모두 배불리 잘 먹고 지냈다.

레오폴드 무리는 성체와 한 살배기를 합쳐 아홉 마리였다. 그런데 암컷 우두머리가 새끼 다섯 마리를 낳으면서 열네 마리가 됐다. 서쪽 먼 너머에 있는 치프조지프 무리는 성체 및 한 살배기 여섯 마리에 새로 태어난 일곱 마리를 더해서 모두 열세 마리였다.

옐로스톤 북쪽 권역 절반에 서식하는 주요 세 무리(로즈크리크, 크리스털크리크, 레오폴드)의 알파 수컷은 전부 크리스털크리크 출신의 형제였다. 네 번째 무리인 드루이드의 알파 수컷도 크리스탈 크리크 출신 8번의 양아들 21번이다.

나는 1998년 5월 5일 밤늦게 실버게이트의 오두막으로 짐을
옮기고, 다음 날 아침 일찍 드루이드를 관찰하러 나갔다. 업무
개시까지는 아직 며칠 남아서 시간을 자유롭게 사용할 수 있었다.

차가 다니는 공원 신작로에서 드루이드의 굴 부근을
살펴봤는데 늑대는 찾을 수 없었다. 그래서 데드퍼피힐 구릉으로
올라갔다. 거기에서는 서쪽에 한 살배기 늑대 두 마리가 있는 게
보였고, 이후 옐로스톤연구소 남쪽에서도 한 마리를 더 찾았다.
그다음 날인 5월 7일 아침에는 칼세도니개울의 집결지 근처에서 갓
사냥한 엘크 사체 옆에 있는 21번을 확인했다. 21번은 밤중에 혼자서
엘크를 잡았을 것이다. 더그 스미스는 이 무렵에는 옐로스톤에서
겨울을 보낸 엘크들이 아직 기운을 회복하지 못한 상태라고
설명했다. 실제로 엘크를 관찰해보니 겨우내 영양을 충분히
섭취하지 못한 탓에 살이 많이 빠진 것을 알 수 있었다.

21번이 40번, 그리고 42번과 함께 있는 모습을 내가 처음 본
날은 5월 9일이다. 세 마리는 굴 남쪽을 성큼성큼 걷고 있었다.
도중에 엘크 떼를 만나도 신경을 쓰지 않았는데, 이건 어딘가에
사냥감을 잡아놓았다는 증거다. 알파 쌍인 21번과 40번은 같은
장소를 돌며 계속해서 이중으로 영역 표시를 했다. 이것은 두
마리의 무리 내 서열을 보여주는 행위다. 얼마 후 셋은 내 시야에서
사라졌다. 세 시간 뒤 그들이 사라졌던 방향에서 21번이 나타났다.
그는 공원 도로를 건너 굴 쪽으로 갔다. 아마도 갓 태어난 새끼
늑대에게 먹이를 주러 가는 듯했다.

5월 초 어느 이른 아침, 나는 두 마리의 한 살배기(검정 털 암컷
105번과 잿빛 수컷 107번)가 일찍이 21번과 그의 형제들이 8번을

맞이했을 때만큼 열광적으로 21번을 환영하는 광경을 목격했다. 그 직전까지 107번은 암컷 엘크 떼를 물끄러미 바라보며 냄새를 맡고 있었다. 나는 개들이 냄새를 통해서 견주의 건강 문제를 먼저 안다는 점, 또 훈련을 통해 그 능력을 익힐 수 있다는 점을 떠올렸다. 개의 병 진단 능력은 조상인 늑대로부터 계승된 것이다. 아마 107번은 공기 중 특정한 냄새를 통해서 다른 동물의 감염병이나 질병, 부상 등을 파악하는 방법을 배웠을 테다. 만일 무언가를 감지하면 엘크 떼 주위를 맴돌면서 냄새의 주인공이 누구인지 찾을 것이다. 이것은 가장 쉬운 목표를 찾는 영리한 사냥 기술이다. 늑대의 행동은 일류 포커 선수가 상대의 표정을 보고 판세를 읽는 것과 비슷하다.

늑대는 학습 능력이 뛰어나다. 경험을 바탕으로 절뚝이는 동물은 손쉬운 사냥감이며 무리에서 떨어진 동물도 눈여겨봐야 한다는 것을 알고 있다. 만약 혼자 있는 동물이 늑대가 다가와도 뒤로 물러서지 않고 반항한다면 그 동물이 아직 건강하다는 뜻이다. 그러나 늑대를 보고 도망친다면 그것은 쇠약하고 먹잇감으로 삼을 만하다는 증거다. 경험 많은 늑대들은 전자는 내버려두고 후자를 추격한다.

5월 중순에 나는 드루이드 알파 암컷 40번의 젖꼭지가 부푼 걸 확인했다. 배 부분의 털이 많이 빠진 것도 40번이 얼마 전 출산했다는 증거다. 40번과 21번이 새끼를 낳으면서 옐로스톤에 새로운 시대가 도래했다. 나는 21번이 옐로스톤 생태계의 역학관계를, 무엇보다 로즈크리크 무리와 드루이드의 관계를 바꿔가는 과정을 지켜보는 행운을 누렸다.

나의 새로운 직무는 5월 18일에 시작됐다. 매일 이른 아침 밖으로 나가서 늑대를 찾고 행동을 기록했다. 린다 서스턴은 굴 연구를 이어갔고 나도 가끔 거기에 참여했다. 일주일에 이틀은 울프 프로젝트 스태프와 자원봉사자 팀이 네 개의 무리(드루이드, 로즈크리크, 레오폴드, 치프조지프)를 24시간 동안 3교대로 관찰했다.

무선 발신기 신호를 바탕으로 늑대들의 위치를 30분 간격으로 파악하고, 또 목격한 장소와 행동을 기록했다. 낮에는 데드퍼피힐 구릉에 올라가 드루이드 무리의 굴 주변을 관찰했다. 야간 근무 때는 30분 간격으로 신호만 점검했다.

당시 울프 프로젝트는 '많은 동물을 위한 식량Food for the Masses'이라는 연구도 진행하고 있었다. 크리스 윌머스의 박사 논문 주제 중 하나로, 늑대가 먹고 남긴 사체를 어떤 동물이 청소하러 오는지 기록하는 것이었다. 동물 사체에 접근한 온갖 동물을 15분 간격으로 기록했다.

울프 프로젝트는 옐로스톤국립공원자원센터(Yellowstone Center for Resources, YCR)라는 조직에서 진행한다. YCR 직원들은 대개 생물학자로 박사 학위를 가진 사람도 많았는데, 각자 공원의 야생생물이나 식물 군락, 지열 변화 등을 연구하고 있었다. 울프 프로젝트의 최일선에 선 생물학자 더그 스미스와 나는 우리가 발견한 사실을 공원 방문객에게 전달해야 한다고 느끼고 있었다. 나는 방문객들이 늑대를 볼 수 있도록 탐지 망원경을 빌려줬고, 늑대 재도입 프로그램 설명회를 계속 열었다. 야간 프로그램이나 자연 산책 투어를 인솔하는 대신에 학교 현장 학습, 대학생 관람객, 야생동물 보호 단체, 단골 방문객들과 대화를 나눴다. 나는 그들이 늑대를 볼 수 있게 돕고 그들에게 늑대에 관해 설명했다. 울프 프로젝트 활동은 언제나 옐로스톤국립공원의 사명 선언을 상기시켰다. "옐로스톤은 회색곰과 늑대, 자유롭게 이동하는 들소와 엘크의 집이며 (중략) 국립공원관리청은 현재 및 미래 세대를 위해서 동물과 기타 자연적·문화적 자원을 보존해야 한다." 핵심은 '위해서'이다. 우리는 현재와 미래의 방문객이 자연을 즐기고, 자연에서 배우고, 거기에서 영감을 얻게 하고자 임무를 수행하고 있다.

이 사명에서 즐거움과 배움은 쉽게 달성할 수 있다. 사람들은 망원경을 통해 늑대를 본 뒤 늑대에 대해 꼭 배우고 싶다고 말했다. 과거의 우리가 옐로스톤 늑대를 절멸시켰고, 그 잘못을 바로잡기 위해 현재의 우리가 늑대 재도입 프로젝트를 시작했다는 이야기를 전달할 때 사람들은 가장 큰 깨달음을 얻었다. 이 이야기에는 사람의 마음을 움직이는 힘이 있다. 형제들 가운데 몸집이 가장 작은 늑대 8번이 무리의 알파 수컷으로 성장한 사연도 듣는 이들을 감동시켰다. 나는 이 이야기를 최대한 많은 사람에게 전달하는 것이 나의 사명이라고 생각했다.

사명 선언의 또 다른 키워드는 '보존'이다. 이는 공원의 야생동물이 관람객에게 방해받지 않고 생활하게 해야 한다는 뜻이다. 레인저는 사람들이 동물에게 접근했을 때 지혜롭게 잘 대처하고, 동물이 공원 도로를 건널 때나 집으로 돌아갈 때 방해받지 않도록 관리한다. 동물이 인간에게 익숙해지지 않게 하기 위해서다. 국립공원에는 철망이 없다. 또한 동물은 인간이 정해놓은 공원 경계를 알지 못한다. 이런 상태에서 혹여 동물이 국립공원 밖으로

나갔을 때 인간은 안전하다고 생각해서는 안 된다.

 1998년 봄에 나의 주요 관찰 대상은 드루이드 무리였다. 어느 날 아침, 굴 주변을 관찰하다 두 마리의 암컷 한 살배기가 노는 모습을 보았다. 자매는 한참 동안 쫓고 쫓기는 추격 게임을 하다가 싫증이 났는지 이내 몸싸움을 시작했다. 105번이 몸집이 작은 103번에게 억눌려 있는 것처럼 보였다. 성체가 새끼들과 놀아줄 때 일부러 져주는 예를 여러 번 보면서, 형제 사이에서도 몸집이 큰 놈이 작은 놈에게 일부러 져주는 경우가 많다는 사실을 알게 됐다.

 그레이셔국립공원에서 일할 때 빌이라는 직원이 '킨트라'라는 이름의 늑대개 교잡종을 기르고 있었다. 킨트라는 몸집이 크고 사납게 생겼다. 어느 날 나는 빌의 집에서 킨트라와 추격 게임을 시작했다. 킨트라가 추격자 역할이었는데 나를 단번에 따라잡지 않고 천천히 쫓아왔다. 나는 멈춰 서서 킨트라를 뒤돌아보았다. 그러자 킨트라도 멈춰서 내 쪽을 물끄러미 바라보고 나서, 뒤를 돌아 반대 방향으로 달리기 시작했다. 쫓아오라고 권유하고 있는 것을 알고 이번에는 내가 쫓아갔다. 그 녀석은 내가 따라잡을 수 있는 속도로 달렸다. 우리 둘 다 곧 멈춰 서서 서로를 물끄러미 바라보았고, 잠시 후 다시 역할을 바꿔서 킨트라가 나를 추격했다. 이날 나는 킨트라와의 놀이를 통해서 늑대들의 일상을 대리 체험했다. 그것은 나의 유년 시절을 떠올리게 했다. 나의 형인 앨런은 나보다 여섯 살이 많았다. 당시 여섯 살에 불과했던 나에게 이 나이 차는 엄청나게 컸다. 그는 나에게 다양한 놀이를 알려주었고, 나는 형과 함께 노는 게 즐거웠다. 그 무렵 식료품 가게에서 파는 닭고기에는 발과 발톱이 붙어 있었다. 앨런은 일부러 그 닭발을 무서워하는 척했다. 그래서 나는 닭발을 들고 형에게 몰래 다가가 기습공격을 가했다. 그러면 형은 기겁을 하며 쌩하니 도망쳤다. 나는 까르르 웃으며 형에게 몇 번이고 같은 장난을 쳤다. 그러나 나도 형이 겁에 질린 연기를 하고 있다고 짐짓 알고 있었다.

21번도 자기보다 작은 녀석에게 승리를 양보해야 한다고 생각하지 않았을까. 어렸을 때부터 몸집이 컸던 21번은 몸싸움과 플레이 바우 놀이를 계속하기 위해서는 형제자매에게 승리를 양보해야 한다고 생각했을지 모른다. 생각이 여기에 미치자 21번이 드루이드 무리에게 어떻게 행동하고 있는지 알아보기로 결심했다.

그해 봄, 드루이드 무리는 새끼들의 끼니를 챙기는 데 애를 먹고 있었다. 무리의 굴은 공원 신작로 북측에 있었고, 주요 사냥터는 도로 남측에 있었기 때문이다. 문제는 관광객들이 도로에 차를 세우고 늑대를 관찰하면서 벌어졌다. 늑대는 사람들로 가득 찬 도로를 횡단하는 위험을 포기하고 먼 곳으로 돌아갔지만, 거기서도 방문객들의 방해를 받기 일쑤였다. 법 집행권을 가진 레인저가 늑대가 지나가는 도로 곳곳에 정차 금지 표지판을 설치했지만 상황이 개선되지 않았다. 공원 도로 횡단에 가장 능숙한 늑대는 42번이다. 42번은 도로까지 질주하다 속도를 늦춰 좌우를 살핀 다음 차가 오지 않으면 전속력으로 도로 반대편까지 달려갔다.

5월 말의 어느 날, 데드퍼피힐 구릉에 올라가서 북쪽의 굴을 바라보니 개울가에 40번이 혼자 있었다. 이윽고 40번은 서쪽으로 사라졌다. 그로부터 한 시간 뒤 40번이 내가 있는 언덕배기 바로 아래로 왔다. 나는 앉은 채로 몸을 더 숙여 늑대가 나의 존재를

알아채지 않기를 빌었다. 40번은 내가 있는 방향을 바라보며 계속 걸어왔다. 아무래도 나를 눈치챈 것 같았다. 그러나 내가 자리를 피하려고 움직이니 40번은 곧장 왔던 길로 되돌아갔다.

이 사건을 통해 늑대는 호기심은 강하지만 경계심은 얕으며, 만약 동물 또는 사람이 가만히 움직이지 않을 경우에는 특히나 더 경계하지 않는다는 사실을 확인했다. 40번은 내 존재를 파악하고 확인하려 했으나, 그 대상이 누구인지 혹은 무엇인지 경계하지는 않는 듯했다. 나는 늑대가 꽤 멀리 있는 대상을 포착하는 능력이 뛰어나다는 점도 알았다. 라마계곡을 걷던 늑대가 순간 한쪽을 응시하다가 그리로 달려가서 엘크를 사냥하는 장면을 자주 목격했는데, 그때마다 나는 저 멀리 엘크가 있음을 짐작조차 하지 못했다.

39번과 41번이 드루이드 무리를 떠난 지금, 나는 독재형 리더인 알파 암컷 40번이 여동생 42번을 어떻게 대하고 있는지 궁금해졌다. 다음은 6월 2일에 목격한 일이다. 그날 42번은 무리와 떨어져 누워 있었다. 그런데 40번을 선두로, 21번과 세 마리의 한 살짜리 새끼들이 42번에게 달려왔다. 42번은 복종을 나타내는 자세를 취했고, 그런 다음 배를 드러내고 누웠다. 알파 암컷 40번은 자매인 42번을 별다른 이유 없이 여러 번 깨물었다. 잠시 후 40번이 떠나자 42번은 21번에게 다가가 호의를 담아 인사를 나누었다.

이날 나는 42번이 40번에게 괴롭힘을 당한 뒤 21번에게 가는 경우가 많다는 점을 알아차렸다. 짐 하프페니가 이 무렵 촬영한 비디오 영상에도 그런 모습이 찍혀 있다. 알파 암컷 40번은 42번을 뒤쫓다가 멈춰 서서 상황을 파악하려고 애썼다. 알파 수컷 21번은 그저 거기에 서 있었다. 어느 쪽도 편들지 않고 중립을 지키는 것 같았다. 40번은 이런 상황을 곤란해하는 것 같았다. 그래서 42번과 21번을 내버려두고 자리를 떠났다.

때로 21번이 앞장서서 42번을 편들어주기도 했다. 그해 말, 42번이 암컷 우두머리를 피해서 무리와 떨어져 있었을 때의 일이다. 그날도 21번이 42번에게 다가와서 한동안 가만히 서 있었다. 한 해 전 봄에 21번이 아픈 새끼 늑대를 챙겼을 때처럼 이번에도 42번의 괴로움에 공감하고 위로를 전한 것이다.

21번은 드루이드 무리의 수컷 우두머리로서 구성원들에게 주의를 기울이고 있었다. 그는 사냥에 성공하면 그 즉시 새끼들에게 고기를 배달했다. 어느 날 아침 일찍 무리가 칼세도니개울의 집결지에서 성체 엘크 한 마리를 사냥했다. 그때도 다른 어른들은 배불리 먹고 사체 곁에 누워 잠을 잤지만, 21번은 곧장 새끼들에게 달려갔다. 암컷 우두머리인 40번은 새끼를 먹이는 일을 21번에게 일임한 것처럼 보였다.

6월 중순 어느 날 저녁, 나는 드루이드 늑대들이 굴에서 울부짖는 소리를 들었다. 어른과 한 살배기들의 저음역이 섞여 있었고, 간간이 어린 새끼들의 고음역 울음소리도 들렸다.

17장   늑대의 성격

그해 6월 어느 날, 나는 데드퍼피힐 구릉에서 린다의 석사 논문
지도 교수인 제인 패커드와 함께 오후 굴 관찰 업무를 시작했다.
드루이드의 굴이 있는 숲을 함께 관찰하던 중 제인은 21번이 아직
로즈크리크 무리에 있던 1996년과 1997년의 이야기를 들려주었다.
그때 8번은 반드시 양아들 21번과 함께 사냥을 나갔다고 했다. 사냥
순서는 21번이 먼저 사냥감을 물면 8번이 따라붙어 21번과 함께
사냥감을 쓰러뜨리고 마지막 일격을 가했다. 이 이야기를 통해
8번이 21번을 듬직한 조력자로 믿었음을 알 수 있다.

나는 울프 프로젝트 자원봉사자로 1996년과 1997년에
로즈크리크의 굴을 장시간 관찰한 데비 라인위버와 제이슨
윌슨에게도 8번과 21번의 관계에 대한 인상을 물어보았다. 데비는
두 수컷은 무리를 위해 자신들이 협력할 필요가 있다는 걸 잘 알고
있었던 듯하고, 특히 사냥을 성공시켜 굴에 식량을 가져가는 데
주력했다고 알려주었다. 자기가 보기에 둘은 로즈크리크 늑대
무리의 '공동 리더'였다고 설명했다. 제이슨은 연장자인 8번이
21번에게 위압적으로 행동하는 모습을 본 적이 없고, 젊은 21번이
자신을 길러준 양아버지에게 어떤 식으로든 반항하는 태도도 본
적이 없다고 했다. 제이슨은 "그들은 허물없는 사이였거든요"라고

말을 이어나갔다. "둘 사이에는 지배관계도 계급의식도 없었죠. 대등한 파트너십을 맺고 있었어요."

나 또한 8번이 21번에게 리더의 권위를 강요하는 것을 본 적 없다. 8번은 언제나 차분하고 매사에 자신감이 넘쳤다. 1997년 봄에 21번은 두 살이 되었다. 사람으로 치면 22세쯤으로, 이제 체격과 완력에서 8번을 능가하게 됐지만 두 마리는 계속해서 완벽하게 협력했다. 내가 보기에 21번은 8번을 무리의 수컷 우두머리이자 자신을 키워준 계부로 존경했고, 8번도 21번을 가족의 중요한 일원으로 존중했다. '공동 리더'와 '파트너십'이라는 설명에 '우정'이라는 개념을 덧붙이고 싶다. 내게는 로즈크리크 무리의 두 수컷이 함께 있기를 좋아하는 두 마리의 개처럼 보였다.

알파 수컷 8번의 의젓한 태도와는 대조적으로 드루이드의 알파 암컷 40번은 자신의 지위를 스스로 갉아먹고 있었다. 그는 자매인 42번이나 세 마리의 젊은 암컷들에게 불필요한 위압을 반복적으로 행사하면서 포악하게 굴었다. 그 장면을 보고 있노라면 40번은 다른 암컷들의 반란을 두려워하고 있는 게 아닐까라는 생각이 들었다.

21번은 이제 드루이드의 수컷 우두머리로서 한창 먹성이 좋을 새끼 늑대들을 위해 점점 더 많은 먹잇감을 사냥해야 했다. 동시에 그는 휴식을 취하고 새끼들과 노는 일도 잊지 않았다. 하루는 40번이 21번에게 다가가더니 갑자기 등을 돌리고 도망가는 행동을 취했다. 쫓아오라는 뜻이었다. 21번은 전속력으로 40번을 뒤쫓았고, 두 마리는 나무 사이를 바람처럼 빠져나갔다. 잠시 후 둘은 역할을 바꿔서 추격 놀이를 계속했다. 40번이 쫓아오는 것을 본 21번은 도망쳤고 마치 무서워하는 듯한 태도를 보였다. 킨트라와 내가 식탁 주위에서 역할을 교대하면서 쫓아다녔을 때와 똑같았다.

　새끼 늑대들이 어느 정도 자라자 드루이드 무리는 전보다 더 멀리 사냥을 나가기 시작했다. 더그 스미스가 6월 21일 추적 비행 중 알파 쌍과 한 살배기 두 마리가 공원 동쪽 경계선을 넘어 크랜달개울 근처에 있는 것을 발견했다. 그곳은 지난해 가을 31번과 38번이 총을 맞은 곳이다. 우리는 6월 23일에 사냥대가 무사히 라마계곡으로 돌아온 것을 알고 안도했다. 사흘 뒤 추적 비행에서는 알파 부부가 남쪽으로 32킬로미터 떨어진 펠리컨계곡에서 엘크 수컷 사체를 탐하는 모습이 확인됐다. 그곳은 크리스털크리크 무리 영역의 한가운데였다. 만약 크리스털크리크 무리가 시체 냄새를 맡고 왔다가 드루이드의 알파 쌍을 확인했다면 당연히 공격했을 터였다. 다음 날 아침 나는 두 마리가 무사히 굴에 돌아왔음을 알리는 신호를 확인했다.

　드루이드 무리를 계속 관찰한 결과 한 살배기도 저마다 성격이 다르다는 점을 알게 됐다. 늑대 104번은 그해 봄에 혼자서 들소를 사냥한 용감한 검정 털 한 살배기다. 그의 회색 형제인 늑대 107번은 몸집이 104번보다 크지만 104번과 같은 적극성과 실행력은 없는 듯 보였다. 어느 날 덩치 큰 107번이 수컷 엘크를 쫓는 장면을 봤는데, 뒷다리를 물고 어찌할 바를 모르는 모양새였다. 107번은 몇 차례나 넘어져 뒹굴었는데, 엘크에게 차인 것인지 자기 다리에 걸려 넘어졌는지는 판명할 수 없었다.

　다시 일어난 107번은 다리를 심하게 저는 암컷 엘크를 발견했다. 이번에는 비교적 손쉬운 사냥감을 찾은 것이다. 하지만 달려들지 않고 지켜보기만 했다. 이와는 대조적으로 104번은 눈앞에

찾아온 기회는 반드시 쟁취하고야 마는 늑대였다. 104번은 해답을 찾을 때까지 상황을 계속 궁리했다. 만약 그가 다리를 절뚝거리는 암컷 엘크를 발견했다면 반드시 잡아먹을 것이다. DNA 감정 결과, 104번은 42번의 아들로 밝혀졌다. 몸집이 더 큰 107번은 무선 발신기를 장착할 기회가 없었고 DNA 감정도 하지 않았기 때문에, 이 두 마리가 이복형제인지 한배 형제인지는 알 수 없었다.

나는 드루이드의 암컷들이 어떻게 상호교류하는지도 관찰했다. 그 결과 42번이 40번보다 한 살배기 새끼들을 훨씬 더 다정하게 대한다는 것을 알아차렸다. 오래전에도 42번이 괴롭힘을 당한 41번을 위로하는 모습을 본 적이 있다.

6월 말의 어느 날, 한 살짜리 103번과 106번이 40번 옆을 지나쳐 기쁜 듯이 42번을 향해 간 적이 있었다. 그 모습을 본 알파 암컷 40번이 42번에게 달려들었다. 42번은 땅에 몸을 숙이고 배가 하늘을 향하도록 기어서 40번의 아래로 갔다. 40번은 42번을 한 번 덥석 물고 이내 떠났다. 42번은 조심스럽게 몸을 일으켰다. 그때 40번은 어린 암컷들이 자신이 아니라 언니인 42번에게 몰려가서 강짜를 부린 게 아닐까 하는 생각이 들었다.

이 사건 직후, 21번의 어떤 행위가 그에 대한 나의 평가를 더욱 높였다. 21번은 40번에게 다가가 놀자고 어르기 시작했다. 그 모습은 마치 인간 아버지가 감정을 주체하지 못하는 아이를 달래는 것 같았다. 놀이로 마음을 달래고 40번의 기분을 추스른 뒤에 21번은 무리의 다른 늑대들 주위를 뛰어다니며 플레이 바우를 했다. 그러자 곧 40번과 다른 한 살짜리 새끼들이 21번을 쫓기 시작했다. 얼마 뒤 21번은 방향을 틀었고, 이번에는 21번과 한 살 난 새끼들이 40번을 뒤쫓았다. 40번은 조금 도망치다가 방향을 바꾸어 21번을 뒤쫓았다. 21번이 몸을 비스듬히 기울이고 40번이 쫓아오는 것을 확인하더니 갑자기 키가 큰 풀밭에 뛰어들어 몸을 숨겼다가 40번이 다가오자 불쑥 튀어나와 상대를 놀래켰다. 그런 다음 21번은 한 살배기 늑대들과 어울려 놀았다.

그때 42번은 놀이 중 40번과 마주치는 상황을 두려워하는 것처럼 멀찌감치 떨어져 있었다. 42번을 제외하고 무리 전체가 40번을 쫓았다. 40번은 21번이 아까 하던 것처럼 몸을 비스듬히 하고 달리면서 잡을 수 있으면 잡아보라고 부추겼다. 21번은 40번을 따라잡았고, 알파 부부는 서로 엉켰다. 두 마리는 뒷다리로 서서 가슴과 가슴을 맞대고 주둥이와 앞발을 맞부딪쳤다. 그런 다음 40번이 21번을 뒤쫓고, 21번이 아마도 일부러 넘어진 척을 하자 40번은 그 주위를 빙빙 돌았다. 이윽고 21번이 일어나 40번을 뒤쫓았다.

반대쪽에서는 42번이 한 살배기들과 놀고 있었다. 21번 덕분에 긴장이 풀리고 무리가 평소의 평온한 모습을 되찾았다. 21번은 놀이를 이용해 구성원 사이의 긴장을 푸는 중재자였다. 21번은 권력을 잡은 거물 수컷 우두머리가 아니라 무리를 거느린 궁정의 어릿광대처럼 행동했다.

그날 드루이드 무리에게는 또 다른 사건이 벌어졌다. 42번에게는 "쥐구멍에도 볕 들 날 있다"라는 속담이 바로 현실이 된 사례였다. 나는 드루이드 늑대들이 새끼 가지뿔영양을 쫓는 장면을 보았다. 그때 가지뿔영양이 갑자기 세이지 풀이 무성하게 자란 숲으로 사라졌다. 아마도 지쳐 쓰러져버린 것 같았다. 늑대

무리는 덤불 주위를 쿵쿵 냄새 맡으며 사냥감을 찾으려고 했다. 잠시 후 42번이 새끼 가지뿔영양을 물고 수풀에서 튀어나왔다. 40번이 42번을 향해 꼬리를 흔드는 모습이 꼭 42번의 비위를 맞춰 자기 몫을 챙기려는 듯했다. 그러나 42번은 그것을 무시하고 멀리까지 달려가서 먹잇감을 땅에 두고 드러누웠다. 그리고 사냥감을 독차지해 먹어치웠다. 40번은 사냥한 먹이에 대한 42번의 소유권을 존중했고, 그날의 향연을 방해하지 않았다.

이 일화로 인해 나는 무리의 하위 서열 식솔에게도 자신이 잡은 사냥감에 대한 소유권이 있고, 상위 서열일망정 그것을 침범할 수 없다는 사실을 알았다. 21번도 새끼 가지뿔영양 한 마리를 잡았는데, 언제나처럼 한 살배기들에게 나누어주었다. 슬로섓강에서 새끼 엘크를 처치한 8번이 양자로 삼은 한 살배기 세 마리에게 고기를 나누어주었을 때의 일이 불쑥 떠올랐다. 이 역시 21번이 8번의 행동을 본받은 사례 중 하나였다.

그날은 나에게 무척 피곤한 하루였다. 내가 드루이드 무리를 처음 발견한 시각은 오전 5시 26분이다. 늑대들은 그날 밤 9시 22분까지 거의 16시간 동안 자리를 떠나지 않았다. 그동안 나는 늑대의 놀라운 행동 패턴들을 목격할 수 있었고, 수많은 사람이 늑대를 관찰할 수 있도록 도왔다.

나는 21번만큼 놀이를 즐기는 알파 수컷 늑대를 본 적이 없다. 7월 초에 21번과 암컷 한 살배기 103번이 공원 도로 남쪽 사냥터에 있는 모습을 발견했다. 두 마리는 500미터가량 떨어진 곳에 있었고, 서로의 얼굴은 보지 못한 것 같았다. 21번은 코요테의 굴로 추정되는 구멍을 파헤쳤다. 그때 멀리서 103번이 우는 소리가 들렸다. 21번도 곧장 대답했다. 그러자 103번이 21번을 발견하고 달려왔다. 103번이 도착했을 때 21번은 아직 굴을 파는 중이었지만, 놀고 싶어 안달이 난 젊은 늑대는 21번에게 달려들며 등에 양쪽 앞발을 짚고 몇 차례나 껑충껑충 뛰어올랐다. 21번은 처음에는 무시했으나, 이윽고 돌아서서 103번과 몸싸움을 시작했다. 그의 체격보다 훨씬 작은 103번이 그를 눌러 움직일 수 없게 만들었다. 21번은 103번보다 20킬로그램이나 무거웠기 때문에 그가 일부러 져준 게 틀림없었다. 그 후에도 한참을 놀다가 21번은 일어서서 다시 굴 파기에 들어갔다. 그가 제 몸이 쏙 들어가도록 구멍을 깊이 파는 동안 103번은 그 자리에 드러누워 가만히 지켜봤다. 이윽고 21번은 굴착을 포기했고, 두 마리는 그 자리에서 떠났다.

잠시 후 작은 암컷 103번은 21번을 향해 몸을 돌리고 제자리에서 점프하며 몸을 비틀어 21번 옆에 착지했다. 같이 놀자고 조르는 것이다. 큰 알파 수컷은 103번을 보고 냅다 달리기 시작했다. 103번은 21번을 쫓아가 그를 쓰러뜨렸는데, 이번에도 21번이 져준 게 틀림없다. 103번은 21번 위에 올라가 싸움의 승자가 된 기분을 만끽했다. 21번은 몸부림치며 밑에서 기어 나온 뒤 줄행랑쳤다. 둘은 한참을 달리다가 뭔가에 걸려 넘어지고 말았다. 21번이 먼저 일어나 다시 재빠르게 달려갔다. 그 모습은 마치 횡포한 우두머리에게서 꽁무니를 빼고 달아나는 하위 서열 늑대 같았다. 두 마리는 다시 넘어졌다. 이번엔 103번이 먼저 일어나 또다시 21번보다 우세한 위치에 섰다. 21번이 일어나면서 몸싸움이 시작되었다. 21번은 일부러 땅에 내동댕이쳐졌다. 103번은 그 옆에서 뒹굴었고, 두

마리는 장난스럽게 앞발로 서로의 몸을 때렸다. 이윽고 21번이 벌떡 일어나 항복의 표시로 꼬리를 내린 채 도망쳤다. 이 놀이는 35분간 이어졌는데, 21번은 내내 새끼 늑대처럼 행동했다.

나는 1997년에 드루이드 무리의 수컷 우두머리였던 38번을 관찰했을 때를 회상했다. 다섯 마리의 한 살배기가 아직 새끼였을 때의 일이다. 38번이 21번처럼 새끼 늑대들과 노는 모습을 본 기억은 없다. 거구의 수컷 리더인 38번은 새끼들을 지키고 먹이는 일은 잘했지만, 새끼들과 즐겁게 놀며 상호교류하지는 않았다. 내가 보기에 21번이 가족과 정서적으로 더 강하게 연결돼 있었다. 그러나 결국 이 두 수컷은 성격이 다를 뿐이라는 결론을 내렸다. 38번은 내성적이고 과묵한 성격이었고, 반면 21번은 쾌활하고 사교적인 유형이었던 셈이다.

그로부터 사흘 뒤 나는 데드퍼피힐 구릉에 올라가서 드루이드의 굴에 있는 21번의 새끼들을 처음 보았다. 회색과 검은색, 두 마리의 새끼 늑대가 굴 앞에 있었다. 생후 9주에서 10주가량 되어 보였다. 우리는 21번이 지난겨울에 40번, 42번과 동시에 짝짓기했음을 알고 있었다. 옐로스톤의 늑대는 한 번에 평균 네 마리에서 다섯 마리의 새끼를 낳기 때문에, 그해에 드루이드 무리에는 새끼가 많이 늘어날 것이라고 기대하고 있었다. 그러나 모습을 확인한 건 이 두 마리뿐이다. 42번이 옐로스톤연구소의 동쪽 산등성이 근처 굴에 잠시 머물다가 원래의 굴로 돌아갔다는 말을 들었다. 42번은 잠시 머문 굴에서 출산했고, 그 후 새끼들을 잃어버린 것일까? 아니면 애초 임신을 하지 않았던 것일까? 당장은 이 의문을 잊기로 했다. 아마 결코 알 수 없을 테니까.

어느 날 103번과 여동생 105번 자매가 굴에서 새끼를 돌보고 있었다. 103번은 인근 도로 쪽으로 눈을 돌려 새끼 늑대들에게 어떤 위험도 미치지 못하도록 감시하는 모습이었다. 그때 새끼 두 마리가 103번에게 다가왔다. 검은 털 새끼 늑대는 언니 배 밑에서 뒹굴었고, 잿빛 털은 언니의 얼굴을 핥았다. 103번은 꼬리를 흔들며 새끼들의 행동을 받다주다가 갑자기 빠르게 달려 나갔다. 새끼 늑대들도 놀이가 시작된 걸 알고 103번을 쫓았다. 며칠 전 21번처럼 103번도 새끼 늑대들에게서 도망치는 척했다. 반면에 105번은 새끼 늑대들이 다가오자 키가 큰 풀숲에 몸을 숨겼다.

다음 날 새끼 두 마리가 낮잠을 자는 수컷 한 살배기 104번에게 다짜고짜 달려들었다. 104번은 두 마리 새끼 늑대를 훌쩍 뛰어넘어 도망쳤다. 새끼 늑대들은 그 뒤를 쫓아가 엉덩이를 깨물었다. 마치 엘크를 쫓는 것처럼 사냥 놀이를 했다. 104번은 그대로 106번 쪽으로 달려갔다. 새끼 늑대들은 금세 104번을 잊고 이번에는 106번에게 매달렸다. 내게는 104번이 새끼들의 주의를 106번에게로 돌린 것처럼 보였다. 104번과는 달리 106번은 새끼들과 노는 걸 좋아했다. 106번은 길이가 180센티미터나 되는 나뭇가지를 물고 도망쳤다. 그러자 검정 털 새끼 늑대가 달려와 나뭇가지의 반대쪽을 물었다. 이후 두 마리는 나뭇가지를 물고 나란히 걸었다. 그러다가 새끼 늑대들끼리 나뭇가지를 물고 뛰어놀기 시작하면서 106번에게 평화가 찾아왔다.

7월 10일, 드루이드의 어른 늑대들이 새끼 두 마리를 데리고 길을 나섰다. 무리는 공원 신작로를 건너고 소다뷰트개울을 지나서, 소다뷰트콘 분화구 남동쪽에 마련한 새로운 집결지로 이동했다.

그곳은 1926년 옐로스톤에 서식하던 마지막 늑대가 레인저들에 의해 사살된 장소 근처였다. 바로 그 역사적 장소에 열 마리의 늑대 무리가 살게 된 것이다. 과거에는 사냥해야 할 악당으로 미움받던 늑대가 이제 옐로스톤 최고의 관광 자원이 되어서 지역 산업에 큰 이익을 가져다주었다. 무릇 시대가 변한 것이다.

소다뷰트콘의 집결지에서 새끼 늑대들은 다른 어른보다 아비 늑대 곁에 있고 싶은 것처럼 보였다. 이 크고 검은 늑대와 있으면 안전하다고 생각했을지 모른다.

검정 털 수컷 늑대 104번은 그 후에도 계속 나에게 깊은 인상을 남겼다. 어느 날 나는 드루이드 무리가 가지뿔영양 새끼들을 쫓는 광경을 관찰하고 있었다. 104번이 새끼 영양 한 마리를 쫓자, 알파 쌍과 다른 세 마리의 한 살배기가 추격에 가세했다. 가지뿔영양 새끼는 늑대 무리의 추격을 뿌리쳤지만, 104번은 포기하지 않았다. 그때 104번에게 성체 가지뿔영양이 돌진했다. 아마 104번을 쫓아낼 계획이었을 테지만, 그는 아랑곳하지 않고 새끼 영양을 계속 추격했다. 사냥이 시작된 지 7분 만에 늑대보다 체력이 약한 새끼 영양이 지쳐 쓰러졌고, 104번은 먹잇감을 얻었다. 드루이드 무리의 다른 동료들이, 심지어 21번마저 포기했는데 104번은 기어코 사냥에 성공했다. 그는 사냥감의 살점을 여동생에게 나누어주었다. 그 역시 아비인 21번을 보고 따라 했을 것이다.

그 후 무리는 소다뷰트 지역의 집결지를 떠나 서쪽으로 갔고, 이윽고 칼세도니개울의 지정 집결지에 도착했다. 그곳을 활동의 거점으로 삼는 편이 더 편리했다. 회색 새끼 늑대는 어른들을 따라가지 않았다. 나는 데드퍼피힐로 올라가 회색 털 새끼 늑대가 공원 도로 북쪽의 굴 근처에 있는 것을 확인했다. 회색 새끼 늑대는 멀리서 무리를 향해 일정한 간격으로 울부짖었다. 나는 늑대로부터 1.3킬로미터 떨어진 곳에서 그들을 관찰하고 있었다. 그런데 내가 재채기를 하자 늑대가 곧장 내 쪽을 바라보았다. 늑대의 청각이 얼마나 뛰어난지 새삼 깨달았다. 잠시 후 나는 106번이 회색 새끼 늑대를 데리고 칼세도니개울로 향하는 모습을 목격했다.

7월 16일의 일이다. 관람객 세 명이 공원 신작로를 벗어나 칼세도니개울의 늑대 집결지로 다가갔다. 보아하니 초원에 늑대의 모습은 없었지만, 근처 숲에서 두 마리의 새끼 늑대가 우는 소리가 들렸다. 이후 숲에서 나오는 알파 쌍 21번과 40번을 확인했다. 그들은 상황을 확인하려고 인간이 나타난 방향으로 달려갔다. 뛰면서 새끼들이 있는 숲을 몇 번이고 되돌아보며 울부짖었다. 아마도 움직이지 말고 가만히 있으라고 경고했을 것이다. 그 무렵 세 사람은 도로로 이동하여 늑대의 시야에서 사라졌다. 그 모습을 확인한 알파 쌍은 잠시 도로 쪽을 바라보다가 이윽고 새끼들이 있는 숲으로 재빨리 달려갔다.

드루이드 알파 부부의 무선 발신기 신호를 점검한 결과, 그들은 약 한 시간 뒤에 칼세도니 집결지를 떠났다. 아마도 새끼 두 마리를 데려갔을 것이다. 다음 날 나는 그곳에서 울부짖는 105번을 목격했다. 새끼들과 무리를 찾는 것 같았다. 다음 날에는 근처에서 40번과 107번을 발견했지만 역시 새끼 늑대는 보이지 않았다.

그로부터 며칠 동안 나는 매일 아침 일찍 드루이드 무리를 찾아 나섰다. 그들의 신호를 계속 점검했지만 7월 19일부터 24일까지 한 마리도 찾지 못했다. 늑대 울음소리도 들리지 않았다. 인간의

침입을 계기로 늑대 무리가 라마계곡을 떠난 것 같았다. 7월 23일에 실시한 추적 비행에서 펠리컨계곡에서 드루이드 무리 다섯 마리를 확인했다. 새끼 늑대들은 거기 없었는데, 아마 다른 세 마리의 드루이드 성체와 함께 어딘가에 숨어 있었을 것이다.

18장　치프조지프 무리

한동안 라마계곡에서 늑대를 보지 못했다. 로즈크리크 무리도 다른 곳으로 이주했기 때문이다. 린다는 공원의 서쪽 끝에서 치프조지프 무리를 관찰하고 있었는데, 나도 7월 말부터 8월까지 그곳에서 교대 근무를 했다.

치프조지프 무리는 새끼 늑대 일곱 마리와 한 살배기 네 마리를 포함한 혼합 가족이다. 이 무리의 알파 부부인 수컷 34번과 암컷 33번은 1996년 캐나다 브리티시컬럼비아주에서 이곳으로 와서 같은 울타리에서 적응했는데 방사 후 헤어졌다가 1997년 여름에 짝을 맺었다. 34번과 재회한 33번은, 34번과 이전의 알파 암컷 17번 사이에서 태어난 새끼 늑대 네 마리의 양육을 도왔다. 새끼들의 친어미인 17번은 엘크를 사냥하다가 뾰족한 나무에 가슴을 찔려 죽고 말았다. 어미 늑대 17번은 로즈크리크 무리의 알파 암컷 9번의 딸로, 드루이드 알파 수컷 21번의 피붙이였다. 17번은 지난해에 로즈크리크와 치프조지프가 싸움을 벌였을 때 로즈 무리를 떠나 치프조지프 무리에 합류했다. 즉 앞서 말한 네 마리의 늑대는 로즈 무리의 알파 암컷 9번의 손주에 해당한다. 그로부터 한 해가 지났고 새끼 늑대들은 한 살배기가 되어 있었다.

나는 7월 24일 저녁에 치프조지프 무리의 집결지가

내려다보이는 구릉에 도착했다. 곧바로 알파 쌍과 네 마리의 회색 털 한 살배기 중 세 마리, 그리고 생후 3개월 된 잿빛 새끼 늑대 일곱 마리를 확인했다. 암컷 우두머리인 늑대 33번은 매끄러운 검정 털을 가졌으며, 알파 수컷 34번은 몸집이 크고 털은 회색이었다. 한 살배기들은 거의 똑같아 보였지만, 드문드문 난 무늬 모양을 보고 금세 분간할 수 있었다.

나는 그들을 잘 관찰하기 위해 자리를 잡았다. 새끼 늑대 한 마리가 나무 막대기를 물고 뛰어다녔다. 그러자 다른 새끼 늑대들이 뒤를 쫓았다. 나중에 새끼 늑대 한 마리가 누워 있던 한 살배기에게 다가가 함께 놀자고 부추겼다. 그러나 놀고 싶지 않았던 한 살배기는 새끼 늑대를 살짝 깨물었다. 새끼 늑대가 수컷 한 살짜리의 등과 얼굴을 할퀴었다. 그로부터 몇 주 동안 무리를 관찰한 결과, 새끼 늑대들은 한 살배기의 으르렁거림이나 덥석 물기, 그리고 겁주기 따위를 심각하게 받아들이지 않았다. 늑대는 어린 새끼를 해치지 않도록 타고났고, 한 살짜리들은 태어난 지 얼마 안 된 새끼 늑대를 훈육하려 하지 않았다.

나는 매일 규칙적으로 일했다. 아침 일찍 일어나서 늑대 무리를 관찰하고, 오후에 늑대들이 쉴 때 나도 근처의 오두막에서 잠시 휴식을 취한 뒤 저녁 교대 근무로 돌아왔다. 그곳에 배치된 4주 동안 그렇게 생활했다.

늑대 관찰 첫날 아침, 네 마리의 한 살배기 중 한 마리가 다른 세 마리에 비해 새끼 늑대들과 훨씬 더 많이 어울린다는 사실을 깨달았다. 일곱 마리의 새끼 늑대 모두 그 수컷을 에워싸고, 얼굴을 핥으려고 발을 뻗었다. 한 살배기는 꼬리를 흔들며 계속 새끼들 곁을 맴돌았다. 동생들에게 주목받는 걸 즐기는 듯했다. 그 후 한 살배기는 머리를 땅에 대고 1킬로그램 정도 되는 살점을 새끼들에게 토해 줬다. 새끼 늑대들은 한 살짜리가 보는 앞에서 고기를 꿀꺽꿀꺽 삼켰다. 수컷 한 살배기는 새끼들 한 마리 한 마리의 냄새를 차례로 맡았는데, 그 모습이 마치 일곱 마리의 건강 상태를 모두 확인하는 듯했다.

잠시 후 이 한 살배기가 뼈 하나를 물고 내달리자 새끼 늑대들이 그 뒤를 쫓았다. 한 살배기는 뼈를 땅에 떨어뜨리고 새끼들을 향해 돌아섰고, 그중 한 마리에게 다가가서 장난삼아 엉덩이를 깨물었다. 그 뒤에도 일곱 마리의 새끼와 주둥이와 앞발을 이용해 스파링 놀이를 하거나 몸싸움을 하며 놀았다. 어떤 새끼 늑대 뒤로 돌진해 코로 엉덩이를 찌르고 쓰러뜨리는 장난도 쳤다. 그 모습을 보고 나는 늑대에게도 유머 감각이 있다고 생각했다.

다른 세 마리의 한 살배기들과 달리 이 수컷은 새끼 늑대들을 자주 찾았다. 나는 기록장에 '놀기 좋아하는 한 살배기'라고 표시했다. 이 수컷 늑대는 새끼 늑대 네 마리와 활기차게 뛰놀고 난 뒤 나머지 세 마리에게 달려가 쉬지 않고 또 놀았다.

그날 아침에 이 장난꾸러기 한 살짜리는 새끼 늑대들과 99분 동안 놀았지만, 바로 근처에 있던 다른 두 마리의 한 살배기는 새끼들과 최소한의 상호작용만 했다.

새끼 늑대들은 어미 33번 목에 달린 무선 발신기에 관심이 많았다. 한번은 어미 옆에 누워 앞발로 발신기를 두드리는 장면도 확인했다. 어미의 얼굴을 치고 귀를 깨무는 일도 많았다. 어느 경우에도 어미 늑대는 새끼들의 장난을 거부하지 않았다. 새끼들은 형제자매의 엉덩이 뒤로 몰래 다가가 꼬리를 물고 쭉 잡아당기는

놀이가 얼마나 재미있는지를 배웠다. 또 몸싸움을 할 때 상대의 목덜미를 물고 비틀면 땅에 쓰러뜨릴 수 있다는 것도 배운 듯했다. 이렇게 장난스러운 놀이는 훗날의 사냥과 전투를 위한 아주 좋은 훈련이 되었다. 한 살배기들은 새끼 늑대들이 나중에 커서 사냥에 나섰을 때 도움이 될 동작을 보여주며 점점 더 다양한 방식으로 놀았다. 가령 새끼 늑대를 쫓던 한 살배기는 몸을 앞으로 확 기울이며 새끼의 뒷다리를 물어 넘어뜨렸다. 늑대는 이와 똑같은 방법으로 새끼 엘크를 쓰러뜨린다.

 새끼 늑대들이 노는 동안 어른들은 주변을 경계했다. 어느 날 저녁, 집결지로 다가오는 흑곰 한 마리를 발견한 한 살짜리 늑대가 천천히 곰 쪽으로 전진했다. 늑대를 알아본 곰은 곧바로 나무 위로 도망쳤다. 잠시 후 곰이 나무에서 내려오자 이번에는 알파 수컷 34번이 곰에게 돌격했다. 곰은 전속력으로 커다란 나무 위로 피신했다. 34번은 근처에서 곰이 내려오기를 기다렸다. 그날 내가 퇴근할 때까지 곰은 나무 아래로 내려오지 못했다.

 우리의 연구 조사에서 선대 알파 암컷이 죽고 새 암컷이 가담한 예는 이번이 처음이다. 나는 새로운 알파 암컷 33번이 무리의 의붓자식들과 어떻게 상호작용하는지를 유심히 관찰했다. 어느 날 밤, 한 살배기 수컷이 의붓어미 33번에게 찾아와 벌렁 드러눕고 얼굴을 앞발로 살살 두드렸다. 흡사 친자식이 어미 늑대에게 하는 행동과 똑같았다. 곧 그 한 살배기는 33번의 얼굴을 핥았다. 계모 33번은 그의 행동을 따뜻하게 받아들였다.

 치프조지프 무리는 사냥에 실패하는 경우가 많았다. 엘크 고기를 구하지 못한 날에는 풀 줄기를 씹으며 배고픔을 달랬다. 이 무리가 떠난 뒤 배설물을 확인해보니 소화되지 않은 초록색 풀들이 잔뜩 섞여 있었다. 나는 새끼 늑대들이 날아다니는 곤충을 잡으려고 껑충 도약하는 모습도 봤다. 귀뚜라미와 메뚜기를 잡아먹은 다른 날에는 배설물에 곤충의 딱딱한 외골격이 섞여 있었다. 똥에서 메뚜기 머리가 나온 적도 있다.

8월 중순, 옐로스톤국립공원 기금의 기획으로 영화배우 해리슨 포드와 그의 가족을 공원에 초대하게 됐다. 치프조지프 무리의 집결지가 늑대 관찰에 최적이라고 해서, 나에게 접대 임무가 주어졌다. 포드 가족은 아침에 와이오밍주 잭슨에서 차를 몰고 올 예정이었고, 기금 직원인 벤저민 싱클레어와 내가 그날 오후에 그들을 안내할 참이었다. 그런데 아들이 병에 걸려 해리슨이 자택에 남아 간병하게 되었다. 우리는 해리슨의 아내이자 〈E.T〉와 〈검은 종마〉의 각본가인 멜리사 매티슨, 그리고 딸 조지아를 맞이하고 다 함께 관찰 지점까지 걸어갔다. 그곳엔 새끼 늑대 일곱 마리와 한 살배기 늑대 한 마리가 있었다. 우리는 해가 질 때까지 늑대들의 다양한 행동을 바라보았다.

다음 날 아침 포드 가족과 관찰 지점으로 다시 갔더니 새끼 늑대 일곱 마리가 그대로 있었다. 새끼 늑대들이 원을 그린 채 서 있었다. 이런 광경은 처음이다. 안개 때문에 원의 중심에 뭐가 있는지는 알 수 없었는데, 곧 정체가 드러났다. 거기에 회색곰이 있었던 것이다! 회색곰은 새끼 늑대들을 노려보다가 이윽고 오르막 쪽으로 이동했다. 그러자 곰을 둘러싸고 있던 새끼들도 겁먹은 기색 없이 곰과 함께 걷기 시작했다. 일렬로 곰을 따라가는 새끼 늑대들은 마치

자연 산책 때 레인저를 따라가는 사람들 같았다. 회색곰은 늑대를 거느리고 걷는 게 아주 평범한 일상인 양 무심히 뒤를 돌아보았다.

이 광경은 이번 여름에 내가 본 최고의 장면 중 하나다. 그날 오후 우리는 포드 가족을 웨스트옐로스톤공항까지 차로 데려다줬고, 개인 전용기로 마중 나온 해리슨이 이들을 집으로 데려갔다. 나는 그 후에도 멜리사와 계속 연락했고, 그해 가을에는 딸 조지아가 다니는 뉴욕의 학교에서 늑대 설명회를 개최했다.

여름의 끝자락에 클린트 이스트우드의 서부영화 〈석양의 무법자〉의 클라이맥스 장면을 연상시키는 광경을 목격했다. 한 살배기 한 마리가 새끼 늑대 두 마리와 마주 보고 서서 오랫동안 서로 노려본 채 미동도 하지 않았다. 이윽고 늑대들은 천천히 몸을 굽혀 상대를 향해 금방이라도 돌진할 것 같은 자세를 잡았다. 다음 순간 세 마리는 일제히 앞으로 뛰기 시작했다. 새끼 늑대 한 마리가 갑자기 진로를 바꾸었고, 그러자 한 살배기와 다른 새끼 늑대가 쫓아가서 상대를 땅에 쓰러트렸다. 나는 이 새로운 놀이를 '서로 노려보기 게임'이라고 이름 지었다.

8월 23일 아침, 평소처럼 집결지에 모인 치프조지프 무리를 확인했다. 나중에 생각해보니, 그것이 내가 마지막으로 이 무리를 본 날이었다. 그날 오후에 이들이 집결지를 떠났다는 신호를 수신했다.

네 마리의 한 살배기 중 장난꾸러기 수컷 한 마리는 얼마 후 무리를 이탈해 라마계곡 부근에 다다랐다. 거기서 21번의 딸과 새로운 일가를 꾸몄는데, 이후 이 짝은 수많은 새끼를 낳고 알파 암컷은 '암컷06'이라는 별명으로 유명해진다. 장난꾸러기 수컷 늑대는 무선 발신기를 장착하고 늑대 113번으로 불리게 된다.

19장 가족 공동체

나는 8월 27일에 라마계곡으로 돌아와서 드루이드 무리를 확인했다. 그런데 여전히 검정 늑대가 보이지 않았다. 무리의 지정 집결지에 인간이 접근한 7월 16일 이후 벌써 42일이 지났다. 어쩌면 그날 성체 늑대들과 헤어져 길을 잃어버렸는지도 모른다.

그로부터 이틀 뒤 이른 아침에도 칼세도니개울의 집결지에서 드루이드 무리를 발견했다. 어른이 세 마리, 한 살배기가 다섯 마리, 그리고 회색 새끼 늑대 한 마리로 모두 아홉 마리였다. 이날은 드물게 40번이 무리 전체와 장난을 쳤다. 이윽고 알파 쌍은 다른 늑대들과 떨어져 둘만의 시간을 보냈다. 뒷다리로 서서 몸을 부딪치고, 앞발로 서로를 할퀴었다. 앞발을 땅에 내려놓자 21번은 겁먹은 척하며 도망쳤고 40번은 그를 뒤쫓았다. 심지어 21번은 꼬리를 다리 사이로 말고 있었다. 새끼 시절에 놀던 것처럼 어리광과 익살을 부렸다.

그날 늦게 드루이드 무리가 커다란 수컷 들소를 사냥했다. 21번과 104번이 가장 가까이 다가갔다. 한 살배기 수놈 104번은 들소 쪽으로 몇 번이고 돌진했다. 젊은 104번은 들소의 반격을 재빨리 피했는데, 몸놀림이 무척이나 가벼워 보였다. 104번이 들소를 상대하는 동안 다른 늑대들은 등 뒤로 돌아가서 뒷다리와 엉덩이를 물려고 했는데 그 기회를 잡지 못했다.

8월 말에 크리스털크리크 무리가 수컷 알파 6번을 잃었다. 6번은 자신의 아버지이자 원래 수컷 우두머리였던 4번이 드루이드에게 살해당한 뒤 이모와 짝을 맺고 무리의 리더가 됐다. 8월 25일 추적 비행을 한 더그 스미스가 펠리컨계곡에서 6번의 사망 신호를 확인했다. 공원 직원이 현장에 가서 시체를 조사했는데, 엘크 뿔에 찔린 자상이 사인이었다. 바로 옆에는 그가 죽기 전에 사냥한 수컷 엘크가 있었다. 6번의 옆구리에는 회색곰의 갈고리발톱 자국이 나 있었다. 아마도 엘크를 뺏어가려는 곰과 싸우다 난 상처일 것이다. 6번은 곰까지 물리친 다음에 숨이 끊어졌으리라. 만약 수컷 우두머리가 죽음의 방식을 선택할 수 있다면, 6번의 죽음이야말로 가장 영웅적인 죽음일 테다. 이렇게 해서 당시 옐로스톤에서 가장 크고 강한 늑대가 사라졌다. 1995년에 데려온 크리스털크리크 무리의 사형제 중 살아 있는 늑대는 이제 두 마리로 줄어들었다. 크리스털크리크 무리를 떠나 이제 로즈크리크 무리의 알파 수컷이 된 8번과 레오폴드 무리의 알파 수컷인 2번이다.

    9월 8일 드루이드 무리는 여느 때처럼 라마계곡에 모습을 드러냈지만, 104번은 없었다. 그 후 며칠 동안 104번의 전파 신호도 잡히지 않았다. 9월 11일의 추적 비행에서 펠리컨계곡에서 몇 킬로미터 떨어진 헤이든계곡에 혼자 있는 104번을 발견했다. 닷새 뒤에는 104번이 크리스털크리크 무리와 함께 있는 모습이 확인됐다. 아무래도 이 무리의 새로운 알파 수컷이 될 것 같았다.

    이때 104번은 이제 생후 17개월 된 한 살배기로, 8번이 로즈크리크 무리에 수컷 리더로 합류했을 때와 비슷한 나이다. 크리스털크리크 무리에게는 적어도 두 마리의 수컷 한 살배기가 있었지만, 104번이 그 둘을 제치고 이 무리의 우두머리가 됐다.
무리의 한 살짜리 형제 두 마리는 알파 암컷의 친아들이다. 늑대는
근친과 교배하지 않기 때문에, 암컷 우두머리는 혈연이 아닌 수컷이
필요했다. 이전의 수컷 우두머리가 죽고 다른 무리의 수컷이 새
우두머리가 된 예는 이번이 세 번째다. 앞의 두 예에서 8번과 21번은
그 무리의 새끼 늑대를 자신의 자식으로 입양해 키웠다. 우리는
104번도 그러리라고 예상했다.

104번이 무리를 떠나면서 드루이드는 이제 알파 부부와 42번,
한 살배기 네 마리, 회색 털 새끼 늑대 한 마리로 줄어들었다. 회색
털 새끼 늑대는 이미 세 마리의 암컷 한 살배기만큼 자랐고, 수컷
한 살배기 107번과 덩치가 거의 비슷했다. 이 새끼 늑대의 어미는
틀림없이 40번이었으며 아비는 21번이었다.

나는 21번이 드루이드의 다른 늑대들과 어떻게 교류하는지
연구했다. 그러던 어느 날 밤 알파 쌍과 한 살배기 암컷 103번이
상호교류하는 모습을 볼 수 있었다. 103번과 21번이 서로 꼬리를
흔들며 턱을 벌리고 즐거운 듯 맞부딪치고 있었다. 21번은 자기보다
훨씬 작은 103번과 장난을 치다가 누워 있던 40번을 밟고 지나갔다.
40번은 벌떡 일어나 21번을 깨물려고 했다. 21번은 몸을 잘 피한 뒤
103번과 계속 놀았다.

그로부터 얼마 후, 21번이 혼자서 남동쪽을 향해 걸어갔다.
중간에 몇 번 멈춰 서서 40번 쪽을 돌아보는 게 마치 따라오길
바라는 눈치였다. 21번이 울부짖었고 40번도 응답해 울부짖었다.
그 후 40번은 일어서서 걷기 시작했지만, 곧장 21번에게 가지 않고

동쪽으로 향했다. 덩치 큰 수컷은 아내 곁으로 달려가서 동쪽으로 함께 걸어갔다. 이 모든 상황이 알파 암컷 40번이야말로 무리의 진짜 리더임을 보여주고 있었다.

그로부터 며칠 뒤, 나는 65분 동안 드루이드 무리를 관찰했다. 그중 암컷 리더 40번은 40여 분간 무리를 이끌었고, 21번이 앞장선 건 단 10분에 불과했다. 그럴 때조차 21번은 암컷 리더가 정한 길로 이동했다. 40번이 다시 선두에 서자 21번은 그 뒤를 졸졸 따랐다.

늑대 무리는 모계 사회이며 암컷이 주도권을 쥐고 있다. 나는 『늑대사회』 집필을 준비하며 알게 된 일화가 생각났다. 오리건주 포틀랜드에 있는 워싱턴파크 동물원의 한 생물학자가 동물원 내 늑대 관찰을 위해 열세 살 된 자원봉사자를 고용했다. 그는 자원봉사자 소녀에게 늑대 무리의 여러 구성원에 대해 설명하고 알파 수컷이 이 무리의 리더라고 가르쳤다. 당시는 그것이 통념이었다. 얼마 후 자원봉사자 소녀가 기록한 관찰 노트를 검토한 생물학자는 자신이 커다란 실수를 저지르고 있었음을 깨달았다. 기록은 늑대 무리를 지배하고 있는 동물은 알파 수컷이 아니라 알파 암컷이라고 말하고 있었기 때문이다. 생물학자는 불안한 마음으로 늑대 우리로 향했다. 우선 늑대를 세밀히 관찰해서 자신이 틀리지 않았음을 확인하려 했다. 그런데 늑대 무리를 자세히 살펴보니 그를 포함한 전문가들이 오랫동안 지켜온 믿음이 틀렸다는 것이 확실해졌다. 편견 없이 늑대를 관찰한 소녀가 전문가들은 보지 못한 진실을 본 셈이다.

21번의 주요 의무 중 하나는 가족을 위험으로부터 보호하는

일이다. 어느 가을 밤, 나는 알파 쌍과 잿빛 새끼 늑대가 칼세도니
집결지에 누워 있는 모습을 보았다. 그때 거대한 수컷 들소가 다가와
늑대들을 위협했다. 여기에 두 마리가 더 가세해 알파 암컷 40번을
공격하려 했다. 육중한 들소 한 마리가 돌진해 왔기 때문에 40번은
몸을 날쌔게 비틀어 도망쳤다. 21번과 새끼 늑대도 들소를 피해
도망쳤다.

소 두 마리는 이내 흥미를 잃고 어디론가 가버렸지만, 맨
처음에 온 수컷 들소는 늑대들을 끈질기게 따라왔다. 21번은 40번과
도망치다가 갑자기 방향을 바꿔, 체중이 900킬로그램은 나갈 수컷
들소를 바라보며 버텨 섰다. 그 모습은 마치 톈안먼광장에서 혼자
탱크에 맞섰던 시민과 같았다. 들소도 제자리에 서서 늑대 21번을
노려봤다. 21번은 한 발짝도 물러서지 않고 들소가 자신의 가족에게
접근하지 못하게 했다. 팽팽한 긴장감이 20여 초쯤 이어지다가, 문득
21번은 아무 일도 없었던 것처럼 들소에게 등을 돌려 빠른 걸음으로
가족에게 돌아갔다. 이윽고 들소도 반대쪽으로 움직이기 시작했다.

늑대는 사회적인 동물답게 가족을 지키고 먹이는 일에
협력한다. 어느 날 밤, 42번이 무리에서 몸집이 가장 작은 암컷
한 살배기 103번과 거리를 둔 채로 같은 방향으로 달리는 것을
보았다. 42번은 103번보다 한참 뒤처져 걷다가 갑작스레 서쪽으로
방향을 바꾸었다. 그쪽에서는 103번이 새끼 엘크의 엉덩이를
물고 아등바등하고 있었다. 42번이 잽싸게 달려가서 새끼 엘크를
쓰러뜨렸다. 현장에 먼저 와 있던 동료가, 늑대 두 마리는 한참
전부터 새끼 엘크를 쫓았지만 사냥에 실패했고 42번은 추적을
포기한 상태였다고 나에게 알려줬다. 그런데 자그마한 한 살배기

암컷 늑대 103번이 포기하지 않고 쫓아가서 결국 엘크를 붙잡았다.

늑대의 사냥 성공률은 높지 않다. 어떤 강연에서 더그 스미스는 사냥에 실패하는 비율이 95퍼센트나 된다고 말했다. 10월 말에 목격한, 드루이드 여덟 마리의 대형 수컷 엘크 사냥은 왜 그렇게 실패가 잦은지를 여실히 보여주었다. 수컷 엘크 한 마리는 늑대 여덟 마리에게 둘러싸여도 동요하지 않았다. 21번이 엘크의 등 뒤로 돌아 뒷다리를 물었지만 발길질 몇 번 만에 놓아버렸다. 기세등등한 수컷 엘크는 늑대 따위는 아무것도 아니라는 듯 느긋하게 그 자리를 떠났다. 늑대는 엘크의 뒤를 졸졸 따라갔다. 엘크가 멈춰 서자 늑대 무리도 멈춰서 낮은 자세로 웅크리고 엘크의 행동을 관찰했다. 아마도 빈틈을 찾는 듯했다. 오히려 엘크가 늑대 무리 쪽으로 다가왔고, 이에 놀란 늑대들이 뒷걸음질 쳤다. 엘크가 다시 걷기 시작하자 늑대도 따라갔다.

그때 드루이드 무리에서 두드러진 적 없는 한 살배기 수컷 늑대 107번이 달려가 엘크의 엉덩이를 물었다. 물었다가 도망치고 물었다가 도망치기를 몇 번 반복했지만 수컷 엘크는 미동도 하지 않았다. 엘크는 그저 뒷다리를 들고 땅을 몇 번 구르기만 했다. 어쩌면 엘크의 균형이 깨진 이 순간이야말로 여덟 마리의 늑대에게는 절호의 기회였을 테다. 그러나 겁을 먹은 늑대들은 아무것도 하지 못하였다.

나는 엘크 떼가 드루이드 굴 근처에서 풀을 뜯는 광경을 자주 목격했다. 그들이 늑대를 걱정하는 것처럼 보인 적은 거의 없고, 드루이드 무리가 엘크를 쫓아내는 경우도 드물었다. 어쩌면 늑대는 엘크를 발도 빠르고 힘도 세서 도저히 사냥할 수 없는 상대라고 여겼을지도 모른다.

    드루이드 무리를 물리친 수컷 엘크가 암컷을 찾는 울음소리를 내는 것을 듣고, 나는 이 수놈의 진짜 목적은 짝짓기였다는 걸 알았다. 그 와중에 드루이드 늑대는 그저 성가신 존재에 지나지 않았다. 그는 자손 번식이라는 평생의 과업을 앞두고 있었다. 그런데 고작 한 살배기 수컷 늑대 107번이 그의 엉덩이 근처에서 알짱거린 것이다. 엘크는 돌아서서 낮게 세운 뿔을 휘둘렀다. 앞서 늑대 6번에게 치명상을 입힌 뿔 찌르기 기술이다. 107번은 그 공격을 피하고 무리로 돌아갔다. 이 시점에서 늑대 무리는 이번 사냥은 실패라고 판단한 게 틀림없다. 한 마리씩 자리를 떠났기 때문이다.

    그러나 그들이 사냥을 완전히 그만둔 것은 아니다. 무리는 근처 숲속으로 이동했다가 다른 목표를 찾아서 사냥을 재개했다. 그 후의 일은 수목에 가려져 잘 보이지 않았지만, 이윽고 드루이드 무리가 엘크를 죽이고 고기를 탐식하는 장면을 목격했다. 늑대 사냥의 전형적 패턴이다. 한 번 실패하고, 두 번째도 실패하고, 계속 실패하다가 결국은 먹잇감을 획득한다. 늑대의 삶이란 바로 그런 것이다. 몇 번을 실패하더라도 좌절하지 않고, 언젠가 올 성공을 믿고 오로지 끈기 있게 사냥에 매달릴 뿐이다.

    얼마 전부터 늑대 40번이 여동생 42번을 다시 괴롭히기 시작했다. 나는 40번이 42번을 쫓아가, 밀어서 넘어뜨리고 엉덩이를 물어뜯는 것을 여러 차례 목격했다. 알파 암컷 40번이 한바탕 휩쓸고 가면 42번은 검은 털 암컷 한 살배기 중 한 마리에게 가서 함께 놀았다. 그러나 곧 40번이 달려와 한 살배기를 밀어 넘어뜨렸고,

어린 암컷은 고통스러운 비명을 질렀다. 42번과 사이좋게 지낸 것에 대한 벌처럼 보였다. 그때 42번이 언니 40번에게 다가가 얼굴을 핥았다. 상황을 바꾸기 위해서였다. 나는 젊은 암컷 한 살배기가 42번에게 받은 도움을 나중에 보답할지 궁금했다.

40번은 다른 암컷 한 살배기들을 향해서도 매우 공격적인 자세를 취했다. 세 마리의 암컷 한 살배기는 다음 봄이면 새끼를 낳을 수 있는 나이가 된다. 그중 일부를 무리에서 쫓아내야 40번의 친자식들이 살아남을 확률이 높아진다. 40번과 이 암컷 한 살배기들의 관계 또한 갈등의 원인이었다. 나중에 실시한 DNA 감정 결과 한 살배기 세 마리의 어미는 40번이 일찍이 무리에서 쫓아낸 동생 41번으로 밝혀졌다. 실제로 몇 년 후에 다른 무리에서 번식 철을 앞두고 알파 암컷이 조카뻘인 두 마리의 암컷을 무리에서 쫓아내는 일이 생겼다. 그때도 친딸인 암컷 두 마리는 무리에 남았다.

나는 21번이 40번의 행동을 어떻게 생각할지 궁금했다. 알파 수컷인 21번은 9월에 무리를 떠난 104번을 포함해 수컷 한 살배기들과 사이좋게 지냈다. 그래서 암컷들이 왜 옥신각신하는지 모르는 듯 보였다. 40번이 무리의 암컷들을 괴롭히는 장면을 21번은 멀리서 바라만 봤다.

알파 암컷 40번이 폭력성을 폭발시킨 지 얼마 지나지 않아 나는 103번과 106번이 엘크 떼를 쫓는 모습을 보고 사냥이 얼마나 위험한지 새삼 깨달았다. 106번이 엘크 등 뒤로 다가가다 엘크의 발길질에 가격당했다. 106번은 넘어졌다가 가까스로 일어났다. 하지만 다시 엘크를 쫓지는 않았다. 통증이 심상치 않았던 탓이다. 나는 수년 동안 공원에서 다리가 부러진 늑대들을 많이 보았다. 어떤 수컷 늑대는 오른쪽 앞발이 세 번이나 부러졌다. 부러진 뼈는 저절로 붙지만 끝내 다리 모양이 변형되고 말았다. 그는 다리가 부러진 상태에서도 쉬지 않고 사냥했고, 뼈가 다 붙을 때까지는 세 발로 걷거나 뛰었다. 때로는 크리스털크리크 무리의 알파 수컷 6번처럼 엘크와의 충돌이 치명적 결과로 이어지기도 하였다. 그해 10월 말에 라마강 상류에서 로즈크리크의 수컷 한 살배기의 사망 신호를 확인했다. 스태프 몇 명이 나가서 그를 찾았는데, 이번에도 시체의 가슴에 엘크 뿔에 찔린 상처가 있었다.

늑대가 다치고 죽는 이유가 전부 사냥 때문인 것은 아니다. 사실 공원 내 성체 늑대의 사인 중 제1의 원인은 적대하는 무리와의 싸움이다. 여러 무리가 영역을 놓고 경쟁하다가, 그것이 결국 서로를 죽이는 전투로 발전한다. 마치 인간이 영토나 재산을 놓고 싸우다 서로 죽이는 것과 같다. 앞에서도 썼듯이 이 공격적인 영역 다툼이 공원 내 늑대 수 폭증을 방지하고 있다. 옐로스톤국립공원의 면적은 약 8900제곱킬로미터로, 매사추세츠주의 절반 가까운 넓이다. 하지만 충분한 먹이 동물이 서식하는 양질의 늑대 영역은 많이 잡아도 10개나 11개 정도에 불과하다. 옐로스톤의 늑대 무리는 평균 10마리로 형성되어 있다. 최근 옐로스톤의 늑대 개체 수는 100마리로 사실상 포화상태가 되었으며 이것은 100여 년 전 이곳에 살고 있던 늑대의 수와도 거의 비슷하다.

1월 초에 늑대 42번과 한 살배기 세 마리를 라마계곡 북쪽에서 찾았다. 또 같은 구역에서 로즈크리크 무리의 신호도 감지했다. 드루이드 늑대 서식지에서 북쪽으로 500미터 떨어진 곳에 로즈크리크 무리가 있었다. 그러나 두 무리가 마주치지는 않았다.

드루이드는 동쪽으로 가고, 로즈크리크는 서쪽으로 갔기 때문이다. 그날 로즈크리크 무리는 알파 쌍을 포함해 17마리였다. 만약 두 무리가 엉켜 싸웠더라면 머릿수가 한참 부족한 드루이드는 큰 변고를 겪었을 테다. 특히 알파 수컷 21번이 자리를 비운 상태라 더더욱 그랬다.

나는 21번이 무리에게 이동 방향을 지시하였으나 무시당하는 모습을 계속 기록했다. 그날 21번은 동쪽으로 가고 싶어 했다. 하지만 40번이 꼼짝하지 않는 것을 눈치챈 다른 늑대들은 움직이지 않았다. 결국 21번은 가던 길을 멈추고 돌아왔다. 33분 동안 그는 가족을 동쪽으로 이끌려는 행동을 여덟 차례 반복했지만 아무도 따라오지 않았다. 21번이 아홉 번째로 동쪽으로 향했을 때 한 살짜리들과 새끼 늑대가 마침내 졸졸 따라왔다. 잠시 후 40번과 42번도 같은 방향으로 걷기 시작했다. 곧 알파 암컷이 21번을 추월해 선두에서 무리를 이끌고 동쪽으로 나아갔다.

드루이드 늑대 중 주로 누가 무리를 이끄는지도 계속 기록했다. 1998년 여름에는 40번이 선도한 경우가 전체의 48퍼센트였지만, 21번이 선도한 경우는 20퍼센트였다. 그다음은 42번으로 17퍼센트, 106번은 4퍼센트였다. 어디로 갈 것인지 결정하는 쪽은 주로 40번이었고, 다른 늑대들은 암컷 리더의 결정을 그대로 따랐다.

옐로스톤을 떠날 준비가 된 11월 10일에 나는 다시 한번 로즈크리크 무리를 발견했다. 이번에는 전부 22마리였다. 로즈크리크는 옐로스톤에서 가장 거대한 늑대 무리로, 드루이드보다 수가 세 배나 많았다. 무리를 선도하는 늑대는 알파 암컷 9번으로, 그 뒤를 알파 수컷 8번이 받치고 있었다. 8번의 바로 뒤에서는 커다란 검은 털 큰 늑대가 꼬리를 세우고 걸어갔다. 그 모습이 21번과 매우 흡사해 보였다. 이 늑대는 21번의 암컷 형제 18번인데, 베타 암컷으로 1995년에 태어난 새끼 여덟 마리 중 로즈 무리에 남아 있는 마지막 한 마리였다. 18번은 1997년과 1998년에 8번과 새끼를 낳았고, 현재도 무리 중 몇 마리는 이 둘 사이에서 태어났다.

늑대 8번이 로즈 무리에 온 지 벌써 3년째다. 그동안 8번은 알파 수컷으로서 리더십과 다산 능력을 입증했다. 현재 무리의 늑대 가운데 열아홉 마리(새끼 늑대, 한 살배기, 젊은 성체 포함)가 8번의 자식이다. 8번이 공원에 도착한 순간부터 복원 프로젝트의 스태프 모두 그를 자랑스러워했다. 늑대 8번은 모두의 상상을 훨씬 뛰어넘는 일들을 해냈다.

겨울 업무를 위해 옐로스톤을 떠나기 전에 기록을 재검토해보니, 올해 여름과 가을 내내 2037시간 동안 야외 조사를 실시했다. 주 40시간 근무로 따지면 51주 동안 일한 것이나 마찬가지다. 실제로 내가 옐로스톤에서 근무한 기간은 26주였으니, 일주일에 평균 78시간씩 일한 꼴이다. 어쩌면 나는 그해 여름 연방정부에 고용된 직원 가운데 가장 오래 일한 사람이었을지도 모른다.

20장   친족 살해사건

1998년 말부터 1999년 초까지 빅벤드국립공원에서 일하는 내내 나는 5~11월에만 옐로스톤국립공원에서 일하면 옐로스톤 늑대의 삶을 극히 일부밖에 알 수 없을 것이라고 생각했다. 그들의 삶을 더 깊이 이해하기 위해서는 늑대들의 겨울나기를 관찰해야 한다. 나는 즉시 더그와 상의하여 앞으로는 1년 내내 옐로스톤공원에 상주하기로 했다. 야생 늑대 한 마리 한 마리의 개성과 생각을 이해하고, 이 매력적인 일화들을 사람들에게 전달해서 늑대에 대한 대중적 관심을 심화시키고 싶었다. 나는 존 F. 케네디 대통령의 명언을 떠올리며 스스로를 격려했다. "우리는 향후 10년 안에 달에 가서 다른 일들을 하기로 결심했습니다. 그게 쉬워서가 아니라 어렵기 때문입니다." 그러나 지금 돌이켜 보면 당시의 나는 앞으로 얼마나 힘든 일들이 벌어질지 짐작하지 못했다.

		1999년 4월 30일이 그해 옐로스톤에서의 첫 근무일이었다. 그날 일찍 옐로스톤강 북쪽에서 갓 잡은 동물 사체를 탐하는 로즈크리크 늑대 다섯 마리를 발견했다. 이들은 배를 채운 뒤 맘스리지 굴로 향하며 내 시야에서 사라졌다. 나중에 9번의 딸 중에서 이제 네 살이 된 암컷 늑대 18번이 그 굴을 사용하고 있었다는 것을 알았다. 18번의 검은 털은 어느덧 회색으로 변했고, 정수리에는 특이한 흰색 반점이 드러나 있었다. 18번의 수컷 형제인 21번도 머리 꼭대기에 하얀 부분이 있다. 이 둘은 거의 일란성 쌍둥이처럼 닮았다.

18번은 세 해 연속 새끼를 출산했다. 언젠가 어미인 9번이 죽으면 18번이 무리의 알파 암컷 자리를 잇게 될 듯싶었다. 그러나 아직까지는 9번이 맘스리지 북동쪽에 있는 새 굴을 거점으로 삼고 있었다. 그 밖에는 1997년에 태어난, 18번보다 더 어린 암컷이 맘스리지 서쪽에 굴을 만들고 있었다. 그해에만 로즈크리크 무리에는 알파 암컷 9번에게서 여섯 마리, 18번에게서 일곱 마리, 그리고 또 다른 어미에게서 다섯 마리의 새끼가 태어났다. 이토록 많은 새끼를 기르려면 먹이가 정말 많이 필요하다.

로즈 무리의 수컷 우두머리인 8번은 이제 다섯 살로, 인간으로 치면 42세가량이었다. 옐로스톤 늑대의 평균 수명까지 앞으로 한 해 정도 남은 셈이다. 그해 봄 엘크 사냥 모습을 관찰하던 중 전속력으로 엘크 떼를 쫓는 네 마리의 젊은 늑대 뒤를 따라가는 8번을 보고 나이 때문에 다리가 느려진 것인지, 아니면 그저 에너지를 아끼고 있는 것인지 궁금해졌다. 젊은 늑대들이 암컷 엘크에게 달라붙자 8번이 달려와 암컷 엘크를 고꾸라뜨리고 숨통을 끊었다. 그 모습을 보고 다리가 느려졌을지언정 아직은 자신의 역할을 혁혁히 하고 있다고 느꼈다.

5월 말이 되자 로즈 늑대들은 사냥터를 더 높은 고지로 옮겼다. 그래서 나는 아직 굴 근처에 머무르고 있는 드루이드 무리를 집중 관찰하기로 했다. 5월 마지막 날, 데드퍼피힐에 올라가 보니 풋브리지 주차장과 히칭포스트 주차장 근처의 굴 옆에 드루이드 늑대들이 모여 있었다. 알파 쌍과 42번도 함께였다. 42번은 알파 암컷 40번 옆을 지나갈 때 꼬리를 다리 사이로 말았다. 40번은 올해도 출산 후 새끼들에게 젖을 먹이고 있었다.

1998년 드루이드 무리에서 태어난 새끼 두 마리 중 살아 있는 한 마리는 이제 한 살이 됐다. 이 잿빛 수컷 늑대는 지난 겨울에 무선발신기를 달고 163번이라는 식별 번호를 받았다. 163번은 새로운 것에 대한 탐구심이 강해서 공원 신작로와 자동차에 무척 관심이 많다고 들었다. 풋브리지 주차장에서 쓰레기통을 뒤지는 모습도 촬영됐다. 그는 쓰레기통을 휘젓다 이내 주차장을 가로질러 도로에 누웠다. 잠시 후 물고 온 쓰레기 한 조각을 꿀꺽 삼켰다. 우리는 방문객들이 그 모습을 보고 163번에게 음식물을 주면 어쩌나 걱정했다. 사람이 주는 음식을 받아먹기 시작하면 사냥감보다 사람을 찾는 데 더 많은 시간을 쏟게 될 것이다.

다음 날 아침, 도로에서 밤중에 드루이드 늑대들이 사냥한 수컷 엘크 사체를 발견했다. 목 언저리에 늑대 이빨 자국이 선명하게 남아 있었다. 다른 상처는 없었다. 그걸 보고 사냥꾼은 경험이 풍부하고 노련한 늑대, 아마도 21번일 것이라고 짐작했다. 수컷 늑대는 어깨높이가 지면에서 80센티미터 정도인 반면 수컷 엘크의 어깨는 지면에서 150센티미터 위에 있다. 엘크 목구멍은 그보다도 10센티미터쯤 더 높다. 늑대가 수컷 엘크를 사냥하려면 그만큼을 뛰어올라야 한다는 의미다.

나는 라마레인저스테이션까지 차를 몰고 가 방금 본 엘크 사체를 보고한 뒤, 다른 레인저들과 함께 늑대에게 안전한 장소로 그것을 옮겼다. 마침 야생동물의 사인을 법의학적으로 검시하는 조사관과 이야기할 기회가 있었는데, 그는 늑대가 엘크의 목을

물었을 때 무슨 일이 벌어지는지를 알기 쉽게 설명해주었다. 목을 물린 엘크는 둘 중 하나의 형태로 질식사한다. 목을 지나가는 경동맥이 터지면서 혈액이 호흡기관을 막거나, 또는 늑대의 강력한 턱 힘에 목이 졸려 죽는다. 어느 쪽이든 죽음은 몇 분 안에 찾아온다. 나중에 알게 된 사실이지만 어린 늑대는 이 기술을 본능적으로 아는 게 아니다. 성체 늑대가 사냥하는 모습을 보고 배운다. 그렇다면 21번은 8번에게 사냥법을 배웠을 것이다.

아버지 21번과 마찬가지로 아들 163번 역시 새끼들을 먹이기 위해 안간힘을 쓰는 듯했다. 어느 날 이른 아침에 나는 엘크의 등뼈를 나르는 163번을 굴 서쪽에서 목격했다.

이틀 뒤 새 사냥감 옆에 있던 163번이 굴 쪽으로 향하는 모습을 보았다. 바로 숲으로 사라졌는데, 새끼 늑대에게 동물에서 떼어 온 살점을 토해내러 갔을 터라고 생각했다. 25분 뒤 163번은 다시 시체 쪽으로 돌아갔다. 그러던 중 그는 누나뻘 되는 늑대와 마주쳤다. 그 늑대가 163번의 주둥이를 핥자 그는 누나를 위해 고기를 게워냈다. 그후 두 마리는 나란히 달리기 시작했고 얼마 지나지 않아서 들소 사체에 다다랐다. 들소 고기를 탐식한 뒤 163번은 다시 굴에 있는 새끼들 품으로 돌아갔다. 돌아가는 길에 163번은 두 번 멈춰 서서 땅에 고기를 파묻었다. 나중에 사냥에 실패하면 묻어둔 고기를 꺼내서 새끼들에게 주기 위해서였다. 그날 밤 배를 잔뜩 불린 21번이 굴로 돌아가는 모습도 보았다. 50분 뒤 그는 한 번 더 시체가 있는 곳으로 갔다.

21번과 163번이 들소 사체와 굴 사이를 되풀이해서 왕복한 것과 163번이 고기를 숨겨둔 데에는 선견지명이 있었다. 다음 날 커다란

수컷 회색곰이 들소 사체를 가로챘기 때문이다. 회색곰이 사라지자
바로 다른 어미 곰이 한 살배기 새끼 곰 세 마리를 데리고 와서
남은 고기를 뜯어먹었다. 이후 40번과 163번이 협력해 곰 가족을
쫓아냈다. 어미 곰이 도망치자마자 늑대 두 마리는 최대한 빨리
고기를 삼켰다.

어미 곰은 세 마리 새끼 곰과 늑대들 중간에 멈춰 섰다.
늑대로부터 먹이를 빼앗고 싶고, 동시에 자신의 새끼들도 안전하게
지키고 싶다고 생각하는 듯했다. 그때 드루이드 늑대 두 마리가 더
왔고, 네 마리의 늑대는 곰 모자에게 으름장을 놓으며 먹이를 삼켰다.
곰 가족이 사라진 뒤 드루이드의 성체 중 가장 작은 암컷 늑대
103번이 홀로 사체를 탐하고 있는 모습을 보았다. 또 다른 회색곰이
다가왔지만 103번은 물러서지 않았다. 곰과 늑대는 약간의 거리를
두고 함께 고기를 먹었다.

21번과 163번 부자가 고기를 가족에게 운반하는 일에만 몰두한
건 아니다. 얼마 후 고기를 뜯던 21번이 한 살배기 아들과 놀이를
시작했다. 덩치가 큰 21번이 163번을 향해 돌진하자, 163번도
놀이임을 알고 21번에게 돌격했다. 21번은 불쑥 방향을 틀어 163번이
자신을 쫓게 했다. 잠시 후 둘은 역할을 바꿨다.

21번이 163번에게 따라붙어 엉덩이를 가볍게 깨물었다. 21번은
아들을 상대로 온 힘을 다하지 않는 듯 보였다. 두 마리는 언덕
경사면의 설원 위를 뒹굴었다. 그 후 두 마리는 힘차게 일어섰고,
아들이 아버지를 다시 뒤쫓았다. 21번은 마치 형제자매와 함께
의붓아비 8번과 놀던 유년 시절로 되돌아간 것 같았다.

5월 15일, 타워정션 북쪽에서 예상치 못한 늑대의 전파 신호를

감지했다. 신호의 주인공은 드루이드 무리의 이전 구성원으로, 지난해 가을에 이 무리를 이탈해 크리스털크리크 무리의 알파 수컷이 된 104번이다. 그는 왜 북쪽으로 돌아왔을까? 다음 날 104번이 라마계곡 북쪽에서 드루이드의 굴로 걸어가고 있다는 보고를 받았다. 20분 후에는 굴이 있는 숲에서 신호가 발신되었다. 그때 104번은 드루이드 성체 늑대 세 마리와 같이 있었다. 우리가 알기로는 8개월 전 104번이 이 계곡을 떠난 이후 첫 재회였다.

다음 날 아침, 나는 104번이 그의 암컷 형제 중 한 마리와 칼세도니 집결지에 있는 것을 발견했다. 그곳은 그들이 어렸을 때 자주 놀던 장소였다. 그곳에 있는 늑대가 104번이라는 사실은 멀리서도 알 수 있었다. 왜냐하면 꼬리가 구부러진 부분이 어미 늑대 42번과 똑같이 생겼기 때문이다. 같은 날 추적 비행에서 104번은 집결지에서 남쪽으로 16킬로미터 떨어진 곳에서 확인됐는데, 그것은 크리스털크리크 무리의 영역으로 돌아가고 있다는 뜻이다.

그 무렵 눈이 녹으면서 라마강의 수위가 높아졌다. 어느 날 나는 안전하게 강을 건너갈 장소를 찾는 암컷 늑대 103번을 발견했다. 103번은 강에서 갈라진 작은 지류를 건너다 강폭이 넓고 수심이 깊은 곳에 걸쳐 있는 통나무를 찾았다. 즉시 그 위로 올라가서 이내 반대편 기슭에 이르렀다.

며칠 뒤 나는 대학원생인 제니퍼 샌즈와 갓 죽은 동물 사체를 조사하러 나갔다. 치아 상태를 보면 죽은 동물의 나이를 알 수 있고 골수를 조사하면 건강 상태까지 알 수 있다. 이른 아침에 도보로 출발했을 때는 강 수위가 낮았다. 그런데 돌아올 때는 물이 깊고 물살이 빨라서 도저히 걸어서 건널 수 없을 것 같았다. 나는 며칠 전에 관찰한 103번의 행동을 떠올렸고, 늑대가 강을 건너간 지점으로 이동해서 건너편 기슭에 이르렀다. 만약 103번이 강을 건너가는 장면을 못 봤다면 꼼짝없이 발이 묶였을 것이다.

    이 몸집이 작은 암컷 늑대 103번은 영리할 뿐 아니라 드루이드 무리에서 가장 빨랐다. 어느 날 103번이 알파 쌍, 그리고 42번과 함께 사냥을 시작했다. 그들은 몇 마리의 엘크를 발견했고, 21번이 엘크를 향해 곧장 달리기 시작했다. 103번도 추격에 가담해 순식간에 알파 수컷 21번을 제쳤다. 다른 무리는 저 멀리 뒤떨어져 있었다.

    통상 체중이 가벼운 암컷 늑대가 몸집이 큰 수컷 늑대보다 더 빠르다. 사냥감을 먼저 따라잡는 쪽은 대개 젊은 암컷이다. 선두에 선 암컷의 임무는 엘크의 뒷다리를 물고 속도를 늦추는 것이다. 그러면 곧바로 다른 암컷이 가세해서 반대쪽 뒷다리를 문다. 그다음 21번과 같은 건장한 수컷이 엘크의 목덜미를 물어뜯었다. 이렇게 늑대 무리는 역할을 나누어서 사냥감을 공격한다. 때로는 뛰어난 암컷들이 단독으로 사냥에 성공하는 장면도 목격했다. 또 평균보다 훨씬 빠른 수컷도 본 적 있다.

    얼마 후 드루이드 무리가 칼세도니개울 근처에 모인 스물다섯 마리의 엘크 떼를 발견하고 굴에서 나왔다. 늑대들은 50분 동안 엘크 사냥을 시도했으나 한 마리도 잡지 못했다. 그날 드루이드 무리는 사냥을 포기하고 쥐를 잡거나 오래된 들소 사체가 있는 곳으로 가서 고기를 청소했다. 며칠 전에 현장 조사를 다녀온 우리는 거기에는 이미 뼈와 털밖에 없다는 것을 알고 있었다. 이 장소에서 얻을 수 있는 얼마 안 되는 음식을 배에 담고 나서 드루이드 늑대들은 또 다른 엘크 떼를 사냥하려 했지만 이번에도 한 마리도 잡지 못했다. 그날

드루이드 늑대들은 배가 몹시 고팠을 것이다.

드루이드 무리를 관찰하는 동안, 늑대가 먹이를 얼마나 오랫동안 보관하는지 기록했다. 사냥한 지 1년 된 수컷 들소를 꺼내 먹는 모습을 목격한 적이 있다. 또 1999년 말에는 17개월 전에 처치한 수컷 엘크 사체로 돌아가는 모습도 보았다. 그날 아홉 마리 늑대 가운데 다섯 마리가 머리뼈에 찰싹 달라붙었고, 암컷 한 마리는 다리뼈를 다시 땅에 묻었다. 마치 개가 나중에 갉아 먹기 위해 뼈를 뒤뜰에 묻는 것과 같다. 굶주린 나머지 가죽신을 먹은 인간이 있다는데, 그런 경우와 마찬가지였다.

늑대는 오랫동안 제대로 먹지 못해도 살 수 있도록 진화했다. 아주 오래전 사육시설에서 행한, 지금이라면 동물 애호 정신이 부족하다는 비난을 받을 만한 실험에 의하면, 어른 수컷 늑대는 19일간 먹이를 주지 않아도 살아남았다. 야생 늑대는 오늘 사냥에 실패하면 내일, 그때도 안 되면 또 다음 날에도 사냥에 계속 나선다. 내가 가장 존경하는 늑대의 특성은 바로 이 끈기이다. 열정이나 불굴의 마음이라고 해도 좋다. 아마도 늑대들은 포기라는 것을 모르리라고 생각한다.

옐로스톤에서 늑대 무리의 영역은 평균 777제곱킬로미터 정도이다. 옐로스톤에서 장기간 코요테를 연구한 밥 크랩트리는, 일반적인 늑대 무리의 영역은 코요테 무리 영역의 10배에 달한다고 말한다. 드루이드 늑대들도 라마계곡을 이동하던 중 종종 코요테 무리와 만났고, 때로는 코요테 무리가 자신들의 영역에 침입한 늑대를 쫓아내는 일도 있다.

1999년 봄 어느 아침, 나는 수컷 코요테가 옐로스톤연구소 근처에서 늑대 42번을 쫓는 장면을 보았다. 42번은 몇 차례나 뒤돌아 코요테와 마주했다. 그때마다 코요테는 뒷걸음질을 쳤지만 42번이 움직이기 시작하면 다시 따라붙었다. 42번은 꼬리로 엉덩이를 덮은 채 달렸다. 그런데 42번이 땅 냄새를 맡기 위해 멈춰 섰을 때 코요테가 달려들어 꼬리를 물었다. 42번은 돌아서서 코요테를 쫓아내고 다시 걷기 시작했다. 코요테는 계속 쫓아오며 또 한 번 꼬리를 향해 돌진했다. 42번은 꼬리를 배 밑으로 감은 채 도망쳤지만, 이윽고 뒤돌아서서 코요테를 쫓아버렸다.

나중에 드루이드 늑대들이 이 코요테 무리에게 보복하는 광경을 목격했다. 드루이드 늑대 다섯 마리가 코요테들이 굴을 파놓은 옐로스톤연구소 뒤쪽으로 왔다. 42번을 선두로 일행은 코요테 무리의 암컷 우두머리를 공격했다. 나는 그 후에 일어난 일을 정확히 보지는 못했지만, 코요테 암컷 리더가 우는 소리는 들을 수 있었다. 연구소에서 수업을 듣던 사람들이, 42번과 다른 성체 암컷 늑대가 차례로 코요테의 굴 안으로 들어가 새끼 코요테를 끌어내어 물고 떠나는 것을 목격하였다. 그리고 나는 늑대 두 마리가 죽은 새끼 코요테를 씹어 먹는 장면을 보았다.

한 스태프로부터 하루 전에 42번의 꼬리를 문 코요테가 이 무리의 수컷 우두머리였다고 들었다. 42번은 처음부터 복수할 속셈으로 무리를 이끌고 이곳으로 왔으리라. 나중에야 밥의 팀 연구자들로부터 코요테 무리가 살아남은 새끼 두 마리를 공원 신작로 남쪽에 있는 새 굴로 이주시켰다는 소식을 들었다.

드루이드를 비롯한 늑대 무리를 추적하면서 코요테가 늑대의

사냥감을 훔치는 모습도 몇 번이나 보았다. 늑대가 식량을 새끼 늑대에게 전달하러 가면, 코요테 떼가 몰래 와서 고기를 먹어치우는 일이 잦았다. 크리스 윌머스는 「많은 생물을 위한 음식 연구」라는 글에서 늑대가 잡아놓은 동물 사체를 열여섯 마리의 코요테가 훔쳐 먹는 광경을 봤다고 했다. 아마 늑대들은 상점 주인이 좀도둑에게 느끼는 것과 같은 증오심을 코요테에게 품었을 것이다.

코요테 굴 습격 사건으로부터 며칠 뒤, 더그 스미스와 울프 프로젝트의 다른 직원이 연구소에 합류했다. 우리는 비탈길을 걸어 올라가 동쪽으로 향했다. 그곳에서 콜로라도주에서 온 앤 윗벡을 만났다. 그는 의젓하고 붙임성이 좋아서 늑대 관찰 커뮤니티 성원들로부터 큰 사랑을 받고 있었다. 우리는 산등성이 주변을 조사했다. 그해 4월 초에 42번이 그곳에 굴을 파고 있음을 알았다. 42번의 전파 신호는 능선 정상에 있는 숲에서 발신되었다. 신호가 약해졌다 강해지기를 반복했는데, 그것은 늑대가 굴을 들락날락할 때 감지되는 패턴이다.

4월 9일에는 울프 프로젝트의 자원봉사자 데비와 제이슨이 드루이드의 알파 쌍이 숲으로 향하는 장면을 목격했다. 직전의 근무자들은 40번이 42번을 약 4분간 괴롭혔다고 했다. 평소보다 훨씬 길고 격렬한 공격이었다. 그 후 40번, 42번 자매와 21번은 굴이 있는 숲속에 들어가 몇 시간 동안 모습을 보이지 않았다. 전파 신호는 42번이 굴을 들락날락하고 있다는 것을 보여주었다. 다음 날 암컷 우두머리 40번은 자매인 42번을 또 공격했다. 늑대 42번은 그날 이후 다른 드루이드 늑대들이 잡은 사냥감을 먹지 않았다. 보통은 새끼를 키우고 있는 어미는 먹이를 많이 먹기 마련이다. 우리는 뭔가 문제가 생겼음을 알아차렸다. 며칠 뒤 42번은 새로 만든 굴을 버리고 무리의 본거지로 돌아와서 40번의 친자식들을 돌봤다.

일련의 사건은 40번이 42번의 굴에 가서 새끼들을 죽인 것 아닐까 하는 의심을 품게 했다. 40번의 평소 모습과 폭력성을 고려한다면 그랬을 가능성이 크다. 40번은 예전에 친어미를 괴롭혀서 무리에서 쫓아냈고, 자매 중 한 마리에게도 같은 일을 반복했다. 게다가 이 알파 암컷은 42번을 습관적으로 때렸다. 40번이 무리가 사냥한 식량을 42번과 나누지 않고 자기 친자식에게만 주고 싶어 했다고 생각해도 이상하지 않다.

나는 울프 프로젝트 스태프와 함께 숲 깊은 곳에 있던 42번의 굴을 발견했다. 비탈에 수직으로 파놓은 굴은 사람 한 명이 겨우 기어 들어갈 수 있는 크기였다. 굴속에는 아무것도 없었다. 새끼 늑대의 유해도 발견되지 않았지만, 그것은 예상했던 일이다. 어쩌면 드루이드를 공격했던 코요테 무리가 새끼 늑대 사체를 먹어치웠을지도 모른다. 그곳에서 무슨 일이 벌어졌는지 확실히 알 수는 없지만, 40번이 잠시 굴을 들른 뒤에 42번이 그곳을 떠났다는 사실은 40번이 42번의 새끼들을 죽였음을 시사하는 강력한 증거다.

40번의 소행으로 의심되는 새끼 늑대 살해사건은 남편 21번에게 어떤 영향을 미쳤을까? 이 덩치 큰 수컷은 40번과 42번이 낳은 새끼들의 아비다. 그 역시 42번의 은신처 근처에 있었고 아마도 알파 암컷 40번이 굴 안으로 들어가는 모습도 보았을 것이다. 암컷 늑대가 다른 어미의 새끼들을 돌보는 것은 예사로운 일이다. 그러나 굴에 들어간 40번은 별안간 자매 42번의 새끼들을 죽였을 성싶다.

21번이 42번의 새끼들이 살해당하는 소리를 듣고 있었는지, 아니면 안에서 일어난 일을 몰랐는지는 알 수 없다. 그러나 적어도 며칠 뒤 42번이 무리로 돌아왔을 때에는 40번이 42번의 새끼들을 죽였다는 사실을 확인했을 것이다.

알파 암컷 40번이 앞으로 같은 짓을 또 하려 할 때, 과연 21번이 개입해서 제지할까? 나는 21번이 무리 내 암컷을 공격하는 것을 한 번도 본 적 없었다. 그는 암컷에게 해를 끼칠 일을 하지 말라는 행동 강령을 고수하는 듯했다. 심지어 그 암컷이 자신을 물어뜯더라도 말이다. 나중에 어느 번식기에 21번이 작은 암컷에게 반복해서 물리는 모습을 목격했다. 세어 보니, 그 암컷은 21번을 아홉 차례 물었고, 위협하듯 물고 늘어지는 시늉을 한 것은 90여 회, 그리고 한 차례였지만 21번을 때려 쓰러뜨리기까지 했다. 한편 21번이 그 암컷을 깨문 것은 딱 한 번뿐이고, 깔아뭉갠 것도 한 차례뿐이었다. 그는 암컷이 자신을 무는 상황을 받아들였고 그에 대해 보복할 생각은 없는 듯했다. 21번을 거절한 암컷은 결국 다른 수컷과 교배했다. 그해 드루이드는 매우 큰 무리가 되어 있었고 구성원 사이의 관계도 점점 더 복잡해지고 있었다.

나는 21번을 비롯한 수컷 늑대들이 암컷을 존중하는 태도를 어떻게 익혔는지 알기 위해 애썼다. 수십 년 동안 늑대 무리를 관찰한 결과 확실해진 사실은 어미 늑대야말로 모두가 인정하는 리더라는 것이다. 새끼 늑대가 무리에서 멀리 떨어지면 어미 늑대가 달려가서 그 등을 물고 굴로 데려온다. 어미 늑대는 새끼가 실수를 하면 그것을 바로잡지만 어른 수컷이 훈육하는 경우는 드물다.

알파 암컷이 굴을 팔 장소를 비롯하여 사냥 시간, 사냥터 및 사냥 규칙을 정한다. 수컷 새끼 늑대는 커서 어른이 되어도 늑대의 삶이란 응당 암컷의 결정을 따르는 것이라고 생각하는 듯 보였다. 40번은 지배자였고, 21번은 오로지 그 지배자에게 복종하는 수컷 알파 늑대였다. 하지만 40번이 또다시 다른 암컷의 새끼들을 해치려 할 때, 21번이 막지 못한다면 도대체 누가 새끼들을 지킬 수 있을까? 암컷 리더인 40번은 자신에게 맞서는 늑대는 누구든 공격할 것이다. 어미 늑대가 새끼들을 지키려 한다면 40번은 틀림없이 그 어미 늑대도 죽일 테고.

　우리는 나중에 짐 하프페니의 『옐로스톤의 야생 늑대』라는 책에서 1998년 봄에 일어난 불미스러운 살해사건과 비슷한 사건을 확인했다. 당시 40번은 풋브리지 주차장과 히칭포스트 주차장 옆에 있던 굴을 사용했고, 42번은 연구소 동쪽에 있는 방금 말한 산등성이 굴에서 살고 있었다. 그때도 암컷 리더 40번이 42번의 굴로 향하더니 이내 싸우는 소리가 밖으로 새어 나왔다. 짐은 이렇게 썼다. "이날 이후 42번은 다시는 자기 굴로 돌아가지 않았다." 며칠 뒤 울프 프로젝트 스태프가 굴을 확인하러 갔을 때 그곳에 새끼 늑대 사체는 없었다. 짐의 설명과 우리가 목격한 사건을 종합하면, 40번이 두 해 연속 자매의 새끼들을 죽였을 가능성이 크다. 어쩌면 1998년에 내가 42번이 상상 임신을 했다고 생각했던 일은 이 사건의 전주곡이었는지 모른다.

21장   일상생활

1999년 5월 초 많은 암컷 들소가 출산했지만, 엘크가 새끼를 낳으려면 아직 멀었다. 하루는 드루이드 늑대 두 마리가 암컷 들소 한 마리와 태어난 지 얼마 안 된 불그스레한 새끼 들소에게 다가갔다. 어미 들소는 늑대를 쫓아냈다. 하지만 늑대 두 마리가 더 와서, 모두 네 마리가 들소 모자를 에워쌌다. 어미 들소가 가장 가까운 늑대에게 돌진해 그를 쫓아냈다. 그러나 그 늑대는 곧 돌아왔고, 이어서 네 마리가 들소 송아지에게 계속 달려들었다. 늑대가 다가오면 어미는 그 큰 머리를 앞뒤로 흔들어 밀어냈다. 이윽고 어미는 새끼를 데리고 자리를 피했다. 어미가 효과적으로 방어한 덕분에 늑대는 새끼 들소 사냥을 포기했다.

엘크의 출산 시기는 5월 말로, 그 무렵 어느 아침에 나는 드루이드의 알파 쌍이 엘크를 사냥하는 모습을 보았다. 알파 암컷 40번이 암컷 엘크에게 돌진했고, 근처에는 갓 태어난 새끼 엘크가 누워 있었다. 늑대와 엘크는 서로 노려봤고 엘크도 반격해 늑대들을 쫓아내려 했다. 이윽고 암컷 엘크가 알파 수컷 21번에게 돌진해 허리 쪽에 발길질을 했다. 명중하면 치명상이 될 일격이었다. 하지만 21번은 엘크의 공격을 부드럽게 피했다. 그 사이 암컷 리더 40번이 새끼 엘크를 물고 끌어당겼다. 이후 21번과 40번이 번갈아 가며

새끼 엘크를 어미로부터 멀리 떼어냈다. 어미 엘크는 근처에 몰려온 코요테 떼에게 정신을 빼앗겼고, 마침내 21번이 새끼 엘크의 숨통을 끊고 사냥에 성공했다.

새끼 늑대는 엄청나게 많은 양의 고기를 먹고 자란다. 그 결과 늑대라는 생명체는 엘크 같은 먹이 동물이 출산하는 봄에 자신의 새끼들이 생후 4~5주째 이유기를 맞이하도록 진화했을 것이다. 내 관찰일지에는 드루이드의 어른 늑대가 36시간 동안 적어도 네 마리의 새끼 엘크를 처치한 기록도 있다.

옐로스톤에서는 사냥 경험이 풍부한 알파 늑대가 가족 내 최고의 사냥꾼인 경우가 많다. 그런데 나는 그해 봄 어느 날 드루이드의 어린 늑대들이 알파 쌍도 감당하지 못한 사냥감을 제압하는 광경을 보았다. 그날 엘크 떼는 드루이드 무리가 다가온 걸 보고 도망치기 시작했다. 그러자 21번이 무리를 이끌고 추격했다. 이윽고 21번은 여섯 마리의 암컷 엘크 떼 사이로 비집고 들어가서 엘크들과 함께 달렸다. 40번과 다른 늑대도 추격전에 가담했다. 그러나 결국 단 한 마리의 엘크도 잡지 못했다. 세 마리는 추격을 멈추고 동쪽을 돌아보았다. 나도 망원경을 돌려 그쪽을 바라보니 암컷 엘크를 붙잡은 드루이드의 젊은 늑대 세 마리가 보였다. 알파 쌍은 재빨리 그쪽으로 합류했다.

5월 말 어느 날 굴에서 나온 21번이 공원 도로를 건너고 남쪽으로 나아가 죽은 지 얼마 안 된 엘크의 고기를 30분 동안 탐한 뒤 새끼를 먹이기 위해 굴을 향해 걷기 시작했다. 고기를 가득 채운 배가 금방이라도 터질 듯했다. 뱃속의 고기는 적어도 9킬로그램은 되었을 것이다. 때는 미국에서는 전몰장병 추모 기념일에 해당하는

주말로, 이 시기에는 옐로스톤공원에서 내가 속한 팀이 가장
바쁘다. 곧이어 21번은 굴과 도로를 가르는 남쪽 지점에 도착해서
도로를 건너려고 했다. 그런데 레인저들이 정차 금지 표지판을
곳곳에 설치했음에도 불구하고 사람들이 차를 세우고 늑대를 보러
나왔고 그 행렬이 21번의 귀가를 가로막았다. 21번은 뒤로 물러나
반대쪽으로 질주했다.

    21번이 도로와 평행선을 이룬 채 달리는 모습이 방문객들의
시야에 계속 보였다. 시간이 갈수록 차는 점점 더 늘어났다. 21번은
도로 북쪽으로 달리며 차량 행렬의 끊어진 지점을 찾았지만,
아무리 가도 차들이 꼬리에 꼬리를 물고 이어졌다. 나는 도로 위를
이리저리 달리며 자동차 운전자들에게 늑대가 새끼들에게 음식을
배달하기 위해서는 도로를 건너야 한다고 설명하고 차를 옮겨달라고
부탁했다. 그렇게 몇 대를 보내도 곧바로 또 다른 차들이 빈자리를
파고들었다.

    처음 건너려던 곳에서 6킬로미터나 더 달려간 지점에서
21번은 도로를 건너려는 시도를 포기하고 도로가에 구덩이를 파고
고깃덩어리를 묻었다. 무엇보다 새끼들에게 끼니를 가져가지
못하는 상황에 대한 스트레스가 무척 컸을 것이다. 21번은 그곳에서
3킬로미터를 더 이동한 끝에 마침내 도로 북쪽으로 건너갈 수
있었다. 굴까지 다시 9킬로미터를 뛰어가야 했다. 이 사건은 21번의
책임감과, 무엇보다 새끼를 먹이고 보호하려는 본능을 잘 보여줬다.
그에게 왕복 18킬로미터의 거리쯤은 아무것도 아니었다.

    6월 초였다. 검정 털 수컷 늑대 104번이 다시 모습을 드러냈다.

그는 칼세도니개울의 집결지에서 죽은 지 오래된 수컷 엘크 사체 주위를 맴돌았는데, 그곳에 남아 있던 드루이드 늑대들의 냄새를 확인하는 것 같았다. 이때 부근에는 드루이드 무리의 한 살배기 중 유일한 생존자인 163번이 있었다. 유전자 검사 결과 104번과 163번은 이종사촌 간으로 밝혀졌다. 163번은 21번의 새끼로, 어미는 아마 40번이었을 것이다. 한편 104번의 부모는 38번과 42번이다. 원래 드루이드 무리 출신인 104번은 이제 두 살이 되었고, 한 살이 된 163번이 아주 어렸을 때 육아를 도왔다. 만약 이 두 마리가 우연히 만난다면 어떤 반응을 보일까?

    잿빛 수컷 늑대 163번은 104번을 의식한 듯 어깨 너머를 여러 번 돌아봤다. 104번은 천천히 그 뒤를 따라갔다. 둘 다 상대가 누구인지 정확히 모르는 것 같았다. 한 살배기 늑대가 갑자기 달리기 시작하자 나이가 많은 104번이 뒤를 쫓았다. 104번이 다가서자 163번은 고개와 몸을 낮게 숙이며 복종의 뜻을 나타냈다. 꼬리를 흔들고 있었으므로, 이때 163번은 상대가 친척임을 확인한 게 틀림없다. 163번이 연상인 104번의 얼굴을 핥았고, 이내 두 마리는 뛰놀기 시작했다. 한 시간 반 정도 어울리면서 함께 돌아다닌 뒤 163번은 104번과 헤어져 굴로 갔다. 163번은 104번이 따라올 거라고 기대하는 듯했으나, 104번은 강의 남쪽에 머물러 있었다.

    그다음 날 아침, 104번이 혼자서 슬로샛강에서 물가를 따라 자란 키 큰 풀의 냄새를 킁킁 맡고 있었다. 암컷 오리 한 마리가 근처를 오르락내리락 헤엄쳐 다녔다. 그 순간 104번이 늪지에 자란 풀숲에 들어가 오리 알을 입에 물고 나왔다. 그는 그 알을 단숨에 먹어치웠다. 이후 로즈크리크 무리의 먹이 잔해를 발견하고 해가

질 때까지 그것을 계속 씹다가 밤이 되자 로즈크리크의 알파 암컷 굴을 향해 움직였다. 나는 그 방향에서 암컷 리더와 다른 네 마리의 로즈크리크 늑대의 무선 신호를 확인했다.

나는 104번의 행동을 어떻게 설명해야 할지 몰랐다. 그는 한 살배기 때 드루이드 무리를 이탈해 일족과 갈등하는 크리스털크리크 무리에 알파 수컷으로 합류했다. 그런 그가 지금 자신이 태어난 드루이드 무리를 적으로 간주하는 또 다른 무리의 영역으로 혼자 나아가고 있었다. 만약에 로즈크리크 무리가 104번의 냄새를 맡고 위치를 알아낸다면, 그들은 분명 104번을 죽이고 말 것이다. 그런데도 그는 대담하게도 곧장 로즈 늑대들 곁으로 향하는 중이다. 북쪽으로 더 나아가는 그를 시야에서 놓쳤을 때, 나는 이 또한 호기심 때문에 벌어진 일일지 궁금했다.

6월 11일에는 데드퍼피힐 구릉으로 올라가서 드루이드의 굴을 관찰했다. 굴이 있는 숲에서 42번을 제일 먼저 찾았고, 무리의 다른 어른 늑대 여섯 마리는 근처에 누워 있었다. 두 살이 된 수컷 107번은 지난해 가을 끝자락에 무리에서 나갔고, 우리는 그가 지금 어디에 있는지 전혀 알지 못한다. 그때 잿빛 새끼 늑대가 일어나 42번 쪽으로 걸어갔다. 1999년 태어난 드루이드 새끼 늑대를 본 것은 이번이 처음이다. 다른 새끼 늑대들도 얼굴을 드러냈고, 세어 보니 모두 다섯 마리였다. 검정 털 두 마리와 회색 털 세 마리. 새끼들이 돌아다니기 시작하자 어른들이 느린 걸음으로 따라붙었다.

이튿날 새끼 한 마리를 더 확인했다. 올해 태어난 새끼는 검은색이 두 마리, 회색이 네 마리였다. 회색 새끼 늑대 두 마리가

서로 맞붙어 놀기 시작했고, 금방 여섯 마리가 서로 몸을 겹친 채 열심히 몸싸움을 했다. 이제 생후 6주 정도였는데, 아주 익숙하게 몸싸움을 즐겼다. 나는 언젠가 태어난 지 3주밖에 안 된 새끼들이 몸싸움하는 모습을 본 적 있다. 생후 3주는 이제 겨우 걷기 시작하는 시기다. 그렇다면 늑대들에게 몸싸움은 태어나서 처음 배우는 놀이일 것이다.

며칠 뒤 두 살 된 잿빛 암컷 106번이 새끼들을 돌보고 있었다. 새끼들은 굴 지역에서 멀리까지 갔고, 106번은 긴 막대기를 물고 그 뒤를 따라 걸었다. 새끼 늑대 한 마리가 106번에게 달려와 막대기를 빼앗으려다가 훌러덩 넘어졌다. 106번은 막대를 물고 굴 쪽으로 조금 돌아갔다. 아마도 새끼들을 안전한 곳으로 데려가려는 듯했다. 그러나 아무도 관심을 보이지 않자 포기하고 다시 새끼들이 모여 있는 곳으로 달려갔다. 그러자 새끼 늑대 두 마리가 뛰어올라 막대기를 낚아채려 했다.

106번은 그 자리에 주저앉아서 새끼들이 다 모이기를 기다렸다. 하지만 자그마한 늑대들은 언니를 무시하고 동쪽으로 총총 걸어갔다. 106번은 막대기를 내려놓고 새끼 늑대들을 따랐다. 한 살짜리 잿빛 늑대 163번도 여기에 가세했다. 나는 일전에 그가 플라스틱 원반처럼 생긴 바싹 말라붙은 들소 똥을 물고 있는 것을 보았는데, 오늘도 새끼 늑대 한 마리가 장난감으론 어울리지 않는 그것을 물고 163번 주위를 맴돌았다.

탐험에 질린 새끼 늑대들이 집으로 돌아갈 때는 한 살배기가 아니라 새끼 한 마리가 선두에서 행렬을 이끌었다. 그러나 선두는 갈팡질팡했고, 결국 163번이 앞으로 가서 무리를 이끌었다. 어느

샌가 입에 들소 똥을 물고 있었다. 새끼 늑대들이 중간에 멈춰 서자 163번은 발길을 돌려 그 앞에 들소 똥을 떨구었다. 잿빛 새끼 늑대가 똥을 주웠고, 그러자 106번이 달려와 새끼 늑대들과 뛰어놀았다. 그렇게 여러 마리의 크고 작은 늑대들이 들소 똥을 물었다 놓기를 반복하며 길을 걸어갔다.

163번은 굴까지 가는 것을 포기하고 새끼들과 놀아주기로 작정했다. 163번은 근처에서 106번이 새끼 늑대들을 꼬실 때 쓰던 나무 막대기를 발견했다. 막대기를 물고 달려서 순식간에 검은 새끼 늑대를 추월했다. 그러자 새끼가 163번을 쫓아왔다. 한 살배기 163번이 돌아서서 플레이 바우를 해 보였다. 163번은 막대기를 땅에 내려놓고 새끼 늑대가 막대기를 향해 달려오는 모습을 바라봤다. 그러다 새끼 늑대가 그것을 물기 직전에 낚아채고 달아났다. 그는 매우 즐거운 시간을 보내는 듯 보였다.

그렇다고 놀기만 한 건 아니다. 163번은 새끼 늑대들의 행동도 세심하게 관찰했다. 조금 후에 회색 새끼 늑대 한 마리가 무언가에 걸려 넘어지고 말았다. 그러자 다른 두 마리가 달려와서 넘어진 녀석을 덮쳤다. 내가 보기에도 넘어진 늑대를 모질게 괴롭히는 듯했다. 그때 163번이 새끼 늑대들 위로 뛰어올라 난장판을 정리했다. 바닥에 깔려 있던 새끼는 그제야 기세 좋게 일어나 신나게 뛰어다녔다.

163번은 새끼 한 마리를 쫓아가는가 하면, 이윽고 또 다른 새끼 늑대를 쫓아가는 식으로 끝없이 놀이를 이어나갔다. 거기에는 어떤 패턴이 있었다. 도망치던 새끼들은 163번에게 잡히면 땅바닥에 쓰러져 복종의 자세를 취했다. 똑같은 장면을 다섯 번 관찰했다. 이

행동은 훗날 적대하는 무리에게 붙잡혔을 때 그들의 생명을 구하는
데 도움이 될지 모른다. 몇 년 뒤 다른 무리의 알파 암컷에게 쫓기던
새끼 늑대가 똑같은 행동을 하는 걸 보았다. 그러자 암컷 우두머리는
엎드린 늑대를 몇 번 무는 시늉만 하고 살려 보냈다. 얼핏 보면 그저
장난으로 보이는 이런 놀이를 통해 새끼는 늑대로서의 사회성과
행동을 배운다.

    1999년 6월 말에 데드퍼피힐의 전망 좋은 관찰 지점에서 처음
습지로 내려온 드루이드 새끼 늑대 다섯 마리의 모습을 지켜보았다.
40번과 106번이 새끼들을 돌보고 있었다. 잔뜩 놀고 여기저기를
탐험한 새끼들은 알파 암컷 뒤를 졸졸 따라서 비탈 위에 있는 굴로
돌아갔다. 그 모습이 꼭 선생님을 따라 교실로 돌아가는 어린이들을
보는 듯했다. 그런데 어린이들 중에 늘 혼자 행동하는 어린이가
있듯이, 새끼 늑대 중 한 녀석이 줄에서 벗어나 먼저 가버렸다.
    어린아이든 새끼 늑대든 일행과 떨어지면 위험하다. 어느 날,
42번이 새끼 늑대 여섯 마리를 데리고 굴이 있는 숲을 향해 달리고
있었다. 그런데 몸집이 작은 검정 새끼 늑대 한 마리는 좀처럼
따라가지 못하고 자꾸만 뒤처졌다. 42번과 새끼 다섯 마리가
먼저 숲에 도착한 바로 그 순간 흑곰 한 마리가 새끼 둘을 데리고
나타났다. 42번은 흑곰을 발견하고 뒤처진 새끼 늑대에게 뛰어갔다.
곰을 피해 굴로 돌아오면서 42번은 틈틈이 새끼 늑대를 핥아주었다.
    보통 젊은 늑대들은 새끼 늑대와 열렬하게 놀지만, 전부 그런
건 아니다. 몇 주 후, 네 마리의 새끼 늑대가 모여 놀고 있었다.
그러다 근처에 있던 검정 털 암컷 늑대 103번에게 가서 연신 먹을

것을 졸랐다. 뱃속에 뱉어줄 음식이 없던 103번은 자리를 피하려 했지만 새끼들은 끈질기게 먹을거리를 요구했다. 이윽고 그 자리는 새끼들이 생각해낸 새로운 게임 놀이터로 변했다. 이른바 '늑대 핀볼'이다. 103번이 새끼 한 마리로부터 도망치면 이내 다른 녀석이 달라붙었다. 두 번째 새끼에게서 도망치면 세 번째 새끼가, 그다음엔 네 번째 새끼가 계속 쫓아왔다. 103번은 새끼들 사이를 계속 껑충껑충 뛰어다녔다.

    163번은 항상 새끼 늑대들과 노는 데 많은 시간을 보냈다. 나는 드루이드 늑대가 나무 막대기를 입에 물고 달리는 모습을 자주 봤다. 163번이 엘크의 뿔 가지를 주워 새끼 늑대들에게 보여주면 즉시 새끼들이 쫓아왔다. 잿빛 수컷 163번은 새끼들보다 덩치가 훨씬 컸지만 놀 때는 힘을 조절하였기 때문에 그와 새끼 늑대들은 대등하게 싸우는 것처럼 보였다.

    우리는 163번이 인간에게 익숙해지고 있는 징후를 우려했다. 공원 내 도로로 내려가서 정차한 차 옆을 지나가는 일이 점점 잦아졌다. 도로에 떨어진 쓰레기를 물고 돌아다니기도 했다. 이러한 습성은 가축화된 동물에게 나타나는 유형으로, 즉 163번이 인간을 위험으로 느끼지 않는다는 뜻이다.

    하루는 정차한 승합차의 2미터 옆을 유유히 걸어가는 163번을 목격했다. 승합차 안에서는 늑대를 발견한 사람들이 흥분해 떠들고 있었다. 나는 인근에 있던 레인저에게 상황 통제를 요청했다. 곧바로 마이크 로스가 달려왔다. 마이크는 163번을 향해 소리를 질렀고, 조금 놀란 163번은 도로에서 벗어나 북쪽으로 달아났다. 늑대에게 두려움을 각인시키려고 마이크는 팔을 휘두르며 163번의 뒤를 조금

더 쫓아갔다.

　이것은 국립공원관리청이 '혐오 요법aversive conditioning'이라고 부르는 조치로, 처음 도입했을 때는 동물의 행동을 바꾸는 효과가 있었다. 그러나 어떤 개체는 인간의 가짜 위협에 금방 적응한다. 그런 경우에는 레인저가 그 동물의 엉덩이에 고무탄을 쏘기도 한다. 고무탄에 맞은 고통을 기억하게 해서 앞으로 인간이나 차를 피하게 하려는 의도다. 내가 관찰한 바에 따르면 163번에게는 혐오 요법이 통했다. 며칠 후 163번은 숲을 걷다가 하이킹하는 사람들을 발견하고 냅다 달아났다.

　그날 늦게 굴 근처로 돌아온 163번이 다시 소다뷰트개울을 건넜다. 그런데 개울 한가운데에 멈추더니 물속에서 낡은 장화를 물어서 꺼냈다. 그 상태로 한참을 걷다가 장화를 버리고 도로 쪽으로 이동했다. 도로에는 10여 대의 차가 정차해 있었다. 차에서 내린 26명의 공원 방문객이 163번을 향해 카메라 플래시를 터트렸다. 163번은 인파에 놀라 잠깐 눈치를 보더니 사람들을 피해 돌아가기로 결심한 듯했다. 인간에 대한 그의 반응이 달라졌다는 좋은 징조다. 163번은 도로를 건너고 경사면을 올라가 굴 쪽으로 사라졌다. 그로부터 며칠 뒤 163번은 소다뷰트개울가에서 장화를 찾아서 새끼 늑대들의 장난감으로 가져갔다.

　6월 중순에 칼세도니개울 주변에서 104번의 전파 신호를 확인했지만 육안으로는 볼 수 없었다. 104번은 크리스털크리크 무리에서 떨어져 나간 지 오래라, 그가 다시 합류하려는 것이라고는 생각하지 않았다. 6월 말에 라마강 상류에서 104번과 163번이 한 동물 사체 옆에 함께 있는 모습을 보았다. 사람들 말로는 먹이를 먹기 시작한 지 한참 됐다고 했다. 그날 이후 이 주변에서 104번과 163번, 그리고 21번의 신호를 수신했다. 그렇다면 21번도 합류했다는 뜻이다.

21번은 여전히 163번과 잘 놀았다. 어느 날 친아들인 163번에게 겁먹은 척하는 21번을 목격했다. 21번은 꼬리를 말고 도망쳤다. 그 모습이 마치 163번이 21번의 수컷 리더 자리를 빼앗고 아버지를 몰아내는 것처럼 보였다. 한 살배기 수컷 163번은 아버지를 따라잡고 몸싸움을 벌여서 땅에 쓰러뜨렸다. 21번은 벌떡 일어나 반대쪽으로 도망쳤다. 그러나 163번이 곧바로 따라붙어 다시 한번 아비 늑대를 넘어뜨렸다. 몸집이 크고 건장한 늑대가 자신보다 훨씬 작고 어린 수컷에게 일부러 져주는 모습을 보는 것은 특별한 일이다.

새끼들과 놀 때 21번이 즐거워 보이는 이유는 무엇일까? 이렇게 함으로써 옥시토신이 분비되고 부자 사이의 정서적 유대감이 강화된다고 앞에서 설명했다. 나는 21번과 163번의 관계는 21번이 자신의 양아버지인 8번과 관계를 맺은 방식과 동일하다고 생각한다.

늑대와 인간의 부자관계를 비교해볼 수 있다. 나의 아버지 프랭크는 엔지니어로, 2차 세계대전 참전 용사였다. 그는 자신의 감정이나 기분을 입 밖으로 꺼내지 않았다. 내게는 아버지로부터 사랑한다는 말을 듣거나, 아버지와 포옹을 한 기억이 없다. 아버지는 내가 열 살 때 돌아가셨기 때문에 함께 산 기간도 짧다. 그렇더라도 잊지 못할 추억이 하나 있다. 어느 날 오후, 나는 아버지와 거실에 있었다. 그때 아버지가 상상도 한 적 없는 말을 꺼냈다. "릭, 아빠랑 레슬링할까?" 화들짝 놀란 나는 무심코 "응"이라고 대답했다. 곧 아버지는 바닥에 납죽 엎드려 자세를 잡았고, 나는 그의 등 위로

올라가서 허리를 감싸고 뒤집기 위해 안간힘을 썼다.

당시 나는 여섯 살이었고, 아버지는 얼마 전 급성 심근경색을 겪은 뒤 운동을 하면 안 되는 상태였다. 그런데도 아버지는 나와 진짜 레슬링 선수가 시합을 하는 것처럼 연기했다. 몇 번이나 밀고 당기기를 반복한 뒤, 아버지는 슬쩍 반대로 힘을 써서 내가 당신을 뒤집을 수 있게 했다. 그러곤 "아들, 너의 승리다!"라고 선언하며 환하게 웃었다.

그 시대의 '아버지'들은 자녀와 정서적 관계를 맺는 데 서툴었다. 그런 그가 나와 특별한 경험을 만든 것이다. 그것은 아들에게 사랑을 표현하는 당신 나름의 방식이었으리라. 그날의 기억은 내 머리와 가슴속에서 영원히 사라지지 않을 터이며, 나에게는 그것만으로도 충분하다. 21번이 아들과 노는 모습을 바라보며 나는 그날의 추억을 떠올렸다.

7월 14일에 새끼 늑대들이 늪지에서 쥐 사냥을 시작했다. 며칠 뒤 잿빛 새끼 늑대 한 마리가 들쥐를 입에 물고 어슬렁거리는 것을 보았다. 새끼 늑대는 곧 땅에 누워 사냥한 쥐를 먹었다. 다른 새끼 두 마리도 근처에서 들쥐를 사냥했다. 그 모습을 굴로 돌아오던 21번이 발견했다. 하지만 들쥐 사냥에 푹 빠진 새끼들은 아비를 신경 쓰지 않았다. 21번이 회색 새끼 늑대에게 다가가 냄새를 맡았다. 새끼 늑대는 들쥐를 입에 문 채로 21번을 올려보곤 다시 식사를 이어갔다. 21번은 조금 물러서서 새끼들을 바라보았다. 아마도 사냥법을 공부하는 새끼들을 보며 대견해하지 않았을까. 나는 그 심정을 헤아려보았다. 그것은 새끼 늑대들이 생존의 기술을 익히는 긴 과정의 첫 관문이다. 그 후에도 종종 21번은 새끼 늑대들의 들쥐 사냥을 지켜봤다.

어느 날 밤의 일이다. 21번이 새끼 늑대 세 마리에게 쫓기고 있었다. 21번은 여유로운 몸짓으로 뒤돌아서 가장 가까이 쫓아온 새끼를 슬쩍 물려고 했다. 그러자 새끼는 몸을 비틀어서 아비의 이빨을 아슬아슬하게 피했다. 그때 두 번째 새끼 늑대가 쏜살같이 달려와서 아버지의 얼굴을 핥았다. 21번은 이 두 번째 새끼 늑대도 무는 척하다 일부러 실패했다. 첫 번째 늑대에게 한 행동과 같았다. 그 후 세 번째 새끼 늑대가 음식을 달라고 조르며 21번을 격하게 몰아붙였다. 21번은 그 자리에 주저앉아 새끼들의 공격을 받아주었다. 새끼 늑대들이 아비 늑대를 괴롭히는 데 싫증을 내며 어디론가 달려갈 때까지 21번은 꼼짝도 하지 않고 참고 있었다.

어느 날 아침 일찍 알파 쌍과 42번, 106번이 굴이 있는 숲에서 나와 산비탈을 달려 내려간 뒤 도로를 건너 남쪽으로 향했다. 검정 새끼 늑대 한 마리가 쫓아왔지만, 얼마 못 가서 뒤처졌다. 어른 늑대들은 새끼를 눈치채지 못한 채 빠른 속도로 남하하여 개울을 건너갔다. 새끼 늑대도 어른들이 남긴 냄새를 쫓아서 개울을 건너갔다.

어른 늑대 네 마리는 동물 사체가 있는 남동쪽으로 가다가 중간에 나의 시야에서 사라졌다. 그런데 새끼 늑대가 그 뒤를 따라가다가 결국 길을 잃고 말았다. 라마강이 보이는 높은 강기슭에 다다른 새끼는 어른들의 냄새를 찾기 위해 주변을 킁킁거렸다. 이때가 생후 3개월로, 인간으로 치면 대략 세 살 아이 정도였지만 당황하지 않고 침착하게 대처하는 것 같았다. 새끼 늑대는 뒤로

돌아서 온 길을 따라 북쪽으로 이동했다. 자신의 냄새를 따라간 게 틀림없다.

이 작은 드루이드 늑대는 혼자서 집을 찾아갈 수 있을 정도로 방향 감각이 뛰어났다. 경사면 위에서 검정 털 암컷 늑대 105번이 아래를 내려보고 있었다. 105번은 장대한 모험을 끝내고 돌아오는 어린 동생을 지켜보고 있던 게 틀림없다. 105번은 새끼 늑대가 혼자 힘으로 굴로 돌아갈 때까지 기다려주었다. 이날 새끼 늑대는 두 시간 이상을 홀로 움직였다.

새끼 늑대들이 들쥐 사냥에 능숙해지면서, 나는 그들이 쥐를 잡았다가 놓아주는 모습을 보게 됐다. 잿빛 새끼 늑대 한 마리가 들쥐를 잡았다가 놓아주고, 다시 잡았다가 놓아주기를 반복했다. 나중에 새끼 늑대들은 쥐를 공중으로 던진 뒤 다시 낚아채며 놓았다. 그 들쥐를 한 번 더 내던졌을 때, 다른 새끼 늑대가 그걸 먼저 낚아채려고 달려왔다. 하지만 첫 번째 새끼 늑대는 자기 장난감을 지킨 뒤 달아났다.

새끼 늑대들은 상대를 쓰러트리는 법도 배웠다. 검정 새끼 늑대가 회색 새끼 늑대에게 따라붙더니 한쪽 뒷다리를 물어서 못 도망치게 하는 것을 보았다. 이후 검정 새끼 늑대는 또 다른 회색 새끼 늑대를 쫓으며 똑같은 기술을 연습했다. 나는 오랫동안 새끼 늑대들의 놀이 목록을 작성했는데, 거기에는 매복, 추격전, 잡았다 놓아주기, 눈 미끄럼, 스파링, 던지고 받기, 줄다리기, 핀볼, 레슬링이 포함됐다. 나는 방금 본 태클 동작을 놀이 목록에 추가했다.

7월 말이 되자 새끼 늑대들은 점점 더 멀리까지 돌아다녔다. 하루는 데드퍼피힐에서 한 마리의 검은 털 새끼 늑대와 두 마리의 회색 털 새끼 늑대가 남쪽 공원 도로 쪽으로 향하는 장면을 보았다. 잿빛 새끼 늑대 한 마리가 풋브리지 주차장 근처로 갔다가 차량과 인파가 꽉 찬 것을 보고 급히 북쪽으로 달아났다. 다른 두 마리도 마찬가지였다. 이들의 반응은 어린 새끼 늑대에게는 본능적으로 인간을 두려워하는 습성이 있음을 보여줬다. 물론 이것은 좋은 일이다. 왜냐하면 드루이드의 굴에서 북쪽으로 16킬로미터, 동쪽으로 23킬로미터 떨어진 곳에 옐로스톤국립공원의 경계선이 있기 때문이다. 앞으로 늑대가 이 지역의 멸종위기종 목록에서 빠지면 공원과 인접한 세 주에서 늑대 사냥이 합법화될 테고, 그렇게 되면 인간을 두려워하지 않는 옐로스톤 늑대는 인간 사냥꾼의 손쉬운 사냥감이 될지 모른다.

22장　지정 집결지

7월 27일 이른 아침, 굴 남쪽의 공원 도로 반대편에서 나는 드루이드 무리의 21번과 105번, 그리고 163번을 보았다. 세 마리는 도로의 북쪽을 바라보고 있었다. 몇 분 뒤 여섯 마리의 새끼 늑대가 그쪽으로 기쁜 듯이 달려갔다. 무리가 다 함께 도로를 건너온 게 틀림없다. 새끼 늑대들은 미지의 땅을 탐험하고 싶어 안달이었다. 드루이드 늑대 아홉 마리는 그곳에 멈춰 서서 함께 울부짖었다. 그러자 남쪽에서 또 다른 드루이드 늑대가 대답을 했다. 21번은 소리가 난 곳으로 곧장 달려갔고 나머지 늑대들도 그 뒤를 따랐다. 새끼들이 아버지 바로 뒤에서 달리고 105번은 맨 뒤를 지켰다. 163번은 당장이라도 놀고 싶은 마음을 주체할 수 없다는 듯이 이리저리 뛰어다니며 몸을 숙이는가 싶더니 뒤에서 따라오던 검정 새끼 한 마리 앞으로 뛰어나가 돌연 가벼운 일격을 가했다. 163번에게 붙잡힌 새끼 늑대는 몸을 비틀어 빠져나온 뒤 21번을 따라 내달렸다.

드루이드 무리는 익숙한 길로 새끼들을 이끌고 갔다. 무리는 내가 볼 수 없는 곳까지 빠르게 이동했고, 나는 그들을 따라서 차로 1.6킬로미터를 달려 서쪽의 높은 언덕으로 갔다. 꼭대기에 도착하니 어른 늑대 일곱 마리와 새끼 늑대 여섯 마리의 드루이드 무리

전원이 라마강 서쪽에 자리한 칼세도니 집결지로 향하는 게 보였다. 새끼들이 모두 강을 건넜다는 뜻이다.

　나중에 늑대는 태어날 때부터 헤엄치는 능력을 타고난다는 것을 알았다. 그러나 처음 본 강이나 개울을 겁내는 늑대도 있다. 42번은 그런 상황을 해결하는 데 명수였다. 어느 날 나는 42번이 새끼들에게 도강을 연습시키는 모습을 보았다. 새끼들은 강 앞에서 어찌할 줄 몰라 하고 있었다. 그러자 42번이 강을 헤엄쳐 가서 건너편에서 나뭇가지를 물고 돌아왔다. 그런 다음 새끼들 앞에서 나뭇가지를 흔들고 다시 강으로 들어갔다. 그러자 새끼 늑대들도 호기심이 생긴 듯 42번을 따라서 물속으로 들어갔다. 수심이 깊어지자 새끼 늑대들은 자연스럽게 개헤엄을 시작했고, 자신이 헤엄치고 있음을 깨달았을 땐 이미 절반을 건넌 상태였다. 42번은 새끼 늑대에게 자신감을 심어주며 스스로 문제 해결법을 찾게 하는 데 뛰어났다. 새끼를 입에 물고 강을 건널 수도 있지만, 그렇게 하면 수영을 배우지 못한다.

　새끼들에게 닥친 다음 시련은 36마리의 들소 떼였다. 21번과 106번이 무리를 이끌고 들소 옆을 지나가려 했는데, 새끼들은 거대한 짐승을 보고 그만 움츠러들고 말았다. 그 모습을 보고 이번에도 42번이 새끼들에게 달려왔다. 그런데 이번에는 문제가 조금 더 심각했다. 들소를 보고 너무 놀란 나머지 새끼들이 전부 반대 방향으로 줄달음질 친 것이다. 21번도 문제를 파악하고 새끼들을 쫓아갔다. 어른 늑대들은 높은 둑에 모여 소리 내 울었다. 그 소리를 듣고 도망쳤던 새끼 늑대들이 둑 위로 모였다. 21번은 다시 한번 무리를 이끌고 들소 쪽으로 갔다. 이번에는 들소 떼와 충분히 거리를 유지하며 움직였다. 새끼 늑대 한 마리가 들소를 보고 또 놀라기도 했지만, 어른들의 도움으로 멈추지 않고 계속 걸었다. 21번도 새끼들을 독촉하지 않고 스스로 발걸음을 뗄 때까지 기다렸다.

새끼 늑대들은 이내 들소의 존재를 잊고 칼세도니개울을 탐색했다. 42번도 새끼들과 어울려 주위를 냄새 맡고 돌아다녔다. 21번은 잠시 그 모습을 바라보다 무리를 이끌고 더욱 서쪽으로 이동했다. 여섯 마리의 새끼 늑대가 21번의 바로 뒤를 따라 걷고, 나머지 성체 여섯 마리가 후미를 지켰다. 그때 회색 새끼 늑대 한 마리가 21번 앞으로 튀어나왔다. 그 녀석이 탐험대의 리더라도 된 양 의기양양하는 모습이 꼭 타고난 알파 수컷처럼 보였다. 이후 21번이 다시 선두로 나와서 규칙적으로 뒤를 돌아보며 새끼들의 상태를 점검했다.

지정 집결지에 도착한 드루이드 무리는 곧 모두 함께 누웠다. 동료들이 지친 것을 확인한 21번도 한쪽에 누웠다. 잠시 후 기운을 차린 큰형 163번이 새끼들과 놀이를 시작했다. 긴 나뭇가지를 주둥이에 물고 뽐내자 동생들이 그를 쫓아왔다. 몇 마리는 나뭇가지를 물고 반대쪽으로 잡아당겼다. 새끼들과 163번이 나뭇가지로 줄다리기하는 모습을 바라보다가, 나는 그게 나뭇가지가 아니라 차량에 짐을 실을 때 쓰는 그물이라는 사실을 눈치챘다. 1988년 공원 화재 때 헬리콥터가 지상의 스태프에게 물자를 전달하면서 딸려온 그물이 아직 남아 있던 게 틀림없다.

이번엔 새끼들끼리 주변을 탐험해 들쥐를 사냥할 늪지를 발견했다. 그러자 21번이 직접 새끼들의 놀이터로 찾아갔다. 신이 난 새끼 늑대들은 사방으로 달리기 시작했고, 21번이 그 뒤를 쫓았다.

새끼들은 몇 번이고 뒤돌아 아비가 어디에 있는지 확인했다. 큰 몸집의 알파 수컷이 작은 새끼 늑대를 보호하며 쫓아가는 모습에 내 마음이 훈훈해졌다. 21번은 이제 태어난 지 4년 3개월째로, 사람으로 치면 37세 정도다.

칼세도니 집결지는 새끼 늑대들에게 매우 중요한 놀이터이며, 어른들이 사냥으로 떠났을 때도 새끼들은 이곳에서 안전하게 기다릴 수 있다. 또 이곳에서는 도로를 건너지 않고 사냥터로 갈 수 있기 때문에, 무리가 안전하게 새끼를 먹이고 기를 수 있다. 여기서도 21번이 가장 많이 사냥하고 새끼들을 배불리 먹였다. 그 모습을 바라보며 1997년에 21번을 처음 관찰했을 때가 기억났다. 어미 굴에서 동생들을 아낌없이 돌보는 모습을 보면서 이상적인 아비 늑대가 될 것이라고 생각했다. 바로 지금, 나는 그 예상이 그대로 들어맞았음을 확인한 것이다.

8월 초였다. 태어난 지 얼마 안 된 세 마리의 새끼 곰을 동반한 암컷 회색곰이 드루이드 무리의 지정 집결지를 침입했다. 늑대 40번과 105번이 벌떡 일어나 곰을 향해 달려갔다. 알파 암컷 40번은 중간에 멈추고 몸을 낮춰 곰들을 유심히 지켜봤다. 어미 곰은 일어서서 40번을 노려보았지만, 이윽고 새끼들을 데리고 그곳을 떠났다. 40번이 그 뒤를 따라갔다. 21번은 먼저 새끼 늑대를 확인한 뒤 알파 암컷 쪽으로 갔다.

곰들은 강을 향해 달리기 시작했다. 강어귀에 늑대가 사냥한 먹잇감이 있었는데, 아마도 어미 곰이 그 시체 냄새를 맡은 듯싶었다. 그 모습을 본 21번은 새끼들에게 돌아갔다. 회색곰이 돌아오면 쫓아낼 준비를 하면서 새끼들 곁에 누웠다. 나는 그 행동을 보고, 21번에게는 먹이를 지키는 일보다 새끼들을 보호하는 게 더 중요하다고 생각했다. 이윽고 40번도 이쪽으로 돌아왔다. 그러자 교대를 기다렸다는 듯이 21번이 곰들에게 달려갔다.

　잠시 후 다른 관찰자로부터 곰들이 물러갔다는 소식을 들었다. 그 직후에 나도 먹잇감 근처에 있는 21번을 확인했다. 21번이 곰을 공격해 쫓아낸 게 틀림없다. 잠시 후 21번은 새끼들에게 돌아가 먹이를 게워 주었다.

　잠시 후 수컷 가지뿔영양 한 마리가 드루이드 늑대들의 영역으로 들어왔다. 검정 새끼 늑대는 영양을 발견하고 벌떡 일어나 돌격했고 그 모습에 깜짝 놀란 가지뿔영양은 엄청나게 빠른 속도로 도망쳤다. 그 광경을 본 새끼 늑대 세 마리가 사냥에 동참했다. 하지만 자신들이 도저히 따라잡을 수 없는 상대라는 걸 깨닫고 금방 추격을 포기했다.

　이 사건 이후 나는 40번과 42번 자매의 사이 좋은 한때를 목격할 수 있었다. 42번이 누워 있는 암컷 리더 40번에게 다가가 얼굴을 핥았다. 그런 다음 자신의 오른쪽 앞발을 40번에게 부드럽게 내밀었다. 그랬더니 40번이 얌전히 상대방의 앞발을 핥은 것이다. 자세히 보니 42번이 앞발을 절뚝이고 있었다. 그 발을 핥는 건 혹시 치료 행위가 아닐까? 한 연구에 따르면 개의 침에는 상처를 통해 침입한 두 종류의 세균을 죽이는 효과가 있다. 그 세균은 대장균과 개속屬 연쇄상구균이다. 그렇다면 늑대의 침에도 아마 같은 것이 있을 법하다.

　어느 날 아침, 새끼 늑대들이 모두 일어나 서쪽을 바라보고

있었다. 탐지 망원경으로 그곳을 확인했더니 세 마리의 한 살짜리 새끼 곰을 데리고 온 어미 회색곰이 보였다. 새끼 늑대들은 곰 일가에 대한 흥미를 금방 잃고 땅바닥에 드러누웠다. 이제 새끼들에게 회색곰은 그저 이웃일 뿐이다. 거대한 수컷 들소도 신경 쓰지 않는다. 어떤 때는 초원을 걷는 몇 마리의 커다란 수컷 들소 뒤를 졸졸 따라가기도 했다. 두 마리의 새끼 늑대가 들소와 겨우 10미터 떨어져 걷는 광경도 보았다. 들소가 파리를 쫓으려고 꼬리를 흔들자 새끼 늑대들은 깜짝 놀라 달아났다. 그러나 곧바로 들소 뒤로 돌아왔고, 이번에는 더 가까이 다가갔다.

다른 날 나는 고기를 물고 지정 집결지로 돌아오는 163번을 발견했다. 새끼 네 마리가 그를 마중 나왔다. 한 마리가 163번의 입에서 고기를 낚아채려고 뛰어올랐지만 163번이 어깨로 막았다. 163번은 사람 주먹만 한 살점을 새끼 늑대들이 보는 앞에 내려놓았다. 집어볼 테면 집어보라고 꾀는 것처럼 보였다. 새끼 한 마리가 몸을 굽히고 살점으로 다가왔는데 그 순간 한 살배기 163번이 새끼를 놀리듯 어깨를 들썩했다. 놀란 새끼 늑대는 뒷걸음질을 쳤다. 163번은 고기를 냉큼 물고 몇 걸음 도망친 뒤 다시 땅에 내려놓았다. 새끼 늑대들도 따라왔는데, 이번엔 고기를 잡으려 하지 않았다. 무리는 그런 행동을 몇 차례 반복했다. 얼마 후 새끼 두 마리가 고기로 다가왔지만 163번이 몸으로 그들을 막았다. 새끼 늑대 네 마리는 모두 엎드려서 163번이 뭘 하는지 지켜봤다. 그 모습이 꼭 간식을 먹어도 좋다는 선생님의 허락을 기다리는 학생들 같았다. 한편 사육사가 간식을 보상으로 주며 훈련을 시키는 장면도 떠올랐다. 개는 분명 이 훈련을 싫어할 것이다.

나는 새끼들이 더 어렸을 때에도 163번과 비슷하게 노는 걸 본 적 있다. 아마도 이런 방식의 놀이에서 '소유'를 배우게 될 터라고 생각한다. 4분 뒤 163번은 고기 조각을 내려놓고 그곳에서 벗어났다. 새끼 늑대들은 163번이 완전히 사라질 때까지 기다렸다가 고기를 향해 달려갔다. 잿빛 새끼 늑대 한 마리가 가장 먼저 고기를 물었고 그러자 다른 녀석들은 포기한 듯 그 먹이에 관심을 두지 않았다. 아마도 방금 배운 소유권을 존중한 것이리라.

잿빛 새끼 늑대는 한동안 고기를 탐하다가 남은 살점을 묻을 곳을 찾기 위해 주위를 둘러보았다. 적당한 자리를 찾은 듯 한쪽에 얕은 구멍을 파고 그 속에 살점을 넣고는 자기 코로 흙을 메웠다. 그 과정이 어른 늑대가 고기를 숨길 때와 똑같았다.

늑대가 코를 사용한다는 점이 무척 흥미로웠다. 왜 발이 아니라 코일까? 그 이유를 이해하기 위해서 나는 늑대 식량 구멍을 찾으려 노력했지만 좀처럼 발견할 수 없었다. 일단 구덩이를 구분하기 어려웠고, 가끔 찾은 것도 거의 다람쥐 굴이었다. 늑대는, 그것도 새끼 늑대는 도대체 어떻게 고기를 묻은 곳을 찾는 걸까? 어쩌면 코로 흙을 덮은 이유가 거기에 있는지 모른다. 구멍을 메우면서 그 장소의 냄새를 기억하는 게 아닐까.

21번은 40번과 놀 때보다 42번과 놀 때 더 즐거워 보였다. 나는 21번이 하위 서열인 척 고개를 숙이고 42번에게 가는 장면을 자주 목격했다. 21번은 42번 앞에서 몸을 굽히고 벌렁 나뒹굴었다. 그러면 42번은 뒷다리로 일어나 의기양양한 듯 우월한 자세로 21번을 내려다보며 꼬리를 살랑거렸다. 21번이 고개를 들고 42번의 얼굴을 핥았는데, 그것은 새끼들이 상위 서열 어른에게 하는 몸짓이다.

그리고 두 마리는 함께 달리기 시작했다. 42번은 21번을 따라잡자 그의 등에 뛰어올랐고, 그러자 21번은 발밑에 쓰러져 복종의 자세를 취했다.

8월 중순, 드루이드 일가가 모여 있는 장소의 서쪽에서 104번의 전파 신호가 감지됐다. 몇 분 뒤 나는 드루이드 무리를 향해 가고 있는 104번을 발견했다. 서풍이 불고 있었기 때문에 드루이드 무리는 곧 104번의 냄새를 맡을 것이다. 몇 분 후 21번과 42번이 104번의 낌새를 느끼고 움직이기 시작했다. 거기에 알파 암컷 40번이 가세해 선두에 섰다. 163번과 더 어린 암컷 한 마리, 그리고 새끼 세 마리도 따라 나섰다. 반면 104번은 자기 앞에 드루이드가 있는 줄도 모르고 계속 걸어갔다. 40번도 104번 쪽으로 이동했는데, 세이지 수풀이 40번의 시야를 가려서 상대를 파악하지 못했다. 나는 6월 말에 104번과 163번이 드루이드 무리의 집결지에서 함께 사냥한 동물을 먹는 장면을 보았고, 그 전에도 두 형제가 함께 노는 모습을 종종 목격했다. 5월 중순에는 104번이 105번과 함께 있는 것을 목격했고 종종 104번의 신호가 드루이드 굴에서 잡히기도 했다. 그 모든 것은 104번이 자신이 태어난 드루이드 무리와 좋은 관계를 유지하고 있다는 뜻이다. 그러나 지금은 104번이 드루이드와 마지막으로 접촉한 지 6주가 지나고 있었다. 드루이드 늑대들이 무리에서 이탈한 그를 계속 우호적으로 맞이할까?

그런데 104번은 중간에 진로를 남동쪽으로 바꾸었다. 이 말인즉 104번은 드루이드를 보지 못할 것이고, 드루이드도 그를 찾지 못한다는 뜻이다. 드루이드 일행은 계속 104번이 있던 서쪽을

바라보고 있었다. 하지만 104번은 동쪽으로 진행 방향을 바꾸었고
그 결과 바람을 통해서 드루이드 늑대들의 냄새를 맡았다. 옛 가족의
냄새를 눈치챈 104번은 잠시 걸음을 멈추고 드루이드 무리가 있는
쪽을 보다가 서쪽 개활지에서 드루이드 알파 쌍을 발견했다. 그는 두
마리를 등지고 동쪽으로 내달렸다. 마치 낯선 무리로부터 도망치는
것 같았다. 그 후 104번은 멈춰 서서 뒤돌아보고 다시 동쪽으로
달리는 동작을 네 번 되풀이했다. 다섯 번째 뒤돌아봤을 때는 아까의
늑대들이 자신을 쫓아오고 있었다. 104번은 동쪽으로 더 빠르게
이동해서 라마강 동쪽의 캐시개울을 따라 강 상류로 나아갔다.
드루이드 늑대들은 추격을 포기한 듯 저 멀리 떨어져 있었다.

　　드루이드 무리는 21번을 선두로 해 지정 집결지로 돌아왔다.
나중에야 나는 104번이 갓 태어난 새끼 늑대 냄새에 현혹되었을지
모른다고 생각했다. 드루이드의 다른 늑대들의 냄새는 식별할 수
있지만, 새끼들의 냄새는 분명 기억에 없었을 것이다.

　　세 마리의 새끼 곰을 거느린 어미 회색곰은 이따금씩 칼세도니
집결지로 찾아왔다. 어느 날 저녁 드루이드 늑대들이 그늘에 누워
있는데 회색곰 가족이 들이닥쳤다. 늑대들이 나타나자 어미는
뒷다리로 서서 서쪽으로 달렸다. 새끼 곰도 어미를 쫓아갔다. 그러자
40번이 그들을 쫓아갔다. 잠시 후 40번은 무성한 풀숲에 몸을
숨기고 곰들을 관찰했다. 양쪽의 거리는 50여 미터에 불과했다. 곰이
구릉을 넘어갈 때도 늑대는 구릉 반대편에서 그들을 추적했다. 어미
곰과 새끼 곰이 내 시야에 다시 들어왔을 때, 40번은 불과 35미터
떨어진 곳에 있었다. 40번이 세이지 수풀 속에 숨어 있었기 때문에
곰은 그 사실을 모르는 것 같았다.

지정 집결지

회색곰 일가는 서쪽으로 갔고 40번은 추적을 계속했다. 머리를 숙이고 동태를 살피면서 천천히 한 발 한 발 다가갔다. 그때 가장 뒤쪽에서 걷던 새끼 곰이 고개를 돌려 40번을 발견했다. 거리는 불과 25미터. 새끼 곰은 바로 어미에게 달려갔다. 어미 곰은 늑대를 찾고자 주변을 두리번거렸지만 수풀 속에 숨은 40번을 발견하지 못했다.

이후에도 한동안 곰이 움직이면 40번이 따라가고, 곰이 뛰면 40번도 뛰었다. 어미 곰이 기척을 느끼고 뒤돌아볼 때마다 40번은 움직임을 멈췄다. 어느새 양쪽의 거리는 20미터 이내로 좁혀졌다. 다음 순간 40번은 앞으로 뛰어나가 새끼 곰의 엉덩이를 덥석 물었다. 그리고 곧바로 달아났다. 새끼 곰은 황급히 어미 곰 곁으로 뛰어갔고, 어미는 뒷다리로 일어나 주위를 두리번댔다. 그러나 50미터쯤 떨진 세이지 수풀에 숨은 40번을 찾지 못했다.

40번은 추격을 멈추지 않았다. 잠시 후 수풀 길이 끝나고 탁 트인 평원이 나타났다. 그때 새끼 곰 하나가 돌아서서 40번을 보았다. 40번은 얼어붙듯 멈췄다. 이제 몸을 가려주는 자연 엄폐물은 없지만 새끼 곰들은 40번의 털 색을 식별하지 못했다. 회색곰 가족이 다시 걷기 시작하자 40번도 다시 움직였다.

어느 순간 40번이 초원을 가로질러 새끼 곰에게 돌진했다. 그것을 본 새끼들은 어미 곰에게로 도망쳤다. 40번은 곰들 앞에서 몇 미터밖에 떨어져 있지 않은 장소를 왔다 갔다 했다. 어미 곰은 침착하게 늑대의 행동에 대응했다. 만약 어미 곰이 늑대를 향해 돌진했다면 새끼도 뒤따라 달리기 시작했을 것이다. 그랬다면 40번 늑대는 어미 곰의 뒤로 돌아가 새끼 가운데 한 마리를 물어뜯었을 것이다.

곰과 늑대의 대치는 한동안 계속되었지만, 이윽고 안개가 끼면서 나는 그들의 모습을 놓쳤다. 잠시 후 안개가 걷혔을 때 곰 일가는 일렬로 걸어서 어디론가 떠나고 있었다. 늑대 40번의 모습은 보이지 않았다. 추격전에 만족하고 무리에게 돌아간 게 틀림없다.

23장　고집불통
　　　새끼 늑대

8월 12일, 드루이드 무리의 성체 늑대 일곱 마리와 새끼 늑대 여섯 마리가 칼세도니 집결지에 모였다. 곧 알파 암컷 40번이 무리를 이끌고 동쪽으로 이동하기 시작했다. 105번과 106번을 제외한 모든 늑대가 40번을 따라갔다. 때때로 잿빛 새끼 늑대가 알파 암컷보다 앞서서 무리를 이끌었다. 강에 도착했을 때 두 마리의 검정 털 새끼 늑대 중 몸집이 더 큰 수컷은 집결지로 돌아갔고 나머지 새끼 다섯 마리는 어른들과 함께 움직였다.

  얼마 후 알파 수컷 21번이 앞장서서 스페서먼리지에 난 등산로 방향으로 행렬을 이끌었다. 이 길은 하이커들이 라마계곡 아래에서 스페서먼리지 정상으로 올라갈 때 이용하는 길이다. 드루이드 늑대들은 자주 이곳으로 사냥을 왔다. 엘크 떼가 이곳에서 여름을 나기 때문이다. 이윽고 드루이드 무리는 숲으로 들어갔다. 다음 날 아침 추적 비행을 실시한 더그가 스페서먼리지 정상에서 드루이드 무리를 확인했다.

  그다음 날인 8월 14일 이른 아침, 집결지에 남아 있던 두 암컷도 산등성이를 올라가 무리에 합류했다. 이제 검정 털 새끼 늑대만 그곳에 남아 있었는데, 혼자서도 불안해하지 않는 눈치였다. 녀석은 한가롭게 들쥐 사냥을 즐겼다. 그날 아침 늦게 42번이 집결지로 돌아와서 새끼를 먹였다.

　잠시 후 42번과 새끼 늑대가 길을 나섰다. 그런데 중간에 새끼 늑대가 무엇인가의 기척을 느낀 듯 남쪽으로 뛰어갔다. 그건 바로 들쥐였다. 들쥐 사냥에 실패하자 다른 목표물을 찾아서 움직였다. 검은 새끼 늑대는 이번에도 무리와 합류할 마음이 없는 듯 보였다. 42번은 하루 종일 집결지에서 검정 털 새끼 늑대를 지켜봤다.

　다음 날 아침에는 어미 늑대 42번과 누나뻘인 105번과 106번이 검정 털 새끼 늑대와 함께 있었다. 새끼는 몇 번이나 울었지만 어른들은 반응하지 않았다. 105번이 새끼에게 다가가 고깃살을 토해 줬다. 어른들은 검정 새끼 늑대가 배고파하지 않도록 신경을 쓰고 있었다. 그날도 새끼 늑대는 직접 들쥐를 잡아먹었다. 그로부터 며칠 동안 어른 늑대들이 번갈아 가며 외톨이 새끼 늑대에게 와서 먹을 것을 주었다. 그러나 새끼는 단 한 번도 무리가 모여 있는 스페서먼리지로 가려 하지 않았다.

　그날도 평소처럼 두 마리의 젊은 암컷이 검은 털 새끼 늑대를 지켜보고 있었지만, 둘 다 토해 줄 고기가 없었다. 106번은 근처에서 다람쥐를 잡아서 새끼 늑대에게 주었다.

　그사이 검정 털 새끼 늑대는 들쥐 사냥 전문가가 됐다. 어느 날 저녁에는 들쥐를 세 마리씩 잡더니, 6월부터 남아 있던 수컷 엘크 잔해를 찾아서 뼈를 갉아 먹었다. 이때부터 새끼는 스스로 식량을 구하기 시작했다.

　무리가 스페서먼리지 정상에 도착한 지 닷새 만에 알파 부부와 163번은 다섯 마리의 새끼 늑대를 그곳에 남겨두고 집결지로 돌아왔다. 검은 털 새끼 늑대는 알파 쌍에게 달려들었고 오랜만에 새끼를 만난 알파 쌍도 그를 반가워하는 것 같았다. 잠시 뒤 21번이 그 자리를 떠났는데 웬일인지 검정 새끼 늑대가 따라가지 않았다. 40번도 21번과 함께 강가로 향했다. 이윽고 두 마리는 멈춰서 새끼가 따라오기를 기대했지만, 새끼는 한 걸음도 움직이지 않았다.

곧 21번이 40번과 163번을 이끌고 더 먼 곳으로 이동해 칼세도니개울에서 숲이 우거진 저지대로 자취를 감췄다. 거기서부터는 사냥로를 따라 나머지 무리가 모여 있는 스페서먼리지 정상으로 갈 수 있다. 검은 털 새끼 늑대는 알파 쌍이 누워 있던 곳의 냄새를 맡고 그들이 사라진 방향으로 눈을 돌렸다. 그러더니 금방 또 들쥐 사냥을 시작했다. 나는 새끼 늑대가 쥐와 메뚜기를 잡아먹는 장면을 지켜봤다.

저녁이 되자 42번이 검정 새끼 늑대에게 돌아왔다. 다음 날 아침에도 두 마리는 같은 곳에 있었다. 곧 42번의 무선 전파를 수신할 수 없게 됐다. 그것은 42번이 전파가 닿지 않는 곳으로 이동했고, 아마도 스페서먼리지 정상으로 향하고 있다는 뜻이다. 검정 새끼 늑대는 또다시 외톨이 신세가 되었지만, 그것은 스스로 선택한 일이다. 나는 그로부터 이틀간 새끼 늑대가 혼자 지내는 모습을 관찰했다.

8월 20일 추적 비행으로 드루이드 무리를 오팔개울 상류에서 확인했다. 고도가 높은 그곳은 칼세도니개울의 지정 집결지보다 여름철 엘크 떼와 훨씬 더 가깝다. 다음 날 아침에 검정 새끼 늑대가 무리가 모여 있는 곳을 향해 울더니 곧장 그쪽으로 달리기 시작했다. 중간에 잠시 멈추고 무리의 위치를 확인한 뒤 다시 달렸다. 새끼 늑대로부터 3킬로미터 가량 떨어진 곳에 있는 나에게도 늑대들이

주고받는 소리가 분명하게 들렸다. 무리는 검정 새끼 늑대로부터 5킬로미터 떨어져 있었고, 이 정도는 새끼가 동료들의 목소리를 듣고 방향을 잡기에 충분한 거리다. 나는 곧 새끼 늑대의 모습을 놓쳤지만 왠지 모르게 기분이 좋았다. 검정 새끼 늑대는 계곡에서 외톨이의 삶을 충분히 만끽하고 이제 가족의 품으로 향하고 있다. 검은 털 새끼 늑대가 혼자 지낸 시간은 72시간에 달했다.

8월 26일에 추적 비행을 한 더그는 오팔개울에서 드루이드 무리를 봤다고 말했다. 어른 늑대 네 마리와 여섯 마리의 새끼 늑대 중 다섯 마리가 같이 있었는데, 그중 두 마리는 검은 털이었다고 한다. 그것은 곧 그 검정 새끼 늑대가 가족과 재회했다는 뜻이다. 그런데 그날 그곳에서 회색 새끼 늑대 한 마리가 보이지 않았다.

더그는 같은 날 추적 비행 중 옐로스톤호수 남쪽 끝에서 104번을 확인했다. 그곳은 소다뷰트 무리의 영역으로부터 1.6킬로미터도 떨어지지 않았다. 104번은 크리스털크리크 늑대들의 영역을 지나서 그곳으로 왔을 텐데, 이 무리는 그가 원래의 가족인 드루이드 무리를 떠난 뒤 새로 가담한 집단이다. 104번은 크리스털크리크 무리와 엇갈리거나 마주친 후에 남쪽으로 계속 내려온 것이다. 104번의 의도를 우리는 여전히 알지 못했다.

9월 1일의 추적 비행에서 오팔개울에 42번과 검정 새끼 늑대가 함께 있는 모습을 확인했다. 같은 날 105번은 칼세도니 집결지에서 새끼 늑대들을 찾는 듯 보였다. 다음 날에는 42번과 다른 두 살 암컷이 새끼들을 찾았고, 9월 4일에는 105번 혼자서 주변을 샅샅이 뒤졌다. 어른 암컷들은 분명 심각하게 걱정하는 낌새였다. 나도 염려스러웠다. 어른과 떨어진 새끼 늑대는 곰이나 퓨마, 혹은 코요테 무리의 먹잇감이 되기 쉽다.

    9월 5일에는 라마계곡에서 드루이드 늑대의 전파 신호를 아예 확인할 수 없었다. 나는 국립공원관리청에서 함께 일하는 빌 벵겔러와 오팔개울 주변을 한눈에 볼 수 있는 곳을 찾아 스페서먼리지 등산로로 갔다. 풋브리지 주차장을 나온 우리는 라마강을 건넌 뒤 다시 산길을 따라 이동했다. 출발 후 네 시간 만에 오팔개울 주변을 관찰할 수 있는 고지대에 도착했다. 거기에서는 드루이드 무리의 전파 신호도 확인할 수 있었다. 더 나은 관찰 장소를 찾아 15킬로미터를 더 이동해서 작은 야산 정상에 탐지 망원경을 설치했다.

    맨 먼저 약 3킬로미터 떨어진 곳에 있는 드루이드의 지정 집결지를 확인했다. 그곳은 깊은 숲으로 둘러싸인 초지로, 그 안에 한 그루의 침엽수가 자란 언덕이 야트막이 솟아 있다. 그 언덕에서 검정 털 늑대 한 마리가 잠자고 있었다. 얼마 후 몇 마리가 더 모습을 드러내더니 세 마리의 새끼 늑대와 한 마리의 어른 늑대를 제외한 드루이드 무리가 모두 나왔다. 몇 년 뒤 나는 저 언덕 위의 침엽수 옆에 서서 21번과 특별한 경험을 하게 되는데, 그것은 다른 기회에 이야기하겠다.

    집결지를 세 시간 동안 관찰한 뒤 빌과 나는 그날의 업무를 종료했다. 주차장에 돌아왔을 때 우리는 완전히 지쳐 있었다. 드루이드 무리의 새 집결지를 확인한 것은 만족스러웠지만, 사라진 새끼 늑대 세 마리가 걱정됐다. 다음 날 아침 일찍 칼세도니 집결지에서 휴식을 취하는 드루이드 무리를 확인했는데, 그때도 새끼들이 보이지 않았다. 우리가 확인한 검정 새끼 늑대 두 마리 중

하나는 수컷이고 다른 하나는 암컷인데, 이 수컷 새끼 늑대는 앞서 무리를 이탈했던 그 녀석이 틀림없다.

같은 날 오후에 새끼들은 '도둑질 놀이'를 시작했다. 한 녀석이 동물 뼈를 씹고 있노라니 다른 녀석이 살금살금 다가와서 뼈를 빼앗아 달아났다. 그러면서 둘 사이의 추격전이 시작됐다. 새끼 늑대들은 큰 바위에 올라가 '산 대장 놀이'도 했다. 먼저 바위 위에 올라선 녀석은 다른 새끼들이 올라오는 것을 가로막았다. 나는 이날 본 두 가지 놀이를 늑대 관찰일지에 추가했다.

이틀 후 우리는 리틀아메리카의 도로 남쪽에서 드루이드 무리를 발견했다. 새끼 늑대 세 마리는 여전히 실종 상태였다. 21번이 선두에서 무리를 서쪽으로 이끌었다. 이윽고 그는 자신의 어미가 살던 굴 옆을 지나쳤다. 나는 21번이 1997년 봄에 양아버지 8번과 그곳에서 보낸 몇 주 동안의 일을 잠시나마 떠올렸을지 궁금했다. 드루이드 무리는 스페서먼리지 능선의 서쪽 끝에서 나의 시야에서 사라졌다. 그곳에서 동쪽으로 18킬로미터를 더 가면 오팔개울 집결지에 도착한다.

이제 나는 아흐레 동안 옐로스톤공원을 떠나야 한다. 부재중에는 빌이 늑대 관찰 업무를 맡았다. 빌은 9월 1일에 칼세도니개울에서 드루이드 무리를 확인했다. 이후 무리는 스페서먼리지 산마루께로 사라졌다. 그곳은 빌과 내가 오팔개울 집결지를 관찰하기 위해 올라갔던 길이다. 9월 19일에 드루이드 무리는 크리스털개울이 내려다보이는 스페서먼리지 산등성이에 있었다. 새끼 늑대 세 마리의 자취는 어디에도 없었고, 우리는 이 여행이 새끼들을 찾기 위해서이지 않을까 짐작했다.

나는 여름 내내 드루이드 무리에게 드리운 먹구름이 자꾸
생각났다. 작년 12월 내가 빅벤드국립공원에 있었을 때, 드루이드가
로즈크리크의 암컷 한 살배기 늑대 85번을 죽였다. 이 한 살배기는
1997년 봄에 21번의 형제자매인 18번이 낳은 새끼다. 나는 21번이
드루이드 무리의 새로운 수컷 우두머리가 되면 두 무리 사이에 있던
적의가 사라질지 모른다고 기대했다. 그러나 그것은 오판이었다.
7월 중순에 울프 프로젝트의 생물학자로, 한 살배기 늑대 85번
살해를 목격했던 셰이니 에반스와 함께 일하게 되었다. 그가 내게
로즈크리크의 암컷을 죽인 용의자는 드루이드 암컷 늑대들이라고
알려줬다. 한 살배기 85번을 쫓던 일곱 마리 가운데에는 21번과
163번도 포함되어 있었지만, 이 둘은 드루이드 암컷 다섯 마리가
85번을 죽이는 데 가담하지 않았다고 했다. 이 대목을 정리하면서
셰이니에게 당시의 상황을 다시 확인했다.

그가 관찰한 바에 따르면 로즈크리크 늑대들은 그날 드루이드
영역의 서쪽을 가로지른 뒤 자신들의 영역으로 돌아갔다. 그런데
암컷 한 살배기 85번이 무리에서 뒤처지고 말았다. 그 순간 드루이드
무리가 자신들의 영역을 침범한 85번을 발견하고 공격했다.
셰이니는 이렇게 덧붙였다. "85번을 발견했을 때 드루이드 늑대
일곱 마리는 무리 지어 달리고 있었습니다. 하지만 암컷들이 85번을
죽였을 때 21번은 그저 옆에 서 있기만 했어요."

더그도 그날 드루이드 무리가 85번을 공격할 때 상공을
선회하다 그 현장을 목격했다. 더그는 외삼촌 21번이 외조카 85번을
물었을 가능성은 있지만, 숨통을 끊는 데는 가담하지 않았을 거라고
말했다. 이때 더그가 촬영한 사진에는 40번과 회색 늑대, 검정

늑대가 85번을 공격하는 모습이 담겼다. 그로부터 조금 떨어진 곳에 시선을 돌리고 있는 21번이 찍혀 있다. 나중에 나는 더그가 촬영한 다른 사진도 조사하여 85번에 대한 공격을 주도한 것은 드루이드의 알파 암컷 40번이라는 점을 확인했다. 21번은 계속 조금 떨어진 장소에서 반대쪽을 멀뚱히 보고 있었다.

나는 1996년 봄에 크리스털크리크와 로즈크리크 무리에 대한 공격을 주도한 늑대는 당시 이 드루이드 무리의 수컷 리더였던 38번이라고 쭉 생각했다. 그런데 이제 그 일의 주범이 40번이었다는 사실을 깨달았다. 자매의 새끼를 죽인 범인도 40번이라는 확신이 생겼다. 성격이 온순한 21번과 42번은 40번의 공격성을 제어하지 못했다.

이번 사건으로 드루이드가 살해한 로즈크리크의 어른 늑대는 세 마리로 늘어났다. 나는 로즈크리크 무리의 알파 수컷 8번이 딸의 죽음을 어떻게 받아들일지 궁금했다. 8번은 분명 의붓아들인 21번도 살육에 연루됐다고 생각할 테다. 로즈크리크 무리가 라마계곡으로 돌아오면 두 무리의 두 번째 전투가 벌어질 가능성이 그 어느 때보다 커졌다.

24장 출가

9월 말에 드루이드 무리를 다섯 번 관찰했는데, 실종된 새끼 늑대 세 마리는 한 번도 보지 못했다. 이제는 새끼들이 죽었음을 인정할 수밖에 없었고, 사라진 이유는 찾을 방도가 없었다. 나는 야생 늑대들에게는 인간이 어찌할 수 없는 그들만의 운명이 있다는 현실을 받아들여야 했다. 9월 30일에는 크리스털크리크 울타리 근처에서 드루이드 무리를 찾았다. 며칠 전부터 드루이드 늑대들이 이 장소에서 울부짖었고, 그에 화답해 북쪽의 슬로샛강에서 또 다른 늑대 무리가 울부짖었다는 보고도 들었다. 그리고 얼마 지나지 않아 나는 슬로샛강에서 로즈크리크 늑대들을 보았다. 두 무리는 불과 2~3킬로미터밖에 떨어져 있지 않았고 그 사이에는 얼마 전에 새로 깐 공원 도로가 있다.

로즈크리크 무리는 여름을 북쪽 고지대에서 보냈기 때문에, 내가 그들을 본 것은 거의 4개월 만이다. 무리의 알파 암컷이던 9번은 이제 없었다. 드루이드의 알파 암컷 40번이 어미 39번을 쫓아낸 것과 같은 모양새였다. 2019년 현재까지 내가 알기로는 옐로스톤에서 아들이 아버지를 쫓아낸 사례는 없다. 로즈크리크 무리의 초대 알파 암컷인 9번을 오랜 세월 관찰해온 나는, 그가 수많은 역경과 비극을 참아왔음을, 그중에서도 원래의 짝을 잃은

슬픔을 알고 있기에 무리에서 쫓겨났다는 소식을 듣고 낙담했다.

그러나 9번은 역경에 주저앉는 늑대가 아니다. 즉시 공원을 나와 동쪽으로 향했고, 쇼쇼니국립공원에 살면서 베어투스 무리라고 불리는 새로운 집단을 형성했다. 그의 손자 중 한 마리인 늑대 164번은 십마운틴 무리에서 태어났고, 나중에 9번의 새 무리에 합류했다. 그러자 로즈크리크 무리의 암컷 두 마리도 베어투스 무리에 합류했다. 로즈크리크 늑대들이 그들의 영역에서 멀리 떨어진 곳으로 간 9번을 찾아서 쫓아갔다는 사실에 나는 매우 놀랐다. 나중에야 늑대는 멀리 있는 상대를 찾는 데 매우 능숙하다는 사실을 알았다. 로즈크리크 무리의 암컷들은 권력을 찬탈한 18번에게 충성을 다하기보다는 여태까지 자신을 이끌어온 9번과 함께하기로 마음먹은 듯했다. 그 늑대들은 모두 검은색이었다. 그때부터 지금까지 베어투스 무리의 늑대는 모두 털이 검다.

10월이 되자 나는 슬로샛강에서 사냥하는 8번과 로즈크리크 늑대들을 자주 보았다. 세월이 흘러 8번은 다섯 살 반이 되었고, 로즈크리크 무리는 옐로스톤 최대의 늑대 집단으로 성장했다. 8번은 1995년 입양한 여덟 마리의 새끼 늑대를 어엿한 성체로 키워냈을 뿐만 아니라 생애를 통틀어서 쉰네 마리의 새끼를 낳았다.

때때로 새로운 알파 암컷 자리를 차지한 18번이 8번에게 장난을 치기 위해 다가와도 8번은 반응하지 않고 자리를 피했다. 18번이 냄새 표시를 하면 8번도 그 위에 냄새를 풍기며 알파 수컷의 의무는 다했지만 18번과 감정적 유대는 거의 없어 보였다. 나는 비과학적인 생각을 억누를 수 없었다. '8번은 아내 9번이 딸에게 쫓겨난 것을 지금도 슬퍼하고 있는 것일까?'

그 무렵 드루이드 무리에서는 8번이 양자로 기른 21번이 알파 암컷 40번이 아니라 42번과 훨씬 더 친밀하다는 것을 확실히 알 수 있었다. 21번이 42번과 서로 장난치는 횟수는 40번과 노는 횟수보다 훨씬 많았다. 나는 21번과 42번이 서로의 얼굴을 핥는 광경을 자주 보았다. 21번은 언제나 42번 앞에서 플레이 바우를 하며 주위를 뛰어다녔다. 21번이 가장 좋아하는 놀이는 42번을 꼬셔 자신을 쫓아오게 하는 추격 게임이다. 21번은 무리의 선두에서 걷고 있을 때에도 몇 번이나 뒤를 돌아보고 42번의 상태를 확인했다. 그에 반해 40번과는 업무상의 파트너 정도로 보였다. 이 무리의 유일한 문제는 40번이 여전히 알파 암컷이라는 점뿐이다.

10월 16일 나는 잿빛 수컷 늑대 163번이 한쪽 다리를 들어 배뇨하는 모습을 처음 보았는데, 그곳은 알파들이 갓 냄새 표시를 한 장소였다. 163번은 이제 생후 18개월로, 사람으로 치면 열여섯 살 정도였다. 내년 2월이 되면 암컷과 교배하여 아비가 될 수 있다. 소변을 뿌리는 것은 그가 완전히 성숙했다는 증거다. 이날은 이동할 때도 163번이 무리를 이끌었다.

10월 21일의 추적 비행에서는 놀라운 소식이 날아들었다. 과거 드루이드 무리에 있던 수컷으로, 이제 두 살 반이 된 104번이 옐로스톤호수 남쪽에서 소다뷰트 무리와 함께 생활하는 모습이 확인된 것이다. 소다뷰트 무리는 1995년 캐나다 앨버타주에서 온 최초의 세 무리 중 하나다. 그리고 지금 알고 싶은 것은 과연 104번이 수컷 리더의 지위를 차지했느냐다.

그다음 날 163번이 선도하는 드루이드 무리가 슬로샛강 서쪽으로 왔다. 나는 1996년 6월에 늑대 8번이 드루이드의 원래

알파 수컷인 38번을 쓰러뜨린 이후로 그곳에서 드루이드 무리를 보지 못했다. 그런데 163번이 드루이드 늑대들을 이끌고 서쪽으로 더 나아가 적대하는 로즈크리크 무리의 영역으로 깊숙이 들어온 것이다. 위험한 상황이다. 왜냐하면 로즈크리크 늑대들이 드루이드 무리보다 수가 훨씬 많기 때문이다. 그러나 163번에게는 위험을 무릅쓸 충분한 이유가 있었는지도 모른다. 적대하는 무리에는 젊은 암컷이 많기 때문이다. 163번은 암컷들의 냄새를 추적하여 로즈크리크 무리의 주요 이동 경로를 따라가고 있었다.

다음 날 드루이드 무리는 라마계곡으로 돌아갔다. 알파들은 수컷 엘크를 그냥 지나쳤는데, 아마도 사냥하기엔 상대가 너무 강하다고 판단했을 것이다. 그러나 세 마리의 새끼 늑대와 세 마리의 젊은 성체 암컷 늑대가 협력해 그 엘크에게 다가갔다. 엘크는 돌아서서 늑대들을 한 번 내려다본 뒤 맨 앞에 있던 잿빛 새끼 늑대를 향해 돌진했다. 늑대들은 흠칫 놀라 뒷걸음질을 쳤다가 수컷 엘크가 반대쪽으로 달아나자 그 뒤를 추격했다. 얼마 지나지 않아서 여섯 마리 가운데 다섯 마리는 추격을 단념했지만 선두에 있던 회색 새끼 늑대는 엘크를 더 쫓다가 돌아왔다.

10월 말이 되자 40번은 42번을 향해 더욱 공격적으로 행동했다. 나는 그것이 번식기가 다가오고 있기 때문이라고 추측했다. 42번은 몸을 굽힌 채 굴종의 자세로 자매인 40번에게 다가갔다. 그 후 42번은 알파 암컷 40번의 정면에 앉아 상대방의 얼굴을 핥았다. 잠시 후 42번이 자리에서 일어나려고 하자 40번이 달려들었다.

그 무렵 21번과 163번은 평소처럼 놀이를 즐기고 있었다. 몸집이 큰 알파 수컷 21번은 아들과 몸싸움에서 늘 져줬다. 그런 다음 꼬리를 다리 사이에 끼워 넣고 겁에 질린 척하며 달려가면 한 살배기 아들 163번은 꼬리를 잔뜩 치켜든 채 아버지를 뒤쫓았다. 아버지를 따라잡은 163번은 21번을 땅에 밀어 넘어뜨렸다. 한 살배기 163번은 이후에도 두 차례 더 아버지를 뒤쫓았고 그때마다 21번은 싸움에 진 것처럼 바닥을 뒹굴었다. 무리의 다른 늑대들이 주위로 다가와 수컷 우두머리가 무리에서 가장 지위가 낮은 늑대처럼 행동하는 광경을 지켜봤다. 그러자 21번은 벌떡 일어나 다른 새끼들과 잠시 놀다가 다시 163번에게 갔다. 21번은 즐거운 듯 어린 늑대들의 주위를 빙글빙글 뛰어다녔다. 도중에 105번과 몸싸움을 할 때도 마치 강적을 상대로 싸우는 척 연기했다.

그해 가을 163번은 자주 무리를 이끌고 더 자주 냄새 표시를 했다. 163번이 선두에서 영역을 표시하면 알파 쌍은 그 위에 다시 이중 삼중으로 소변을 뿌렸다. 결과적으로는 이것이 무리에게 좋은 결과를 안겨주었다. 만약 적대하는 무리의 늑대가 드루이드의 영역에 침입한다면, 그들은 냄새가 나는 곳을 전부 맡아볼 것이다. 그리고 드루이드 무리에는 두 마리의 강력한 수컷이 있다는 사실을 알아차리고 곧바로 그곳에서 벗어나려 할 것이다.

몇 년 뒤 울프 프로젝트의 생물학자 키라 캐시디가 늑대 무리 사이의 충돌에 관한 과거 기록을 분석했다. 어느 쪽이 이길지를 결정하는 요인은 크게 세 가지인데, 첫째는 무리의 전체 규모, 둘째는 수컷 늑대의 수, 마지막은 여섯 살 이상 늑대의 수였다. 만약 무리에 영역 표시를 하는 어른 수컷이 두 마리라면 한 마리밖에 없는 경우보다 훨씬 더 유리하다. 키라의 조사는 알파 수컷이 둘인 무리가 승리할 확률이 65퍼센트라고 밝혔다.

10월 말에 드루이드 무리가 슬로샛강의 서쪽으로 돌아왔다. 163번과 알파 부부는 풀숲 곳곳에 냄새를 표시했다. 로즈크리크 늑대들은 냄새를 통해 드루이드가 이곳에 왔다는 사실을 알게 될 것이다. 로즈크리크의 우두머리 수컷 8번이 드루이드 무리의 우두머리가 된 양아들인 21번 냄새를 맡고 무슨 생각을 할지 무척 궁금했다. 다른 무리의 수컷 리더가 자신의 영역에 들어와서 일부러 증거를 남기고 간 사실에 8번은 어떻게 반응할까? 드루이드 늑대들은 로즈크리크 무리의 영역에서 다섯 시간을 보내고 여기저기에 영역 표시를 한 뒤 자신들의 영역으로 돌아갔다.

2월의 짝짓기 철이 다가오면서 드루이드 암컷들은 무리 내 위계질서에서 자신의 자리를 지키기 위해 점점 더 갈등했다. 40번은 자매인 42번을 억눌렀고 42번은 세 마리의 젊은 암컷 중 가장 서열이 높은 105번을 깔아뭉겠다. 105번은 암컷 중 가장 몸집이 작은 103번을 괴롭혔고, 그 몸집이 작은 암컷은 암컷 중 가장 지위가 낮은 106번을 공격했다.

이보다 앞선 1999년 초, 몬태나주립대학의 스콧 크릴 교수의 지도를 받은 대학원생 제니퍼 샌즈가 옐로스톤 늑대의 스트레스 호르몬 조사를 시작했다. 제니퍼는 무리에서 지위가 낮은 개체는 그 종속적 지위 때문에 스트레스를 더 많이 느낄 것이라는 가설을 세우고, 스트레스가 어떤 영향을 미치는지 밝히고 싶어 했다. 나는 그의 연구 논문을 읽고 스트레스가 커지면 부신당질副腎糖質 코르티코이드 호르몬이 분비된다는 것을 알았다. 이 호르몬은 다른 생리적 활동에 할애하고 있던 에너지를 스트레스의 원인에 대처하는 데 사용할 수 있게 한다. 하지만 그 결과 생식행동이 억제되거나 질병이나 감염병에 대한 저항력이 떨어진다.

 제니퍼는 신호기를 단 늑대들의 똥을 수집했다. 다른 연구자들, 늑대 관찰자들, 그리고 나는 그의 연구를 돕기 위해 늑대가 배설하는 현장으로 제니퍼를 데려갔다. 채집한 똥 표본을 연구소에서 분석했는데, 결과는 완전히 예상을 빗나갔다. 의외로 리더인 수컷 늑대들의 스트레스가 훨씬 더 컸다. 이 결과에 대해 내 나름대로 궁리해보았다. 그들은 가족을 지키고, 먹이를 책임지고 준비해야 한다. 반면 하위 서열 수컷들은 더 태평하게 살고 있었던 셈이다. 암컷에게도 같은 결과가 적용되었다. 그렇다면 드루이드 알파 암컷 40번의 공격적인 성격도 어느 정도 설명이 된다. 40번은 견디기 힘든 스트레스를 가족에게 표출한 셈이다.

 11월 11일을 끝으로 163번이 드루이드 무리에서 사라졌고 무선 신호도 끊겼다. 아마도 제 짝을 찾아 나섰을 것이다.

25장 1999년
겨울

1999년 11월 중순이 되자 기온이 영하로 내려가고 지표에 눈이 쌓였다. 나는 1974년부터 1975년까지 버몬트주에 살 때 이후로 처음 겪는 혹한을 견뎌내기 위해 두꺼운 겨울 부츠와 재킷, 그리고 장갑을 샀다. 버몬트는 물론 뉴잉글랜드에서도 몇 번의 겨울을 보냈기에 영하의 기온에는 익숙했다. 그러나 최근 25년간은 데스계곡과 빅벤드국립공원 같은 사막지대에서 겨울을 보냈기 때문에 지금도 추위를 잘 버틸지 걱정됐다. 이때는 아직 몰랐지만, 그해 겨울에는 영하 54도 날씨의 야외에서 일하게 된다.

내가 지내는 실버게이트의 오두막은 해발 2252미터의 고지에 있어서 특히 춥다. 눈도 많이 오는 이 동네는 주민이 일곱 명도 안 된다. 매머드에 있는 공원 본부와 실버게이트에서 동쪽으로 5킬로미터 떨어진 쿡시티를 연결하는 도로는 날마다 제설 작업을 했지만, 남쪽으로 향하는 공원 도로는 사실상 통행 불가 상태였다. 그런데 그게 오히려 나에게 도움이 됐다. 왜냐하면 나는 드루이드와 로즈크리크, 그리고 레오폴드 늑대들의 진짜 겨울나기를 보고 싶었기 때문이다. 데날리에서든 옐로스톤에서든, 그때까지는 5월부터 11월까지만 늑대를 관찰했다. 나는 그들이 겨울의 자연환경에 어떻게 대처하는지 알고 싶었다. 이전에 더그 스미스가

나에게 늑대에게는 겨울이 가장 좋은 계절이며, 그 추운 계절 동안 가장 번성한다고 얘기해주었다. 겨울의 장점 중 하나는 낮이 짧다는 것이다. 매일 오전 5시 반에 오두막에서 나오면 7시가 조금 지나 동이 트기 전에 라마계곡에 도착할 수 있었다. 반면 6월과 7월에는 오전 3시 15분이면 해가 떴다. 겨울에는 일몰 시간도 일러서 저녁 5시경이면 일과를 마치고 집으로 돌아왔다.

 11월 15일에는 나도 울프 프로젝트 동계 조사를 시작했다. 1995년 가을에 더그 스미스가 개시한 이 조사는 그보다 훨씬 이전인 1958년부터 그가 아일로열국립공원에서 진행한 조사의 연장이다. 동계 조사는 30일씩 두 번에 걸쳐 이루어지며, 제1기는 11월 중순부터 12월 중순까지, 제2기는 3월에 실시한다.

 더그는 동계 조사를 위해 임시 직원을 고용했는데, 대부분 현장 조사 경험이 있는 야생생물학 전공 대학원생들이다. 스태프는 두 명씩 세 조를 짜서 각각 드루이드, 로즈크리크, 레오폴드 무리를 관찰했다. 연구 스태프는 새벽부터 석양이 질 무렵까지 관찰하며 늑대 행동을 분 단위로 기록했다. 이 조사는 특히 사냥 행동에 주목해, 실패한 추격이든 성공한 추격이든 모든 시도를 기록했다. 늑대 무리가 사냥에 성공한 경우에는 스태프가 나중에 시체 부검을 실시해 먹잇감이 된 동물의 나이와 건강 상태도 확인했다.

 조사 기간 내내 날씨가 허락하면 추적 비행을 실시해 늑대의 사냥감을 확인했다. 자료를 바탕으로 해마다 사냥 성공률을 비교하고, 먹이 동물의 종류와 연령 및 건강 상태를 집계했다. 그 결과 늑대 성체 한 마리가 겨울을 나는 데 다달이 1.4마리에서 2.2마리의 엘크가 필요하다는 것을 알게 됐다. 엘크 먹잇감의 양은 늑대가 사냥한 수에 자연사한 수를 합산했다. 성체 들소 한 마리는 대략 엘크 세 마리에 상당하는 식량이 되었다.

드루이드 무리를 관찰하는 역할을 맡은 사람은 톰 지버와 롭 버치왈드였고, 로즈크리크 관찰팀은 셰이니 에반스와 댄 스탈러로 꾸려졌다. 어느 날 나는 셰이니, 댄과 함께 슬로샛강에서 로즈크리크 무리를 관찰했다. 그때 8번과 다섯 마리의 늑대가 울부짖기 시작했다. 그러자 남동쪽에서 드루이드 무리가 대답하는 소리가 들렸다. 나는 망원경으로 드루이드 무리를 찾았다. 그러나 보이는 건 알파 쌍뿐이었다. 다른 늑대들은 그곳에서 동쪽으로 16킬로미터 떨어진 곳에서 사냥감을 먹고 있었다. 우리는 늑대들은 서로 울음소리만 듣고도 상대 쪽에 몇 마리가 있는지 파악한다고 보고 있다. 21번과 40번은 여섯 마리나 되는 상대와 대적할 수 없다고 단박에 알아차렸을 것이다. 한편 21번이 물러나는 장면을 보면서, 나는 그가 의붓아버지 8번과의 대결을 피하는 것인지도 모른다고 생각했다.

11월 말에는 기온이 더 떨어졌다. 어느 날 드루이드 무리가 꽁꽁 언 연못을 건너는 광경을 목격했다. 새끼 늑대 한 마리가 얼음 조각을 물고 빙판 위를 뛰어다녔다. 그날 드루이드 늑대 여덟 마리는 라마강 남쪽과 타워정션 동쪽에 있었다. 같은 시간, 8번과 다른 12마리의 로즈 늑대들은 라마강의 북쪽에 있었다. 두 무리는 점점 더 가까워지고 있었다. 그들이 서로 상대방의 존재를 알고 있는지까지는 알 수 없다. 하지만 이대로라면 곧 21번이 바람 속에서 적대하는 무리의 냄새를 맡게 될 터였다. 그날은 다행히도 21번이

무리를 남쪽으로, 그러니까 로즈크리크 무리와 반대 방향으로
이끌어서 충돌은 발생하지 않았다.

    며칠 뒤 아침에 나는 21번과 새끼 늑대 한 마리가 수십 마리의
엘크 떼를 뒤쫓는 것을 보았다. 새끼 늑대는 앞에 서서 전속력으로
달렸다. 21번은 새끼 늑대의 뒤를 따라가며 엘크가 반격하는 상황을
경계하는 듯했다. 엘크 떼는 여러 갈래로 나뉘어 달리기 시작했다.
어느 쪽을 쫓을지 갈피를 잡지 못한 새끼는 추격을 멈췄고, 21번도
그를 따라서 정지했다. 이윽고 새끼 늑대는 규모가 조금 더 작은
엘크 떼를 추격했고, 그러자 21번도 다시 그 뒤를 달리기 시작했다.
1분 뒤 새끼 늑대가 엘크 한 마리를 바짝 따라잡았다. 엘크는
달리기를 멈추고 뒤돌아서서 새끼 늑대를 노려봤다. 새끼 늑대도
걸음을 멈추고 그 자리에 곧추섰다. 이번에도 뭘 해야 할지 모르는
눈치였다. 21번은 이 엘크가 사냥감으로 적합하지 않다고 판단해
빠른 걸음으로 그 자리를 떠났고, 그러자 새끼 늑대도 알파 수컷을
따라갔다.

    새끼 늑대는 중간에 다른 것에 정신이 팔려 21번을 놓치고
말았다. 내가 다시금 새끼 늑대의 모습을 발견했을 때, 그는
75마리의 엘크 떼를 쫓고 있었다. 이번에는 혼자였다. 새끼 늑대는
곧바로 엘크 떼 안으로 들어갔다. 엘크 떼는 몇 개의 무리로
갈라졌고, 새끼 늑대는 가장 가까이 있는 놈들을 뒤쫓았다. 결국
암컷 엘크 한 마리와 새끼 한 마리가 무리에서 떨어져 나와 늑대에게
쫓겼다. 새끼 늑대는 몸무게가 족히 200킬로그램은 될 것 같은
어미 대신 몸집이 작은 새끼에게 집중했다. 이윽고 늑대가 30미터
거리까지 쫓아오자 새끼 엘크는 단번에 속도를 높여 순식간에

도망쳤다.

　새끼 엘크는 다시 성체 엘크들 사이로 들어갔다. 그 순간 암컷 성체 한 마리가 새끼 늑대에게 달려들었고 새끼 늑대는 도망칠 수밖에 없었다. 하지만 다른 엘크들은 늑대 냄새에 겁을 먹고 줄행랑쳤다. 새끼 늑대는 목표를 바꿔서 도망치는 엘크 떼를 뒤쫓았다. 그 모습을 본 수컷 엘크 두 마리가 멈춰 서서 적의 정체를 확인했지만, 새끼는 아랑곳하지 않고 수놈들에게 달려들었다. 하지만 엘크 두 마리의 반격을 받고 사냥을 포기할 수밖에 없었다. 빠른 걸음으로 도망친 뒤 동료들의 냄새를 쫓아 동쪽으로 향했다.

　톰과 롭은 얼마 전에 드루이드와 크리스털크리크 늑대들이 마주치는 것을 보았다고 했다. 그 일은 스페서먼리지 능선에서 남쪽으로 몇 킬로미터 떨어진 곳에서 일어났는데, 그곳은 크리스털 무리의 영역이다. 드루이드 늑대들은 크리스털크리크 늑대 한 마리를 발견하고 뒤를 쫓았다. 쫓긴 늑대는 동료가 모여 있는 남쪽으로 황급히 달려갔다. 그 모습을 본 크리스털크리크 무리가 드루이드 늑대들을 향해 반격을 가했다. 드루이드는 적의 수가 늘어나자 북쪽으로 도망쳤다.

　그 순간 40번과 검정 새끼 늑대가 무리에서 뒤처졌다. 앞에서는 21번이 두 마리의 잿빛 새끼 늑대를 보호하며 뛰어갔다. 21번은 새끼들을 옐로스톤강을 따라 난 오솔길로 데려갔고 다른 늑대들도 그 뒤를 따랐다. 뒤에서는 크리스털 무리가 계속 쫓아오고 있었다. 사흘 뒤 우리는 드루이드 무리에서 검정 털 새끼 늑대가 사라진 것을 확인했다. 아마도 며칠 전의 추격전에서 크리스털 늑대들에게 살해당한 것이라고 결론지었다.

나는 앞에서 21번이 드루이드 무리에 합류하며 두 가지 숙원을 이어받았다고 설명했다. 하나는 크리스털크리크 무리와의 관계에서 생긴 것이고, 다른 하나는 로즈크리크 무리와 만든 것이다. 드루이드 무리는 1996년 봄에 크리스털크리크의 알파 수컷 4번을 죽였다. 아마도 그때 4번의 짝이었던 알파 암컷 5번이 다른 동료들과 이번에 드루이드의 새끼 늑대를 죽인 것이리라. 인간의 관점으로 보기에는 21번과 그의 아들인 검정 새끼 늑대는 과거 크리스털크리크 알파 수컷 살해와 아무 관련이 없다. 그러나 이제는 21번이 드루이드의 우두머리라는 이유로 그의 새끼들에게 복수의 칼날이 미쳤다. 한 해가 저물어가는 이 시점에 올해 태어난 여섯 마리의 드루이드 새끼 늑대 중 살아남은 것은 단 두 마리뿐이다. 울프 프로젝트가 진행된 1995년부터 2017년까지 새끼 늑대의 평균 생존율은 73퍼센트이다. 그렇게 봤을 때 1998년(새끼 두 마리 중 한 마리 생존)과 1999년(새끼 여섯 마리 중 두 마리 생존)은 드루이드 무리에게 아주 혹독한 시기였다.

26장 옐로스톤의
크리스마스

1999년 12월 8일, 슬로샛강에서 알파 수컷 8번과 열두 마리의 로즈크리크 무리를 발견했다. 근처에는 새끼 엘크가 아직 얼지 않은 개울에 몸을 담근 채 떨고 있었다. 새끼 엘크는 성체의 절반 정도 크기로, 몸무게는 120킬로그램쯤 되어 보였다. 그것만 해도 늑대 8번보다 갑절 이상 크다. 아마도 몇 시간 전에 물을 마시려고 왔다가 개울에 빠진 것 같았다. 엘크는 얼음 위로 기어오르려 애썼지만 계속 미끄러졌다. 늑대들은 새끼 엘크가 버둥거리는 모습을 세 시간 동안 지켜봤다. 시간이 흐를수록 새끼 엘크가 지쳐가는 게 눈에 보였다.

	늑대 무리는 마침내 몸을 일으키고 사냥감을 향해 다가갔다. 8번과 어린 검정 늑대가 앞장섰다. 8번은 앞발로 조심스럽게 얼음의 강도를 시험했다. 얼음이 깨지지 않을 것이라고 판단한 그는 아직 얼지 않은 구멍으로 풍덩 뛰어들었다. 늑대 8번보다 훨씬 큰 새끼 엘크가 8번을 향해 발을 휘저었지만 8번은 몸을 돌려 피했다. 그러나 세 번째 발길질은 피하지 못했다. 8번은 그 충격에 물속에서 휘청거렸다.

	새끼 엘크 역시 균형을 잃고 몸이 기울어졌다. 그걸 본 8번은 정신을 차리고 목표를 향해 돌진했다.

	젊은 늑대는 물웅덩이 반대편 가장자리에 서서 둘의 공방전을

지켜봤다. 하지만 같이 뛰어들지는 않았다. 내가 그였어도 얼음장 속으로 들어가는 걸 망설였을 것이다. 이날 기온은 섭씨 영하 9도였다. 가족을 먹이는 일은 리더이자 아비인 8번의 몫이다. 늑대 무리의 다른 동료들도 8번과 새끼 엘크의 사투를 지켜봤다.

 알파 수컷은 엘크의 공격을 간신히 피한 뒤 다시 뒤쫓았다. 둘은 쫓다 대치하고 다시 쫓다 대치하기를 반복했다. 그러는 내내 엘크는 늑대를 향해 앞발을 휘둘렀다. 순간 뒷다리로 일어선 새끼 엘크가 앞발로 8번을 짓밟았다. 그 무게에 눌린 8번은 물속에 가라앉았다. 하지만 그는 다시 기어 나와 수면 위로 얼굴을 내밀었다. 8번이 상처를 입은 모습을 보고 나는 얼굴을 찡그렸다. 만약 이것이 종합격투기 경기였다면 심판이 경기를 중단했을 정도로 8번의 부상이 심각해 보였다.

 바로 그때 검정 털 젊은 늑대가 물속으로 뛰어들었다. 검정 늑대는 8번과 협력해 새끼 엘크를 공격했다. 새끼 엘크가 젊은 늑대를 발로 차 쓰러뜨렸다. 그러나 젊은 늑대는 곧바로 일어나 엘크를 몰아붙였다. 새끼 엘크는 갈수록 움직임이 둔해졌다. 8번은 머리를 걷어차이고, 등을 밟히고, 추위를 참으면서 이 순간을 기다리고 있었다. 그는 단숨에 뛰어올라 새끼 엘크의 목을 물었다. 그러자 젊은 늑대는 엘크의 뒷다리를 물고 늘어졌다.

 이 순간 나는, 밖에서 이 사투를 지켜보는 늑대 다섯 마리가 모두 새끼 늑대라는 사실을 눈치챘다. 잠시 후 암컷 우두머리 18번도 와서 상황을 지켜봤지만, 그 역시 사냥을 돕지 않았다.

 잠시 후 젊은 검정 늑대가 새끼 엘크의 머리통을 물었다. 그 후 늑대 두 마리는 엘크를 물 밖으로 끌어 올렸다. 다섯 마리의 검은 털 새끼 늑대가 얼음 위로 달려들었다. 하지만 미끄러운 얼음 위에서 죽을힘을 다해 버둥거리는 엘크를 보고 새끼 늑대들은 뒷걸음질 쳤다. 엘크의 움직임이 완전히 잦아든 뒤에야 새끼들은 식사를 시작했다.

사냥을 끝낸 8번은 상태가 안 좋아 보였다. 몇 달만 지나면 8번은 여섯 살이 될 터였다. 인간으로 치면 40대 후반으로, 신체 기능이 퇴보하고 있었다. 나중에 우리는 8번의 몸 상태가 보기보다 훨씬 더 안 좋았음을 알게 된다.

이 책을 쓰면서 나는 짐 하프페니와 8번의 두개골에 대해 이야기했다. 덴버 자연과학박물관의 수 웨어와 짐은 늑대 8번이 죽은 뒤 두개골을 부검했다. 짐은 8번의 송곳니 네 개 중 두 개는 떨어졌고 남은 두 개 중 한 개는 부러져 있었다고 했다. 그나마 남은 한 개도 거의 마모된 상태였다. 그 밖에도 이빨 몇 개가 아예 없거나 부러져 있었다. 주둥이 부분에는 농양이 많았다. 짐은 농양에서 심한 악취가 풍겼을 것이라고 설명했다. 8번은 먹이 동물의 냄새를 맡고 질병이나 감염 여부를 분간했는데, 그렇다면 자신이 그런 냄새를 풍기고 있다는 사실도 눈치챘을 것이다.

8번의 두개골 엑스레이 사진을 보니 농양 때문에 턱뼈에 벌집처럼 구멍이 뚫려 있었다. 특히 아래턱은 스펀지처럼 보일 정도였다. 8번은 상상을 초월하는 통증을 견디며 살았을 것이다. 부러진 오른쪽 윗송곳니와 위쪽 작은 어금니의 폭은 엘크의 발굽 폭과 거의 같았다. 이 사실로 미뤄 볼 때 짐은 8번이 엘크에게 턱 오른쪽을 정확히 차였을 것이라고 했다. 상처에는 치유의 흔적이 남아 있었는데, 부상을 당한 시기는 사망하기 훨씬 전이라는 뜻이다.

짐의 설명을 듣고 곰곰이 생각한 결과, 슬로샛강에서 새끼 엘크와 벌인 사투가 이 부상의 원인으로 보였다.

늑대 8번은 로즈크리크 무리를 이끈 56개월 동안 과연 몇 번이나 사냥을 했을까? 최소한 수백 번은 넘을 듯했다. 생각해보자. 무하마드 알리는 프로 복서로 61전을 거치며 수많은 펀치를 맞았다. 늑대 8번은 그보다 훨씬 더 많이 싸웠으며, 대부분 자신보다 훨씬 크고 무거운 동물과 목숨을 걸고 맞섰다. 알리가 그랬던 것처럼 8번도 결국 펀치 드렁크(뇌에 지속적으로 가해진 충격으로 인한 뇌세포손상증—옮긴이)로 쓰러졌다. 알리는 은퇴했지만, 8번에게는 다른 선택지가 없었다. 그는 오로지 정신력에 의지해 계속해서 사냥터로 나갔다. 이것이 야생의 현실이다.

나는 8번을 바라보며 알리가 자기 삶을 통렬하게 요약했던 말이 떠올랐다. "육체적 고통을 견뎌냈기 때문에 내가 이룬 것은 가치가 있다. 위험을 무릅쓰는 용기 없이는 아무것도 이룰 수 없다."

12월 중순에 옐로스톤연구소 뒤쪽에서 이틀 연속으로 드루이드 무리의 무선 신호를 확인했다. 퓨마 연구자인 토니 루스가 찾아와 자신은 이 지역에서 어미 퓨마와 생후 6개월 된 새끼 네 마리의 신호를 추적하고 있다고 알려줬다. 갯과인 늑대와 고양잇과인 퓨마는 개와 고양이처럼 사이가 나쁘다. 우리는 지금 무슨 일이 일어나고 있는지 궁금했다.

이틀 후 드루이드 늑대들이 동쪽으로 이동했다. 그날 오후에 나는 연구소로 가서 퓨마의 신호를 점검했다. 새끼 두 마리의 신호가 사망 모드로 바뀌어 있었다. 곧 토니가 조사팀과 함께 달려왔다.

우리는 눈길을 헤치고 북쪽으로 24킬로미터를 걸어갔다. 토니는 이 근방에서 어미 퓨마의 신호를 처음 확인한 것은 12월 8일로, 퓨마는 그날 엘크를 사냥한 것 같다고 말했다. 내가 드루이드 무리의 신호를 확인한 것은 12월 13일이고, 그 후 이틀간 같은 곳에서 신호가 잡혔다.

발신 장소에 다다르자 토니의 설명처럼 성체 암컷 엘크 사체가 있었다. 바로 옆에는 새끼 퓨마가 죽어 있었다. 주변 나무에는 퓨마의 발톱 자국이 나 있었다. 이는 퓨마 가족이 드루이드 무리의 공격을 받고 나무 위로 피신했다는 뜻이다. 주위를 수색하던 토니가 두 번째 퓨마 새끼 사체를 발견했다. 몸에 난 상처를 통해 늑대들에게 죽임을 당했다는 것을 확인했다. 죽은 새끼 퓨마의 몸무게는 18킬로그램 정도로, 큰 코요테와 비슷했다.

그로부터 닷새 후, 나는 방금 엘크를 사냥한 드루이드 늑대들을 발견했다. 토니는 이번에도 늑대 무리가 퓨마 가족의 사냥감을 가로챈 것이라고 했다. 그날 나머지 새끼 퓨마 두 마리도 죽었다.

다음 달에는 추적 비행을 하다가 공원 동쪽에서 얼마 전 짝을 찾아서 드루이드 무리를 떠난 늑대 163번의 사망 신호를 확인했다. 우리는 며칠 뒤 현장을 점검했다. 이번에는 1998년 3월 울프 프로젝트에 합류한 야생생물학자 게리 머피와 동행했다. 게리는 60센티미터나 쌓인 눈 밑에서 163번의 사체를 꺼냈다. 바로 옆에는 암컷 큰뿔양의 유해가 눈에 묻혀 있었다. 양의 사체에는 한 마리 이상의 포식자에게 잡아먹힌 흔적이 남아 있었다. 근처에서 퓨마 발자국과 배설물도 확인했다. 토니는 이곳에 몸무게 60킬로그램 가량의 수컷 퓨마가 사는 것 같다고 했다.

163번의 사인을 특정할 수 없지만, 현장에 남은 흔적으로 미뤄 퓨마의 소행일 가능성이 높았다. 나중에 한 사냥꾼에게서 몬태나주 서부에서 경험한 이야기를 전해 들었다. 그는 나무 밑에 늑대가 서 있는 것을 발견하고 멈춰 서서 지켜보았다. 순간 커다란 퓨마가 나무에서 뛰어 내려와 늑대의 머리를 물고 두개골을 우지끈 부숴버렸다고 한다. 늑대 163번에게도 그와 비슷한 일이 닥쳤을지 모른다.

그로부터 몇 년 후, 나는 21번의 손녀 중 한 마리의 유해를 수컷 엘크 사체 옆에서 발견했다. 늑대 머리와 다리, 갈비뼈, 그리고 털 뭉치가 사방에 흩어져 있었다. 그 밖의 살은 전부 먹힌 듯했다. 사건을 조사한 결과, 엘크 사체 쪽으로 걸어가는 늑대와 공원 신작로를 가로질러 달려가는 커다란 퓨마를 본 사람이 있었다. 늑대 사체 주변에서 퓨마 발자국도 확인했다. 이로 미루어 퓨마가 늑대를 죽이고 먹어치웠을 것이라는 결론을 내렸다. 이 사건은 드루이드 늑대들이 퓨마 가족을 죽인 이유를 이해하는 데 도움이 되었다.

12월 말이 되자 드루이드 무리가 폭설에 갇혔다. 알파 수컷 21번은 맨 앞에 서서 눈길을 개척했다. 에너지를 아끼기 위해, 되도록 들소나 엘크가 지나간 길을 따라갔다.

드루이드와 로즈 무리 사이의 긴장이 점점 더 고조되었다. 드루이드 늑대들은 라마계곡에서, 로즈크리크 무리는 슬로샛강에서 상대를 향해 자주 울부짖었다. 조만간 두 무리가 크게 맞붙을 것이라는 예고였다.

크리스마스 아침에는 슬로샛강 서쪽에서 갓 잡은 엘크를

먹고 있는 로즈크리크 무리를 발견했다. 이들은 식사를 마친 뒤 먹잇감에서 조금 떨어져 누웠다. 그때 여러 마리의 코요테가 몰래 다가와 엘크 고기를 훔치려 했다. 낌새를 눈치챈 8번과 검정 털 늑대 두 마리가 벌떡 일어나 그쪽으로 달려갔다. 먹잇감은 몇 미터나 쌓인 눈밭 위에 있었다. 늑대들이 구덩이를 파고 그 아래에 사냥감을 넣어놓았기 때문에 그 안에서 고기를 탐하는 코요테에게는 늑대가 다가오는 게 보이지 않았다.

로즈크리크 늑대 세 마리가 구덩이로 뛰어들어 새끼 코요테를 물어뜯는 모습이 어렴풋이 보였다. 잠시 후 늑대 8번이 공격을 중단했고, 그러자 다른 두 마리도 우두머리를 따라 행동을 멈췄다. 나는 코요테는 죽은 게 틀림없다고 생각했다. 하늘을 날던 까마귀가 코요테 고기를 기대하고 구덩이로 내려왔다. 늑대들은 임무를 마치고 그 자리를 떠났다.

잠시 후 내가 망원경을 엘크 사체 쪽으로 돌렸을 때 눈구덩이에서 코요테가 얼굴을 삐쭉 내밀었다. 코요테는 늑대가 사라진 것을 확인하고 반대 방향으로 꽁지 빠지게 도망쳤다. 눈에 띄는 상처도 없었다. 8번은 코요테를 죽이지 않고 겁만 준 다음에 살려준 것이다. 그 행동을 보고 3년 반 전에 8번이 체격 좋은 드루이드 알파 수컷 38번을 물리친 다음 살려 보낸 일이 떠올랐다.

크리스마스 날 오후에는 라마계곡에서 드루이드 늑대들을 관찰했다. 무리는 막 잡은 사냥감 근처에 누워 있었다. 그때 젊은 암컷 한 마리가 서쪽을 향해 걷기 시작했고, 알파 수컷 21번이 바로 그 뒤를 따랐다. 그러자 드루이드 무리 전체가 일렬로 우두머리의 뒤를 따라갔다. 잠시 후 무리는 발걸음을 멈추었다. 21번은 암컷

42번 쪽으로 가서 마치 그보다 하위 서열 늑대인 양 행동했다. 그 모습을 보고 다른 젊은 암컷과 살아남은 두 마리의 잿빛 새끼 중 한 마리가 21번에게 달려왔다. 21번은 계속 지는 척하며 아양을 떨었다. 암컷이 떠난 뒤에는 새끼와 몸싸움을 하며 놀았다. 크리스마스에 가족들과 장난치며 노는 이 아비 늑대의 익살스러운 몸짓을 형용하는 말은 하나밖에 없었다. 바로 '장난꾸러기'이다.

지금까지 나는 알래스카와 몬태나, 와이오밍에서 40년간 늑대 관찰과 연구를 계속했지만, 21번처럼 행동하는 수컷 리더는 본 적이 없다. 하지만 21번이 자리에서 일어서면 누구나 그가 어떤 늑대인지 한눈에 알 수 있다. '옐로스톤공원에서 가장 크고 용맹하고 강력한 늑대.' 만약 마블 코믹스 작가가 『어벤져스』의 새 멤버로 늑대 히어로를 그린다면 21번을 모델로 삼을 것이다. 다음 날 8번과 로즈크리크 무리는 라마계곡 남쪽에 있었다. 드루이드 늑대들은 공원 도로에서 북동쪽으로 약 2킬로미터 떨어진 곳에 있었다. 두 무리는 서로를 향해 시끄럽게 짖었다. 양쪽 모두 상대를 인식하고 있는 게 분명하다.

8번의 부스스한 회색 털은 21번의 매끈하고 번들번들한 검정 털만큼 아름답지 않다. 그리고 8번은 체격도 21번보다 작다. 어떤 작가도 8번을 주인공으로 삼지 않을 듯하다. 하지만 나는 8번의 역사를 잘 알고 있다. 베테랑 용사의 훈장처럼 그의 몸을 덮고 있는 상처들은 그가 일생을 통해 실천한 용기와 헌신의 증거이다. 유년 시절에는 형제 사이의 언더독이었지만 지금은 옐로스톤에서 가장 규모가 큰 늑대 무리를 이끌고 있는 8번은 내가 이 세상에서 가장 존경하는 늑대이다.

27장　전투 종료

2000년 1월 12일은 옐로스톤공원에 늑대가 재도입된 지 5주년이 되는 날이다. 이날 나는 드루이드와 로즈크리크 무리를 모두 관찰했다. 두 무리에 속한 모든 늑대 가운데 5년 전 그날에도 여기 있던 늑대는 8번뿐이다. 처음 옐로스톤에 도착한 열네 마리 가운데 아직 살아 있는 나머지 다섯 마리는 이제 각각 다른 무리의 리더가 됐다. 2번과 7번은 레오폴드 무리의 알파 쌍을 이루고 있고, 5번은 크리스털크리크 무리의 알파 암컷이다. 9번은 로즈크리크에서 쫓겨난 후 베어투스 무리의 알파 암컷이 됐고, 14번은 소다뷰트 무리의 알파 암컷이다. 지난 5년 동안 늑대뿐 아니라 공원에서 일하는 우리도 극적인 사건들을 경험했다.

열흘 뒤 나는 드루이드 영역인 스페서먼리지의 산마루에 로즈크리크 무리가 모여 있다는 무선 신호를 받았다. 이때 드루이드 무리는 동쪽의 풋브리지 주차장과 히칭포스트 주차장 인근 굴에 있었는데, 내가 있는 곳에서도 그들이 울부짖는 소리가 들렸다. 드루이드의 하울링을 듣고도 로즈 무리는 자신들의 영역으로 돌아가지 않았다. 다음 날에도 그들은 산등성이에 있었다. 1월 24일에는 알파 암컷 40번이 드루이드 늑대 일곱 마리를 이끌고 스페서먼리지 능선으로 내려왔다. 40번의 행동은 그들이

로즈크리크 무리가 어디에 있는지 알고 있다는 걸 암시했다.
적대하는 무리는 벌써 사흘째 드루이드의 영역에 들어와 있었고,
나는 오랫동안 쌓인 원한을 풀기 위한 대결이 임박했음을 감지했다.

그날 오전 11시 55분, 드루이드 늑대들은 한목소리로
울부짖으며 상대에게 나가라고 경고했다. 그러자 스페서먼 능선
높은 곳에서 로즈크리크 무리의 하울링이 울려퍼졌다. 드루이드
늑대들은 즉시 울음을 멈추고 상대가 응답한 곳으로 내달리기
시작했다. 나는 드루이드 늑대들이 숲과 풀밭을 통과해 비탈길을
오르는 모습을 보았다. 로즈 무리에게 다다르기 위해서 드루이드는
능선을 300미터 이상 올라가야 했다. 그러고 나면 지치기 마련이다.

수컷 우두머리 21번이 드루이드 무리를 이끌고 있었다. 나는
그와 40번이 지난달에 새끼를 보호하기 위해 크리스털크리크
늑대들로부터 도망친 일과, 그럼에도 검정 새끼 늑대를 구하지
못했던 사건을 떠올렸다. 그날의 사건은 드루이드 영역 바깥에서
일어났다. 하지만 이번에는 자기 영역을 지켜야 했다. 이때 그의
신체는 어떤 강적이라도 쓰러뜨릴 수 있을 만큼 크고 강력했다.

먼 곳에서 늑대 울음이 계속 들렸다. 그 순간 로즈크리크 무리의
검정 털 늑대 두 마리가 스페서먼리지 산마루에 모습을 드러냈다.
두 마리는 드루이드 늑대들이 처음 짖어댄 방향을 응시했다가
갑자기 방향을 틀어 능선 뒤로 사라졌다. 아마도 적의 무리가 돌진해
오는 모습을 본 것 같았다. 망원경을 드루이드 무리 쪽으로 돌리니
늑대들이 검정 털 늑대 두 마리가 서 있던 곳을 향해 질주하는 게
보였다. 드루이드 늑대 일곱 마리는 곧바로 로즈크리크 무리의
냄새를 추적하기 시작했다.

잠시 후 나는 나머지 로즈크리크 늑대들을 발견했다. 알파 수컷 8번과 일곱 마리는 적의 후방에서 쫓아오고 있었다. 하지만 드루이드 늑대들은 로즈 무리가 뒤에 있는 줄 몰랐다. 늑대 8번은 꼬리를 높이 쳐들고 무리를 이끌었다. 늑대 21번과 마찬가지로, 그 역시 알파 수컷으로서 가족을 지켜야 했다. 적들의 리더가 비록 양아들인 21번이라 하더라도 말이다. 하지만 8번은 송곳니 두 개가 없고 하나는 부러졌기에 상대를 물어뜯을 수 없는 상태였다. 21번의 우월한 체격과 힘, 전투력을 고려하면 8번의 결의는 무모해 보일 정도였다.

바로 그 순간, 나는 앞으로 무슨 일이 벌어질지 깨달았다. 21번은 곧 적들을 찾아내 공격할 것이다. 그리고 상대편 알파 수컷과 대결할 것이다. 이 싸움에서 8번이 도망치거나 물러나는 것은 상상도 할 수 없다. 결국 아버지(8번)와 아들(21번) 모두 싸움을 피하지 않을 게 틀림없다. 8번의 관점으로 보면, 지금 다가오는 적은 자신의 가족 셋을 죽인 원수다. 21번의 입장에서 적들은 지난해에 태어난 새끼 여섯 마리 가운데 넷을 죽였다. 이것은 21번에게는 질 수 없는 싸움이 될 터였고, 8번에게는 승산이 없는 싸움이 될 듯했다.

8번은 일곱 마리의 늑대와 함께 드루이드를 향해 곧장 내달렸다. 반대쪽에서는 21번을 포함한 일곱 마리의 드루이드 늑대가 방향을 돌려 로즈 늑대들을 향해 질주하고 있었다. 알파 늑대 두 마리가 서로를 똑바로 바라보며 달리는 모습은 말을 탄 두 중세 기사가 서로의 심장을 겨냥한 창을 들고 단판걸이를 벌이는 모습을 연상케 했다. 과연 21번은 상대가 의붓아버지 8번이라는 사실을 알고 있을까? 몰랐더라도 이제 곧 알게 될 것이다. 그때 21번은 아주 짧은

순간에 어떻게 행동할지 결정해야 한다. 가족을 지키거나 아니면 아버지에게 복종하거나.

　그때 내 머릿속에 어떤 생각이 번뜩였다. 21번이 아버지를 죽이지 않고 사태를 해결하는 방법이 하나 있다. 아버지를 제압하되 죽이지 않고 풀어주는 것이다. 몇 년 전 21번이 보는 앞에서 8번이 드루이드의 원래 알파 수컷 38번을 놓아준 것처럼 말이다. 그러나 나는 곧 이 전략의 치명적 결함을 깨달았다. 드루이드에는 알파 암컷 40번이 있었다. 21번이 8번을 제압하는 순간 40번이 달려와 8번의 숨통을 끊을 것이다. 그리고 알파 암컷의 공격성이 드루이드의 다른 늑대들에게도 전염돼 로즈 무리에 대한 학살이 벌어질 것이다. 하지만 이건 내 상상일 뿐이다. 21번의 진짜 계획이 무엇인지 나는 알 수 없다.

　이제 두 마리의 수컷 리더는 불과 몇십 미터 떨어진 곳까지 달려왔고, 격돌이 시작되려는 참이다. 나는 긴장했고 최악의 결과를 예감했다. 그 찰나에, 21번은 8번을 건드리지 않고 오른쪽으로 번개처럼 지나쳐 갔다. 민첩성이 떨어진 8번은 상대의 행동에 바로 대응하지 못했고, 무슨 일이 일어났는지 깨닫고서야 돌아서서 21번을 뒤쫓았다. 아마도 드루이드의 알파 수컷이 싸움을 피해 도망쳤다고 생각한 듯하다. 드루이드의 다른 늑대들도 우두머리 수컷의 행동을 이해하지 못해서 어리둥절해하며 21번을 따라 로즈 무리를 헤치고 달려갔다. 곧 스페서먼 산등성이는 아수라장이 됐다. 몇 마리는 서로 쫓고 쫓기다 흩어졌고, 또 다른 몇 마리는 계속 서로 쫓고 쫓기는 등 난장판이 되었으나 격렬한 싸움은 없었다. 21번은 네 마리의 로즈 늑대에게 쫓기고 있었다. 그런데 자세히 보니 21번이 속도를 높이며 상대를 자신의 무리로부터 떼어내고 있는 것 같았다.

몇 분간의 혼란이 끝나고 로즈크리크 무리는 21번과 멀리 떨어진 곳에 모였다. 늑대들은 흥분한 채 울부짖고 껑충 뛰면서 대열을 정비했다. 반대쪽에서 21번이 로즈 무리를 향해 짖으며 주의를 끌었다. 그러자 다른 드루이드 늑대들의 울부짖음이 조금 먼 서쪽에서 들려왔다. 21번은 드루이드 무리와 로즈 늑대들 사이에 서 있었다. 그때 21번이 로즈 무리 쪽으로 내달리기 시작했다. 그의 목적은 공격이 아니었다. 살아남은 자신의 새끼 두 마리 가운데 한 마리가 혼자 있는 것을 보고 달려간 것이다.

로즈 늑대 여섯 마리는 가파른 코니스(cornice, 능선에서 바람 부는 쪽으로 처마처럼 쌓여 얼어붙은 눈더미—옮긴이) 위에 있었고, 8번과 검정 늑대 한 마리는 그 아래쪽에 내려와 있었다. 8번 역시 뿔뿔이 흩어진 무리를 하나로 뭉치려 했다. 21번이나 드루이드 새끼 늑대는 그다음 문제였다.

나머지 드루이드 늑대들의 모습이 보이지 않았다. 21번이 8번을 스쳐 지나간 지 한 시간이 지났을 때 나는 40번이 라마강 하류의 동쪽에서 드루이드 동료를 부르며 울고 있는 모습을 확인했다.

다음 날 아침 드루이드 무리의 굴에서 신호가 잡혔다. 그다음에는 로즈 늑대 열 마리가 그곳으로부터 서쪽으로 몇 킬로미터 떨어진 자신들의 영역으로 되돌아가는 모습을 보았다. 나는 라마계곡으로 돌아와 두 마리의 새끼 늑대를 포함해 드루이드 늑대 여덟 마리를 모두 확인했다. 두 무리의 늑대들 가운데 단 한 마리도 실종되거나 상처를 입지 않은 걸 보고 나는 비로소 안도했다.

전투 종료

새봄에 로즈크리크 무리의 새 알파 암컷이 된 18번이 한배 새끼를 낳았다. 그해 6월 아비인 8번은 슬로샛강 상류로 사냥을 나섰다. 그 후 추적 비행기가 인근 상공으로 날아갔고 8번의 무선 신호가 사망으로 바뀌었음을 확인했다. 더그 스미스와 케리 머피는 슬로샛강의 물살이 느린 여울에서 통나무 아래에 낀 8번을 발견했다. 코에서 다량의 출혈도 확인했는데, 이것은 심각한 두부 손상 흔적이다.

더그는 8번이 상류에서부터 엘크 한 마리를 뒤쫓다가 개울에서 사투를 벌였고, 그 과정에서 머리를 차였을 가능성이 높다고 추정했다. 일격을 맞아 즉사했을 수도 있고, 혹은 차인 충격으로 기절해서 익사했을 수도 있다. 어느 쪽이든 그의 죽음의 원인은 엘크였다. 그 후 8번의 시체는 하류로 떠내려왔다.

늑대들 대부분이 다른 늑대와 싸우다 죽거나 인간이 쏜 총에 맞아 죽거나 덫에 포획돼 죽는 것을 고려하면, 먹이 사냥 중에 사망한 것은 명예롭고 영광스러운 결말이다. 8번은 죽기 직전까지 가족을 먹이기 위해 갖은 애를 썼다. 마지막 숨결까지 가족에게 바친 것이다.

나는 늑대 8번의 마지막 순간을 떠올려보았다. 더 이상 생존을 이어나갈 수 없다는 것을 깨달았을 때 8번은 몸부림을 멈추고 죽음을 순순히 받아들이려 했을 것이다. 그를 고통스럽게 하는 모든 것이 희미해져갈 때, 그의 마음에 마지막으로 떠오른 건 생명에 대한 감사였을 거라고 나는 믿고 싶다.

어느새 스페서먼리지 산등성이에서 전투가 벌어진 지 19년이 흘렀다. 그날에 대해 수천 번을 더듬고 생각한 끝에 나름대로 이해할 수 있게 됐다. 로즈크리크 무리를 떠나는 날까지 21번은 줄곧 8번을 존경했고 의붓아버지 8번에게 기꺼이 복종했다. 나는 그날도 21번이 8번으로부터 잽싸게 도망치는 척 함으로써 전쟁을 피했다고 생각한다. 또한 21번이 홀로 로즈크리크 늑대들의 주의를 끈 덕에 두 마리의 새끼 늑대를 포함한 다른 드루이드 늑대들은 안전한 곳으로 대피할 수 있었다.

21번은 삶과 죽음이 갈라지고 승자와 패자가 나뉘는 전쟁터에서 훌훌 도망쳤다. 21번은 피로 피를 씻는 복수전을 상대방을 뒤쫓는 추격 놀이로 바꾸었다. 자신이 다른 모든 늑대보다 더 빨리 달릴 수 있다고 자신했기 때문에 가능한 일이었다.

로즈크리크의 젊은 늑대들은 쇠약해진 자신들의 알파 수컷 8번이 크고 강한 적장에게 겁먹지 않고 용감하게 맞서는 모습을 똑똑히 보았다. 젊은 늑대들의 눈에는 오히려 21번이 8번에게 겁을 먹고 도망친 것처럼 보였을 테다. 더욱이 그들은 아버지가 도망치는 적을 맹렬히 쫓아가는 모습도 목격했다. 그 의미는 분명했다. 존경받는 알파 수컷 8번이 강적을 물리친 것이다.

나는 21번의 행동이 의붓아버지인 8번이 자신에게 베풀어준 은혜에 대한 경의에서 비롯됐다고 생각한다. 21번은 친부(10번)로부터 훌륭한 체격과 힘을 물려받았지만, 그를 키우고 교육하고 좋은 지도자가 되도록 이끈 쪽은 의붓아버지인 8번이다. 8번은 입양한 아들 21번에게 알파 수컷이자 아비 늑대가 어떻게 행동해야 하는지 가르쳐줬다. 전문가들은 개는 다른 개를 관찰하고 모방함으로써 가장 잘 배운다고 말한다. 21번 역시 8번으로부터 그렇게 배웠다. 21번은 그에게 있어서 유일한 아버지 형상이었던

335 전투 종료

8번의 행동을 보고 흉내 낸 것이다.

그날 이전에도, 그날 이후에도 21번은 진짜 싸움에서 단 한 번도 진 적 없다. 나는 21번이 늑대 여섯 마리와 혼자 싸워서 이기는 광경도 목격했다. 그 모습을 보면서 그날 그가 8번을 그냥 지나친 이유에 대한 나의 확신은 더욱 견고해졌다. 또한 내가 아는 한 21번은 단 한 번도 무찌른 적을 죽이지 않았다.

그는 옐로스톤은 물론 아마도 전 세계에서 가장 유명한 수컷 늑대가 되었다. PBS〈네이처〉시리즈에서 방영된 밥 랜디스의 다큐멘터리와 그 밖의 다양한 TV 프로그램 덕분에 21번은 살아 있는 전설이 됐다. 21번을 "세상에서 가장 위대한 늑대"라고 말하는 사람들도 있다. 나도 이 의견에 동의한다. 하지만 만약 21번이 이 말을 듣는다면, 자신은 가장 위대한 늑대가 아니라고 말할 것이다. 그의 마음속에는 자신보다 더 위대한 늑대가 있었다. 그 늑대는 21번이 존경하고, 닮고 싶어 했고, 따르고 싶어 했던 유일한 수컷이다. 그건 바로 그를 길러준 늑대 8번이다.

에필로그: 강적

불과 몇 달 뒤, 드루이드 무리에서 폭력적인 반란이 발생한다. 알파 수컷 21번은 그 비참한 결말에 대처해야 했다. 심지어 또 다른 젊은 수컷 한 마리가 라마계곡으로 와서 21번과 그의 가족에게 심각한 혼란을 초래한다. 이 젊은 수컷은 21번의 조카로, 성격이 그와 정반대였다. 늑대 21번과 그의 친족, 그리고 21번의 후손들 이야기는 옐로스톤 늑대 3부작의 다음 두 권에서 이어진다.

후기

야생에서 늑대를 관찰하는 일에 릭 매킨타이어보다 더 많은 시간을 할애한 사람은 없다. 단 한 명도 없다고 확신한다. 이 책의 저자는 이 세상 그 누구보다도 많은 시간을, 많은 날을, 수많은 세월을 늑대의 삶을 기록하는 데 바쳤다. 이것만으로도 남다른 공적이다. 더구나 릭은 자신이 본 것을 매력적인 이야기로 풀어내는 능력이 있다. 관찰력이 그의 큰 강점이라면 스토리텔링은 또 다른 큰 강점이다.

그의 놀라운 업적을 구체적인 숫자로 확인해보자. 릭은 40년간 미국의 여러 국립공원에서 늑대를 관찰했다. 옐로스톤에서 25년간 일하면서, 2000년 6월부터 2015년 8월까지 하루도 빠지지 않고 6175일 연속으로 야외 관찰에 나섰다. 이 기록은 안타깝게도 그가 큰 병을 앓으면서 중단됐다(지금은 회복되어 '기록'이라는 중압감으로부터도 해방되었다). 릭은 자신의 기록이 메이저리그 야구 선수 칼 립켄 주니어의 최다 연속 출장 기록(2632경기)을 뛰어넘는다고 자랑한다(심지어 립켄은 비시즌에 체력을 회복할 수 있었다). 지금 이 순간 그가 늑대를 관찰한 횟수는 누계 9만 9937회에 이른다. 그는 앞으로도 계속 야생 늑대 관찰을 이어갈 생각이라고 말한다. 매일 기록한 관찰일지는 1만 2000쪽에 달한다. 나는 그처럼 늑대 관찰을 열심히 하는 사람이, 세부까지 신중하게 기록하는 사람이 지구 어딘가에 또 있다고 상상할 수 없다.

 나는 과학적 늑대 연구를 필생의 사업으로 삼았다. 그 결과 나의 연구는 1990년대 중반에 옐로스톤 울프 프로젝트의 기원이 됐다. 나의 과학적 연구에 릭이 수행한 관찰의 통찰이 더해져 옐로스톤 늑대 연구는 이 분야에서 가장 중요한 공적이 되었다. 울프 프로젝트의 과학적 연구는 대부분 표준적인 수법을 사용하는데, 거기에 릭이 관찰한 늑대 행동을 덧붙이자 비로소 내가 연구한 내용이 무엇을 의미하는지 알 수 있게 되었다. 그래서 나는 늘 릭에게 "여기서 무슨 일이 일어나고 있다고 생각하세요?", "이런 상황을 지금까지 몇 번이나 보셨나요?"라고 물어보았다. 그리고 무엇보다 중요한 것은 연구와 관찰, 이 두 가지를 결합해서 늑대의 삶을 더 깊이 알 수 있고 늑대가 생각하는 방식을 더 잘 이해할 수 있게 됐다는 점이다. 많은 동물학 연구자가 이런 방식의 실험은 성과를 내기 어렵다고, 심지어 불가능하다고 생각한다. 만약 인간이 동물이 무슨 생각을 하는지 알게 된다면, 우리는 그 동물을 이해할 수 있다. 그러나 우리는 항상 그것에 실패한다. 오직 릭을 통해서만 이 경이적인 위업에, 즉 늑대의 사고를 이해하는 길에 가까워질 수 있다.

 어느덧 릭이라는 존재 자체가 옐로스톤과 늑대에게 헤아릴 수 없는 공헌을 하고 있다. 이제 릭은 단지 귀중한 정보의 보고에 머물지 않는다. 기지 넘치는 사고와 개성 있는 성격 덕분에 그는 미국에서 가장 인기 있는 늑대 이야기꾼이 되었다. 누구나 릭을 만나 그가 들려주는 이야기에 귀를 기울이고 싶어 한다. 릭은 자신이 알고 있는 것을 남들이 흉내 낼 수 없는 특별한 방식으로 설명한다. 그것은 이 책에서도 증명됐다. 또한 그는 늘 자신을 찾아오는 사람을

기꺼이 맞아들였다. 그는 특히 젊은이들에게 늑대를 알리는 일에
적극적이었고, 그들에게 다가가 손을 내밀고 용기를 북돋아주었다.
나는 그가 함께 연구하고 싶다고 말하며 찾아온 학생을 거절하는
모습을 한 번도 보지 못했다. 이처럼 릭이 늑대 다음으로 열정을 쏟는
것은 젊은 사람들을 지원하는 일이다.

    이 책에 담긴 내용은 릭이라는 사람이 삶을 통틀어 늑대를
관찰하여 얻은 통찰 가운데 작은 조각이다. 부디 천천히, 소중하게
맛보길 바란다. 우리는 릭의 열정이 어디서 왔는지 결코 알 수 없다.
그러나 그의 열정을 보고 그로부터 배울 수 있다면, 그것만으로도 큰
행운이다. 물론 가장 큰 행운은 늑대들을 향하고 있다. 늑대는 인간의
용어로 감사함을 표현할 수 없고, 아마 그런 것을 바라지도 않겠지만,
늑대에게 만약 그런 힘이 있고 또한 그것을 원한다면 그들은 분명히
릭에게 감사를 전할 것이다.

2019년 1월
수석 야생생물학자이자
옐로스톤 늑대 복원 프로젝트의 리더
더글러스 W. 스미스

옮긴이의 말

이 책을 우리말로 옮기는 내내 야생동물 다큐멘터리를 보고 있는 듯한 기분이 들었다. 생물학자 에드워드 윌슨은 인간의 마음과 유전자에는 선천적으로 자연 애착과 회귀 본성이 내재해, 자연과의 연결을 본능적으로 추구한다고 말한다. 이것이 "바이오필리아(Biophilia, 자연과 생명 사랑)"라고 했다. 그래서일까. 내가 꼭 흥미롭고 뿌듯하고 풍요로운 마음, 바이오필리아 상태에 빠져 있었다. 생태학 논픽션이지만 마치 일인칭 시점의 소설처럼 술술 읽히는 점도 좋았다. 등장하는 늑대들은 여느 휴먼 드라마의 주인공처럼 애정이 많고 용기가 넘치며 때로는 인간미마저 풍긴다. 무릇 늑대는 심리학이나 신화학의 주요 연구 주제이고, 설화나 동화 같은 문학 작품에 가장 많이 등장하는 야생동물이다. 그런데 늑대에 대한 인식은 흉악하고 무서운 악당, 비열하고 속임수에 능한 괴물, 악랄하고 음흉하고 잔인한 포식자 등 부정적인 이미지로 고착되었다. 가령 동화 『빨간 모자』와 『아기 돼지 삼형제』에 나오는 교활한 늑대가 대표적이다. 남자를 '늑대'라고 표현하는 까닭에도 여성을 성적 대상으로만 취급한다는 은유가 담겨 있다. 그런데 이 책을 읽으면 그런 오해가 조심스럽게 불식되고, 오히려 늑대의 팬이 되고야 만다.

이 책은 미국 아이다호, 몬태나, 와이오밍 등 세 개 주에 걸쳐 있는 광대한 옐로스톤국립공원으로 온 야생 늑대에 대한 바이오필리아 넘치는 관찰기이다. 시기상으로는 1995년부터 2000년까지 약 5년의 이야기를 담고 있다. 저자의 이력은 이 책을 쓰기에 더할 나위 없이 적합하다. 그는 미국 각지 국립공원에서 40년 넘게 야생 늑대를 관찰했으며, 그중 1995년에 옐로스톤국립공원의 '늑대 해설사'로 고용되었다. 이후 그곳에서 25년간 관광객을 상대로 늑대를 해설하면서 언제나처럼 일출 전부터 옐로스톤 늑대들을 관찰했다. 무릇 "늑대 행동에 관한 절대 권위자 The ultimate guru of wolf behavior"라는 제인 구달의 말이나 "세계에서 가장 많은 시간을 늑대를 관찰하고 기록하는 데 보낸 늑대 해설사"라는 수식은 절대로 과장이 아니다.

애초 늑대가 옐로스톤국립공원에 재도입된 까닭은 망가진 생태계를 복원하기 위해서였다. 1926년, 옐로스톤의 마지막 늑대 한 마리가 공원 레인저에 의해 사살되었다. 당시에는 초식동물을 죽이는 늑대를 '해로운 짐승'으로 규정하고 범국가적 박멸 작전을 실시했다. 그리하여 미국에서 늑대가 감소하기 시작해서 1970년대에는 멸종위기종으로 지정됐다. 인간이 만들어낸 자연의 비극이다. 최상위 포식자가 사라지자 공원은 엘크 떼 차지가 됐다. 엘크는 풀과 새싹을 모조리 먹어치웠다. 물가의 버드나무와 사시나무가 사라졌고, 식생 변화로 강과 개울에 서식하던 비버가 감소하는 등 생태계의 불균형이 연쇄 확산됐다. 늑대가 먹고 남긴 먹이가 없어지자 청소동물도 공원을 떠났다. 우여곡절 끝에 클린턴 행정부는 늑대 재도입을 승인한다. 이후에 벌어진 일은 책에서 읽은 그대로이다. 늑대가 돌아왔고 엘크의 수는 적당해졌다. 흰머리수리처럼 멸종위기에 내몰린 청소동물과 비버가 되돌아왔고 먹이사슬의 밑바탕인 식물들도 되살아났다. 늑대의 복귀가 생태계를 되살린 것이다. 2019년 현재는 늑대 개체 수가 멸종 전 수준으로 회복됐다. 여기에 더해서 늑대를 보러 오는 방문객이 증가하며 지역의 관광 수입이 증대했다. 옐로스톤 프로젝트는 늑대·생태계·인간(지역 사회) 모두의 승리였다. 그리하여 이 프로젝트는 인류가 '모든 종은 서로 연결되어 있다'는 자연의 가르침을 깨닫게 된 가장 유명한 사례로 왕왕 소개된다.

　수많은 승리의 주역들 가운데 저자가 유달리 주목한 주인공은 몸집이 가장 작고 모양새도 볼품없는 잿빛 수컷 새끼 늑대 '8번'이다. 어느 날 작은 새끼가 커다란 회색곰에게 홀로 맞서는 광경을 목격한 것이 계기였다. 이후 형제들에게 괴롭힘을 당하던 옐로스톤의 언더독이 모두의 예상을 뒤엎고 이곳에서 가장 위대한 알파 수컷으로 성장해가는 모습을 저자는 정성스럽게 재현했다. 꼬마 늑대 8번의 성공기를 담은 '실화' 성장소설류 관찰기인 터라 어느 순간엔 가슴이 벅차오른다. 그 밖에도 늑대 8번의 의붓아들 늑대 21번을 비롯해 개성 넘치는 주인공들이 펼치는 볼거리가 많다. 생태계 균형을 회복하는 데 핵심종인 늑대의 역할, 늑대의 협동 사냥, 짝짓기, 데이트 때의 애정 표현, 동료끼리의 공감, 모계 사회, 늑대 굴의 일상, 육아, 놀이 문화, 가족애, 영역 다툼, 삼각관계, 근친교배를 피해 유전적 다양성을 확보하는 지혜, 새로운 무리의 탄생 과정, 곰이나 퓨마와의 경쟁, 엘크나 들소 같은 초식동물과의 관계, 개와 늑대 그리고 인간의 유사점, 늑대의 섹슈얼 정치 등 쪽마다 '늑대

345　옮긴이의 말

다큐의 향연'이 생생하다.

과학 논문처럼 건조하고 딱딱한 글은 아니지만, 때로는 담담하게 사실만 드러내고, 때로는 관찰자의 불가항력적 능력의 한계(가령 늑대가 숲속으로 들어가거나 안개가 끼고 어스름이 닥쳐 시야에서 사라졌기에 보지 못한 부분)로 인한 공백이 허전하게 느껴질지도 모르겠다. 그러나 저자는 오로지 두 눈으로 확인한 사실만 전달하려, 즉 논픽션 서술의 기본 덕목을 지키려 노력했다. 방대한 관찰 시간에 바탕한 묘사이기에 이 책은 전체적으로 늑대 세계의 진실에 육박할 수 있었다. 시간과 관찰의 축적을 통해 발견한 놀라운 사실들이 이 책의 가장 빼어난 가치이다.

또 하나의 큰 미덕은 늑대 세계의 다양한 면모를 각각의 늑대 그 '개별적 존재'에 대한 꼼꼼하고 상세한 행동 기록을 바탕으로 이야기한다는 점이다. 여러 늑대 무리의 특징과 각 늑대의 개성을 세심하게 이해하고자 발품부터 팔고 보는 저자의 지극한 정성 덕분에 실제 세계가 절제된 깊이로 재현되었다. 그래서 독자는 배려와 애정, 우정, 알력, 분규, 상냥함, 모험심, 지배욕, 질투, 괴롭힘, 배신, 용기, 충성심 같은 늑대의 마음을 또렷하게 감지할 수 있다(물론 주인공은 늑대 8번이지만 다른 늑대들을 통해서도 가능하다는 점에서 이 책의 주인공은 여럿이라고도 할 수 있지 않을까). 때로는 인간보다 아름다운 성품에 감탄해버릴 정도로 늑대의 사리분별과 아량이 느껴지는 장면도 있어서, '동물의 마음'이란 것을 재차 실감할 수 있다.

물론 늑대를 지나치게 의인화한 것 아닐까 하는 의문이 들 수도 있다. 저자는 의인화를 아슬아슬하게 피하는 절묘한 묘사로 늑대를 안이하게 보여주는 오류를 피하고 있다. 이 책의 매력이라면

매력이다. 늑대에게 별명이나 이름이 아니라 '번호'를 붙인 이유도
지나친 의인화를 경계하기 위한 저자만의 연구 조사 방식이다.
이것이 픽션이라면 대상 동물에 자신의 감정을 이입하거나 투영해
전지적 작가 시점으로 드라마틱한 늑대 영웅담을 만들 수도 있겠으나,
그렇게 하지 않은 것이야말로 동물 생태학 논픽션의 본령을 지키는
일이자 이 책의 쓸모라고 말할 수 있다. 종종 자기 경험을 늑대의
행동과 비교하며 전달한다는 점에서도 저자의 늑대 사랑을 확인할
수 있다. 그 덕분에 우리는 8번의 성공담에 더욱 몰입할 수 있었고,
늑대를 인간과 더 가까운 존재로 여길 수 있게 됐다.

    한국에는 종종 신문 기사나 책을 통해 옐로스톤 늑대 재도입
프로젝트가 단편적으로 소개됐다. 이제 이 기적 같은 생태계
복원 전모를 '총체적으로' 보여주는 이 책을 통해 동물과 인간의
공생관계를 좀 더 근원적이고 면밀하게 반추해볼 수 있는 계기를
갖게 되었다는 점에서 이 책의 한국어판은 의미가 클 듯하다.
영국은 늑대와 스라소니와 비버, 네덜란드는 들소, 몽골은 야생말,
르완다는 흰코뿔소, 한국은 반달곰 등 여러 나라에서 동식물 재도입
프로젝트로 생태계를 복원하려고 시도하고 있다. 최근 한국에서는
천적이 없어진 멧돼지가 먹이를 찾아 도시로 내려오는 일이 잦다.
며칠 전에도 그 뉴스를 보면서 '한국의 산에도 늑대가 필요한
게 아닐까'라는 엉뚱한 생각이 들었다. 그게 아니라도 인간이
늑대에게서 배울 점이 많다는 것도 느꼈음은 물론이고.

2025년 어느 봄날
옮긴이 노만수

참고문헌과 관련 자료

참고문헌

B. L. Hart·K. L. Powell, "Antibacterial properties of saliva: Role in maternal periparturient grooming and in licking wounds", *Physiology and Behavior* 48(3), 1990, pp.383~386.

Christopher C. Wilmers·Daniel R. Stahler·Robert L. Crabtree·Douglas W. Smith·Wayne M. Getz, "Resource dispersion and consumer dominance: Scavenging at wolf-and hunter-killed carcasses in Greater Yellowstone, USA", *Ecology Letters* 6, 2003, pp.996~1003.

Christopher C. Wilmers·Robert L. Crabtree·Douglas W. Smith·Kerry M. Murphy·Wayne M. Getz, "Tropic facilitation by introduced top predators: Grey wolf subsidies to scavengers in Yellowstone National Park", *Journal of Animal Ecology* 72, 2003, pp.900~916.

Daniel R. Stahler·Douglas W. Smith·Robert Landis, "The acceptance of a new breeding male into a wild wolf pack", *Canadian Journal of Zoology* 80, 2002, pp.360~365.

Dieter Lukas·Tim Clutton-Brock, "Climate and the distribution of cooperative breeding in mammals", *Royal Society Open Science*, 2017, doi.org/10.1098/rsos.160897.

H. W. Cooper, *Range and site condition survey, northern Yellowstone elk range, Yellowstone National Park*, Bozeman, MT: USDA Soil Conservation Service, 1963.

J. Duffield·C. Neher·D. Patterson, "Wolves and people in Yellowstone: Impacts on the regional economy", Missoula, MT: University of Montana, 2006.

James Halfpenny, *Yellowstone Wolves in the Wild*, Helena, MT: Riverbend Publishing, 2003.

Jennifer Sands·Scott Creel, "Social dominance, aggression and faecal glucocorticoid levels in a wild population of wolves, Canis lupus", *Animal Behaviour* 67, 2004, pp.387~396.

Kira Cassidy·Daniel MacNulty·Daniel Stahler·Douglas Smith·L. David Mech, "Group composition effects on aggressive interpack interactions of gray wolves in Yellowstone National Park", *Behavioral Ecology* 26, 2015, pp.1352~1360.

Linda Thurston, "Homesite attendance as a measure of alloparental and parental care by gray wolves (Canis lupus) in northern Yellowstone National Park", Master's thesis, Texas A&M University, 2002.

Yellowstone National Park, *Yellowstone Resources and Issues Handbook*, U. S. Department of the Interior, National Park Service, Yellowstone National Park, 2017.

추천 도서

Adolph Murie, *The Wolves of Mount McKinley*, Washington, DC: United States Government Printing Office, 1944.

Barry Holstun Lopez, *Of Wolves and Men*, New York: Charles Scribner's Sons, 1978.

Douglas W. Smith, ed, *Yellowstone Science: Celebrating 20 Years of Wolves* 24(1), National Park Service, Yellowstone Center for Resources, Yellowstone National Park, 2016.

Douglas W. Smith, *Yellowstone Wolf Project: Annual Report, 1997*, National Park Service, Yellowstone Center for Resources, Yellowstone National Park,

1998.

Douglas W. Smith·Gary Ferguson, *Decade of the Wolf: Returning the Wild to Yellowstone*, Guilford, CT: Lyons Press.

Douglas W. Smith·Kerry M. Murphy·Debra S. Guernsey, *Yellowstone Wolf Project: Annual Report, 1998*, National Park Service, Yellowstone Center for Resources, Yellowstone National Park, 1999.

Douglas W. Smith·Kerry M. Murphy·Debra S. Guernsey, *Yellowstone Wolf Project: Annual Report, 1999*, National Park Service, Yellowstone Center for Resources, Yellowstone National Park, 2000.

Douglas W. Smith·Kerry M. Murphy·Debra S. Guernsey, *Yellowstone Wolf Project: Annual Report, 2000*, National Park Service, Yellowstone Center for Resources, Yellowstone National Park, 2001.

Gary Ferguson, *The Yellowstone Wolves: The First Year*, Helena, MT: Falcon Press, 1996.

Gordon Haber·Marybeth Holleman, *Among Wolves: Gordon Haber's Insights into Alaska's Most Misunderstood Animal*, Fairbanks, AK: Snowy Owl Books, 2013.

Hank Fischer, *Wolf Wars: The Remarkable Inside Story of the Restoration of Wolves to Yellowstone*, Helena, MT: Falcon Press, 1995.

James Halfpenny, *Charting Yellowstone Wolves: A Record of Wolf Restoration*, Gardiner, MT: A Naturalist's World, 2012.

L. David Mech, *The Wolf: The Ecology and Behavior of an Endangered Species*, Minneapolis: University of Minnesota Press, 1981.

L. David Mech·Douglas W. Smith·Daniel R. MacNulty, *Wolves on the Hunt: The Behavior of Wolves Hunting Wild Prey*, Chicago: University of Chicago Press, 2015.

L. David Mech·Luigi Boitani, eds, *Wolves: Behavior, Ecology, and Conservation*, Chicago: University of Chicago Press, 2003.

Michael K. Phillips·Douglas W. Smith, *The Wolves of Yellowstone*, Stillwater,

MN: Voyageur Press, 1996.

Michael K. Phillips·Douglas W. Smith, *Yellowstone Wolf Project: Biennial Report 1995 and 1996*, National Park Service, Yellowstone Center for Resources, Yellowstone National Park, 1997.

Paul Schullery, *The Yellowstone Wolf: A Guide and Sourcebook*, Worland, WY: High Plains Publishing, 1996.

Rick McIntyre, *A Society of Wolves: National Parks and the Battle Over the Wolf*, Stillwater, MN: Voyageur Press, 1993.

Rick McIntyre, *War Against the Wolf: America's Campaign to Exterminate the Wolf*, Stillwater, MN: Voyageur Press, 1995.

Thomas McNamee, *The Killing of Wolf Number Ten: The True Story*, Westport, CT: Prospecta Press, 2014.

Thomas McNamee, *The Return of the Wolf to Yellowstone*, New York: Henry Holt, 1997.

Yellowstone National Park, *Yellowstone's Northern Range: Complexity and Change in a Wildland Ecosystem*, National Park Service, Mammoth Hot Springs, Wyoming.

추천 DVD

〈Catch Me If You Can II〉, Trailwood Films, 2016.

〈Wolf Pack〉, Trailwood Films, 2002.

〈Wolves: A Legend Returns to Yellowstone〉, National Geographic, 2000.

옐로스톤 늑대에 관한 웹페이지

www.nps.gov/yell/learn/nature/wolf.htm

www.nps.gov/yell/learn/nature/wolf-reports.htm

울프 8

2025년 6월 20일 1판 1쇄

지은이	옮긴이	
릭 매킨타이어	노만수	
기획위원	편집	디자인
노만수	이진, 이창연, 장윤호	박다애
제작	마케팅	홍보
박흥기	김수진, 이태린	조민희
인쇄	제책	
천일문화사	J&D바인텍	
펴낸이	펴낸곳	등록
강맑실	(주)사계절출판사	제406-2003-034호

주소
(우)10881 경기도 파주시 회동길 252

전화
031)955-8588, 8558

전송
마케팅부 031)955-8595, 편집부 031)955-8596

홈페이지	전자우편	
www.sakyejul.net	skj@sakyejul.com	
블로그	페이스북	트위터
blog.naver.com/skjmail	facebook.com/sakyejul	twitter.com/sakyejul

값은 뒤표지에 적혀 있습니다. 잘못 만든 책은 서점에서 바꾸어드립니다.
사계절출판사는 성장의 의미를 생각합니다.
사계절출판사는 독자 여러분의 의견에 늘 귀 기울이고 있습니다.
이 책은 저작권법에 따라 보호받는 저작물이므로 무단 전재와 무단 복제를 금합니다.

ISBN 979-11-6981-380-8 03490